從西域大漠到帝國宮廷

沙陀部族與可汗王朝與帝國國力爭主幾？

沙陀流年

遺落在西域的突厥帝國夢

樊文禮 著

─── 從西域到代北，從邊疆到帝國 ───
沙陀部族的崛起，揭開民族與王朝交織的序幕

謀略、征戰與權力
一探沙陀部落的政治智慧

目錄

第一章　沙陀東遷：從西域到代北的旅程……………005

第二章　代北崛起：李克用的政治起步………………031

第三章　鎮壓黃巢：李克用如何借亂世擴展勢力……049

第四章　代北勢力：沙陀政權的社會根基……………065

第五章　軍事擴張：李克用的力量擴展………………089

第六章　李克用的盛衰轉折：晉汴爭霸的歷史抉擇…103

第七章　「忠誠」唐室：李克用與朝廷的微妙關係……125

第八章　李亞子之路：李存勗繼承晉王之位…………149

第九章　復唐夢破滅：李存勗的最終覆亡……………167

第十章　五代小康：後唐明宗李嗣源的治國理念……197

第十一章　小康之後的崩解：後唐王朝的衰敗………217

第十二章　興衰皆契丹：後晉王朝的命運走向………237

第十三章　五代最短命王朝：後漢的興衰成敗………261

目 錄

第十四章　中原沙陀的終點：北漢的最後光輝……… 277

第十五章　沙陀遺風：民族歷史縮影……………… 293

尾聲 …………………………………………………… 319

主要參考文獻 ………………………………………… 323

後記 …………………………………………………… 329

第一章
沙陀東遷：
從西域到代北的旅程

第一章　沙陀東遷：從西域到代北的旅程

一、沙陀之起

根據史書記載，沙陀是西突厥別部處月部的一支。所謂「別部」，一般解釋為「氏族的分支」。史書中往往也將沙陀稱作「沙陀突厥」，可見其應該與突厥有一定的血緣關係，至少在文化上有相近的關係。不過，沙陀人似乎在極力撇清或迴避與突厥的關係，提及自己的先世，或稱其「先祖拔野」，或稱「四代祖益度，薛延陀國君」。拔野，歐陽脩認為即「拔野古」，與薛延陀均為鐵勒諸部之一，後都役屬於突厥。

突厥是西元6世紀中葉興起於金山（即今中國新疆北部的阿爾泰山）南面的一個部族，西元552年建立汗國，第一位可汗土門，自稱伊利可汗，可汗牙帳建立在鄂爾渾河上游的烏德鞬山北部。烏德鞬山又稱鬱督軍山、於都斤山，即今中國蒙古國境內的杭愛山。隋文帝開皇二年（西元582年），突厥分裂為東西兩部，大致上以金山為界，金山以東為東突厥的統轄範圍，金山以西為西突厥的統轄範圍。

西突厥主要的組成部分是突厥十姓部落，即左廂五咄陸部和右廂五弩失畢部。此外，在其強盛時期，還役屬了鐵勒、葛邏祿、處月、處密等「別部」。處月部中也包括了若干個小的部落，已知的有預支部、射脾部和沙陀（朱邪）部，其中沙陀（朱邪）部有六七千帳（家），三萬餘人。

沙陀人早期的活動地域，據《新唐書·沙陀傳》等史籍記載：

一、沙陀之起

「處月居金娑山之陽,蒲類之東,有大磧,名沙陀,故號沙陀突厥云。」金娑山即今中國新疆境內的博格達山(亦稱博格多山)。「金娑山之陽」,即山的南部;蒲類,或指縣,或指海。蒲類縣設置於唐太宗貞觀十四年(西元640年),治所在今中國新疆奇臺縣東北部的唐朝墩古城。蒲類海即今中國新疆巴里坤哈薩克自治縣西部的巴里坤湖。

從今天的地理地貌看,在「金娑山之陽,蒲類之東」並沒有什麼「大磧」(大沙漠),相反,這裡有吐魯番、鄯善、托克遜三大綠洲,水草豐美,森林茂密,「大磧」剛好是在金娑山之陰,蒲類之西,即今中國烏魯木齊北部準噶爾盆地的古爾班通古特沙漠。唐朝距離現在雖然已經過去了一千多年,自然地理地貌也發生了一點變化,但似乎不至於使一座大沙漠從「金娑山之陽,蒲類之東」飛越至金娑山之陰,蒲類之西。因此,可以這樣認為:《新唐書·沙陀傳》等史籍所記述的「沙陀磧」在金娑山、蒲類一帶是正確的,但在具體方位上可能是不正確的。

《中國歷史地圖集》第五冊(唐時期圖組)將「沙陀磧」的位置標記在金娑山之陰(北)、蒲類之西的古爾班通古特沙漠地帶,應該是正確的。唐朝以沙陀部落設置的金滿州都督府,正是在今中國古爾班通古特沙漠南部邊緣的吉木薩爾和奇臺縣一帶。在古爾班通古特沙漠也就是唐代稱作「沙陀磧」的周邊,分布著一點綠洲,沙陀人就生活在這裡,這也正是沙陀突厥得名的由來。當然,沙陀人當時尚處於游牧部落制階段,因此他們的居住

第一章　沙陀東遷：從西域到代北的旅程

地點也是飄忽不定的，包括當時的西州（今中國新疆吐魯番一帶）、伊州（今中國新疆哈密一帶）和瓜州（今中國甘肅安西一帶）等地都留下了他們活動的痕跡。

按照歐陽脩《新五代史‧後唐莊宗紀》的說法，沙陀李克用、李存勗的先世，出於西突厥，本號朱邪，至其後世，別自號曰沙陀，而以朱邪為姓。司馬光《資治通鑑》贊同這一說法，云：「沙陀姓朱耶，世居沙陀磧，因以為名。」也就是說，沙陀人本姓朱邪，沙陀只是他們的號。

不過，後來在吐魯番出土文書中，發現了一件唐玄宗開元十六年（西元 728 年）時朱邪部落首領闕俟斤朱邪波德向西州都督府請領紙張的牒文，此外，史籍在記載安史之亂時助唐平叛的部落中，也同時出現了朱邪和沙陀的名稱。因此有學者認為，朱邪和沙陀早期曾是兩個部落，到後來才合併成為一個部落。

而元人耶律鑄對於「朱邪」和「沙陀」又有另外一種解讀，其在〈涿邪山〉一詩中云：

涿邪山者，其山在涿邪中也。涿邪後聲轉為朱邪，又聲轉為處月。……處月部居金娑山之陽，皆沙漠磧鹵地也……即今華夏猶呼沙漠為沙陀，突厥諸部遺俗，至今亦呼其磧鹵為朱邪，又聲轉為處月，今又語訛聲轉而為川闕。

按照耶律鑄的說法，則朱邪、處月、沙陀，都來自「涿邪」這一詞彙，本為沙漠之意。

一、沙陀之起

　　在史籍中，最早出現的以「朱邪」為姓氏的人名或部落名，大概可以上溯到朱邪闕俟斤阿厥。據《新唐書・沙陀傳》記載：西突厥首領阿史那賀魯來降，唐朝以其地設置瑤池都督府，以賀魯為都督，徙其部落於庭州莫賀城（故址在今中國新疆阜康東），處月朱邪闕俟斤阿厥亦請內屬。阿史那賀魯降唐的時間是在唐太宗貞觀二十二年（西元 648 年），「俟斤」為部落首領稱號，可見「朱邪闕俟斤」阿厥是當時的一個部落首領。

　　比阿厥稍晚一點的有朱邪孤注，他是在唐高宗永徽二年（西元 651 年）因殺害唐朝的招慰使單道惠，與阿史那賀魯聯合叛唐而被唐將梁建方所殺的。這場戰役是在一個叫做「牢山」的地方進行的，打得非常慘烈，唐軍斬首九千餘級，擄渠帥六十餘人，俘生口一萬餘人。朱邪孤注是否繼阿厥為朱邪部俟斤，已無從考證，不過他是朱邪部人甚至為部落首領，這一點應該是沒有疑問的。

　　而就在朱邪孤注與阿史那賀魯聯合反唐時，射脾部俟斤沙陀那速沒有隨從，於是唐朝便將原本由阿史那賀魯所擔任的瑤池都督授予沙陀那速。次年，唐又廢除瑤池都督府，在處月地界設置金滿、沙陀二州都督府，以其首領為都督。

　　唐朝從太宗貞觀四年（西元 630 年）平東突厥、置西伊州（後改稱伊州，治所在今中國新疆哈密）後，即開始了對西域地區的經營。經過近三十年的爭鬥，到高宗顯慶二年（西元 657 年），唐終於滅掉西突厥，建立起對西域地區的統治。在此期

第一章　沙陀東遷：從西域到代北的旅程

間，唐先後設置了安西（治所在今中國新疆吐魯番高昌故城，後移至今中國庫車）、北庭（治所在今中國新疆吉木薩爾北破土城子）兩大都護府，作為管理西域地區的最高軍事行政機構，統領當地府州，金滿、沙陀二羈縻州即在北庭都護府的統領之下。「羈縻府州」是一種高度自治的民族區域自治機構，但其要在唐朝邊州都護府或都督府的統領之下，這也象徵著唐朝在羈縻府州內行使了有效統治。

順便說明一下，與羈縻府州相對應的，是所謂的「正州」或稱「經制州」，多設置在內陸，不過西域地區的西州、伊州也屬於正州級建制。二者的主要區別，一是正州是按地域設置，羈縻府州則是按部落設置；二是正州的州府長官均由朝廷派出，並到期遷轉，而羈縻府州的都督、刺史都由部落酋長擔任，並可以世襲。唐代正州級機構設置的有三百多個，而羈縻府州設置的數量前後多達一千多個。

由於與中央王朝的來往甚少，長期以來，沙陀人一直默默無聞，沒有太多的事蹟被記錄下來，以至於人們甚至忘記了他們的姓氏（或部號），而以其居住地「沙陀」名之。在唐高宗龍朔二年（西元662年）薛仁貴西征鐵勒時，沙陀酋長金山曾率領部落兵協同作戰，因功被授予墨離軍討擊使之職，遷於瓜州（治所在今中國甘肅安西東南），因此史籍也出現了沙陀先人「家於瓜州」的記載。

墨離軍是唐前期設置的重要軍事據點之一，關於它的位置，

一、沙陀之起

史籍多記載在瓜州西北一千里,也有學者認為在瓜州西北十里,「一千」為「一十」之誤。之後,沙陀金山又幾度有功於唐室,在武則天長安二年(西元702年),獲得了金滿州都督、張掖郡公的冊封,沙陀人又遷回了故地,也就是今中國新疆吉木薩爾縣的北庭古城一帶。沙陀金山在唐玄宗開元二年(西元714年)底入朝,不久卒於長安,葬於今中國西安舊城北面的龍首原。

沙陀金山死後,子輔國繼嗣。沙陀輔國曾任金滿州都督、賀蘭軍大使,亦曾率部至長安朝見唐玄宗,被授予左羽林衛大將軍,封永壽郡王,其母鼠尼施氏,為西突厥五咄陸部人,封鄫國夫人。所以,即使沙陀人的先世與西突厥無關,其後人身上也有突厥人的血統。沙陀輔國死後,子骨咄支繼嗣。安史之亂中,沙陀骨咄支曾隨唐肅宗李亨平叛,立下功勞,肅宗授予他特進、驍衛上將軍。沙陀骨咄支死後,子朱邪盡忠繼嗣,封金吾衛大將軍、酒泉縣公。至此,沙陀人確立了自己的姓氏——朱邪,我們也可以對其先世大致列出如下一個世系:

朱邪阿厥?—— 朱邪孤注?—— 沙陀金山 —— 沙陀輔國 —— 沙陀骨咄支 —— 朱邪盡忠 —— 思葛(葛勒阿波?)—— 朱邪執宜 —— 朱邪赤心

然而,對於沙陀朱邪姓氏的由來,宋人還有兩個非常有趣的說法。一個是陶岳的《五代史補》,其云:

太祖武皇(李克用)本朱耶赤心之後,沙陀部人也。其先生

於雕窠（雕窩）中，酋長以其異生，諸族傳養之，遂以「諸爺」為氏，言非一父所養也。其後言訛，以「諸」為「朱」，以「爺」為「耶」。

即「朱耶」（同「朱邪」）是由「諸爺」而「非一父所養」而來。

另一個是錢易的《南部新書》，其云：

朱耶赤心者，或云：「其先塞上人，多以騎獵為業。胡人三十輩於大山中，見飛鳥甚眾，鳩（聚集）於一谷中。眾胡就之，見一小兒，約才二歲已來，眾鳥銜果實而飼之。眾胡異之，遂收而眾遞（輪替）養之。成長求姓，眾云：『諸人共育得大，遂以諸耶為姓。』」言朱耶者，訛也。

同樣，「朱耶」是由「諸耶」即「諸人共育得大」而來。都甚為荒誕，權當笑話。

二、沙陀東遷

沙陀發展歷史上的第一次重大轉折，是從其東遷開始的。而沙陀人的東遷，又與吐蕃有著密切的關係。

西元七世紀前後，建立在今中國西藏以及青海一帶的吐蕃王朝開始強盛。雖然唐王朝曾先後將文成公主、金城公主嫁給吐蕃贊普（國王）松贊干布和赤帶珠丹（赤德祖贊），彼此結成了舅甥關係，但雙方的爭奪、衝突始終不斷，西域地區即是唐蕃

二、沙陀東遷

爭奪的重點地區之一。

在唐與吐蕃的爭奪中，沙陀人與唐朝北庭都護府一起，共同抵禦吐蕃的進犯。而就在此時，興起於漠北的回紇（回鶻）也開始向西域地區擴張。回紇與唐朝有一定的隸屬關係，唐曾在回紇部落設置瀚海都督府。安史之亂中，回紇更是協助唐朝平定了叛亂。沙陀與回紇也有著非常密切的關係，天寶年間，沙陀骨咄支曾擔任回紇副都護，以後又長期依附於回紇，以至時人或後人甚至將回紇人當作沙陀人的祖先，如當時的吐蕃人就說「沙陀本回紇部人」；宋人孫光憲所著的《北夢瑣言》中也說：「河東李克用，其先回紇部人，世為蕃中大酋，受唐朝官職。」當代學者也有將回鶻作為沙陀的族源的觀點。於是，沙陀在一定程度上又協調和拉近了回紇與北庭的關係，三方聯合，一起抗禦吐蕃。如在唐德宗貞元五年（西元789年），吐蕃進攻唐北庭都護府時，沙陀首領朱邪盡忠就曾勸說回鶻忠貞可汗派兵去救援北庭，忠貞可汗遂派大將頡干迦斯與朱邪盡忠率兵前往救援。

當然，回鶻的救援並無法挽救北庭陷落的命運，貞元六年（西元790年），吐蕃攻陷了唐北庭都護府，沙陀人也跟著投降了吐蕃。吐蕃將沙陀部落六千帳遷往甘州地區。這是沙陀人的第一次東遷。

甘州的治所在今中國甘肅張掖市，但吐蕃人不大可能將沙陀人安置在甘州治所，而是將他們安排到對唐朝的第一道防線。

第一章　沙陀東遷：從西域到代北的旅程

《新五代史》卷七四記載，後晉天福三年（西元 938 年），高居誨出使于闐國，其行記中說：「甘州，回鶻牙也。其南山百餘里，漢小月氏之故地也，有別族號鹿角山沙陀，云朱耶氏之遺族也。」南山即祁連山。此「鹿角山沙陀」，當是沙陀大隊人馬遷走後遺留的部分，也就是說，貞元六年吐蕃將沙陀部落六千帳遷往甘州後，就被安置在甘州南山百餘里處。如果從後來吐蕃懷疑沙陀勾結回紇人攻破涼州城（今中國甘肅武威）的情況看，此「甘州南山百餘里」，當在祁連山東部甘州與涼州接壤的祁連城或大鬥拔谷一帶，即今中國甘肅國樂縣東南一帶，這裡自古為河西走廊通往青海湟中最便捷的通道。

吐蕃以沙陀首領朱邪盡忠為軍大論，也就是軍使，為其效力。吐蕃每與唐朝爭戰，都以沙陀人作為前鋒，沙陀人死傷眾多。而且吐蕃又對沙陀部落橫徵暴斂，沙陀族人無法忍受。後來回紇攻破吐蕃占據的涼州城，吐蕃懷疑是「盡忠持兩端」、「貳於回鶻」，勾結回紇人所致，打算遷其於河外苦寒之地（約為黃河以西的今中國青海一帶地區），沙陀舉族愁怨。於是，朱邪盡忠與其子朱邪執宜商量對策。朱邪執宜說：「吾家世為唐臣，不幸陷虜，為他效命，反見猜嫌，不如乘其不意，復歸本朝（唐朝）。」所謂「世為唐臣」，應該是從沙陀、金滿二羈縻都督府的設置或沙陀金山以來算起。朱邪盡忠同意，遂於唐憲宗元和三年（西元 808 年）投靠了唐靈武（朔方）節度使范希朝。這是沙陀人的第二次東遷。

二、沙陀東遷

　　由甘州到靈州的直線距離不過數百里，然而史書卻記載沙陀人走了三千里的路程。之所以會出現這種情況，是因為沙陀人在東遷過程中遭到了吐蕃軍隊的攔截，從而邊戰邊行，走了一條非常迂迴曲折又艱難的道路。

　　根據史書的記載，沙陀人本來是想從甘州出發北行，「循烏德鞬山而東」，經過回紇人占據的漠北地區進入唐朝境內，這也是當時北庭、安西都護府向唐朝廷奏事時經常走的一條道路，即所謂的「回紇道」。然而沙陀人出發不久，「居三日，吐蕃追兵大至」，於是不得不兵分兩路，一路由朱邪盡忠、朱邪執宜父子率領，轉而向南，「自洮河（即今中國甘肅臨洮一帶）轉戰至石門關（在今中國寧夏固原西北），委曲三千里」，最後抵達靈州；另一路則由朱邪盡忠之弟葛勒阿波率領，輾轉到達了振武軍（今中國內蒙古和林格爾一帶）。

　　沙陀人在這次東遷過程中，可以說是歷盡千辛萬苦，「凡數百戰」，首領朱邪盡忠戰死，朱邪執宜挾護著其父的靈車邊戰邊行，其本人也是遍體鱗傷。沙陀人從甘州出發之時，有三萬餘人，而到達靈州時，只剩下一萬或不到一萬人，其餘都在途中戰死或走失。

　　范希朝是當時的名將，為政清廉，治邊有方，又善待邊疆各少數民族，所以沙陀人選擇前去投靠他。果然，范希朝為沙陀人購買牛羊，擴大畜牧，善待他們。又奏請以太原防秋兵六百人衣糧給沙陀，得到朝廷的允許。不過，沙陀人在靈州並

第一章　沙陀東遷：從西域到代北的旅程

沒有待多久，元和四年（西元809年）六月，范希朝調任河東節度使，他們隨范希朝一起進入河東。范希朝挑選出一千兩百名沙陀勁騎補足到河東軍中，其餘部眾則由朱邪執宜率領，安置在了代北地區。這是沙陀人的第三次東遷。

所謂「代北」，古代泛指代郡或代州以北地區。代郡始置於戰國，治所在今中國河北蔚縣代王城；代州始置於隋代，治所在今中國山西代縣，所以代北地區包括了今中國山西北部、河北西部和內蒙古中部地區。唐朝時期，設置在代北地區的行政建置有代、朔（治今中國山西朔州）、蔚（初治今中國山西靈丘，後移治今中國河北蔚縣）、云（治今中國山西大同）、勝（治今中國內蒙古準噶爾旗十二連古城）等州以及單于都護府（後於此設振武軍節度使，治今中國內蒙古和林格爾北上土城）。五代時，又在這裡設置了應州（治今中國山西應縣）、寰州（治今中國山西朔州東部）。

但是，對於沙陀人安置的具體地點，史籍又有不同記載，《新唐書・沙陀傳》說是「處餘眾於定襄川」，又說「執宜乃保神武川之黃花堆，更號陰山北沙陀」（此處「陰山」，《中國大百科全書》將其改正為「陘山」）；《新五代史・唐莊宗紀》則云：「居之定襄神武川新城。」

神武川，一般認為就是現在桑乾河沿岸山西山陰、應縣、懷仁、渾源一帶的川地，北魏時設置的神武郡，隋代設置的神武縣，都在今中國應縣與山陰縣之間，神武郡、神武縣應該都

二、沙陀東遷

與神武川有所關聯。

黃花堆，北魏、北齊時名黃瓜堆，隋唐以後稱黃花堆、黃花嶺，現在稱黃花梁，《中國歷史地圖集》將其標記在應縣西北、山陰東北。

新城，按照元人胡三省的解釋：「神堆在雲州城南，新城又在神堆東南，神堆，即神武川之黃花堆，新城在其側，蓋（李）克用祖執宜保黃花堆時所築也。」而孫光憲《北夢瑣言》則云，朱邪執宜「後遷於神武川黃花堆之別墅，即今中國（按即宋代）應州是也」。宋代的應州，也就是今中國應縣。孫光憲所謂「黃花堆之別墅」，當即黃花堆之「新城」。如果這樣理解沒錯的話，則新城就建立在黃花堆之上，有學者推測即在今中國應縣大黃巍鄉慄家坊村一帶。

唐朝廷將沙陀人安置在代北地區，是為了讓其守護北部邊疆。

本來，唐前期對北部邊疆地區有著比較嚴密的防禦管理體系，以設置在太原的天兵軍為起點，由內及外或由南向北先後設置了承天軍、大同軍、橫野軍、岢嵐軍、雲中守捉、清塞軍、天成軍、武周城、靜邊軍以及東、中、西三受降城、振武軍、天德軍等多重軍事機構，屯兵把守。但到安史之亂後，唐朝的北邊防禦體系大為削弱乃至於癱瘓，許多軍城廢置，保留的幾個也是兵力嚴重不足，於是唐朝廷便不得不以其發達的政治、經濟、文化資源去換取蕃部的軍事資源，更多地依靠內附的部族兵來維護邊疆地區的安寧穩定，即所謂「以夷制夷」或「以內蕃

第一章　沙陀東遷：從西域到代北的旅程

制外蕃」了。沙陀即是其中最重要的一支蕃部力量。

　　神武川黃花堆一帶應該屬於唐王朝的第二道邊防線，在它北部的振武軍、天德軍即陰山一帶以及與吐蕃勢力接壤的「河西」（今中國寧夏一帶）為第一道防線。因此一旦一線邊疆有事，沙陀人也往往被抽調去防禦邊敵，如元和八年（西元813年）回鶻過漠南，攻取唐西受降城（在今中國內蒙古烏拉特中旗烏加河北岸圐圙補隆古城）、柳谷地，唐憲宗即令朱邪執宜率部屯守天德軍（現淹沒於中國內蒙古烏拉特前旗烏梁素海湖底）以防備；文宗開成年間，沙陀人也多次隨振武節度使劉沔打擊党項對振武、河西一帶的侵擾。在唐武宗會昌年間唐王朝對回鶻的防禦戰中，沙陀人更是有著非常突出的表現。

　　朱邪執宜也曾多次率領沙陀兵到內陸參加平定藩鎮的戰爭，元和五年（西元810年），成德軍節度使王承宗反叛，唐憲宗命河東等四藩鎮討伐，朱邪執宜即率沙陀軍七百人為前鋒。史書曾這樣描述沙陀人在戰鬥中的表現：王承宗以數萬眾埋伏在木刀溝，與朱邪執宜沙陀兵相遇。成德鎮兵萬箭齊發，飛矢如雨，朱邪執宜冒著箭雨，率軍橫貫敵陣鏖戰，唐將李光顏等乘機出擊，大敗成德鎮兵。戰爭結束後，朱邪執宜因功升遷蔚州刺史。元和九年至十二年（西元814～817年）討伐淮西鎮吳元濟、長慶元年（西元821年）再次討伐成德鎮王承宗，朱邪執宜均率部參加，屢立戰功。文宗大和元年（西元827年），成德鎮王承宗再次與朝廷對抗，遣使者攜帶重禮賄賂朱邪執宜，欲與之連兵，

遭到朱邪執宜的堅決拒絕。朱邪執宜後留朝宿衛，任金吾衛將軍，朝廷賜以錦彩銀器，賜第於長安親仁坊。

唐文宗大和四年（西元830年），柳公綽出任河東節度使，得知沙陀人驍勇善戰，「為九姓、六州胡所畏伏」，遂奏請以沙陀部設置代北行營，任朱邪執宜為陰山都督府都督、代北行營招撫使，使居於雲、朔二州塞下，捍禦北邊。塞下有廢棄軍府十一處，朱邪執宜派人修復，招募部落三千人分別把守，史稱「自是雜虜不敢犯塞」。

柳公綽與朱邪執宜建立了良好的關係，朱邪執宜每來謁見，柳公綽均設宴招待。朱邪執宜神彩嚴整，進退有禮，深得柳公綽讚賞，曾對僚佐說：「執宜外嚴而內寬，言徐而理當，福祿人也。」而朱邪執宜的母親妻子入見，柳公綽也令夫人陪同飲酒，並贈送禮品。朱邪執宜甚是感恩，遂為之盡力。朱邪執宜統率沙陀部落近三十年，約於唐文宗開成年間去世，死後葬於代州雁門縣（今中國山西代縣），墓曰永興陵。其子朱邪赤心接替了他的位置。至李存勗建立後唐後，追奉朱邪執宜為昭烈皇帝，廟號懿祖。

三、朱邪赤心（李國昌）的賜姓與封帥

朱邪赤心接替其父的位置後，繼續為唐王朝效力，他曾率沙陀部落參加了唐武宗時期對回鶻和昭義鎮的戰爭：擊回鶻，

第一章　沙陀東遷：從西域到代北的旅程

敗烏介可汗於殺胡山；伐昭義，破石會，下天井，擒楊弁，因功升遷朔州刺史、代北軍使。唐宣宗時党項及回鶻連兵侵擾河西，朱邪赤心又隨河東節度使王宰出征，任前鋒，所向披靡，勇冠諸軍，被吐蕃譽為「赤馬將軍」，說：「吾見赤馬將軍火生頭上。」史稱沙陀在臣屬吐蕃時，吐蕃倚賴沙陀騎兵，常侵犯唐邊境。及其歸屬唐朝，吐蕃由是亦衰。雖未免有些誇張，卻也說明沙陀騎兵的確是一支勇猛善戰的隊伍。唐宣宗大中三年（西元849年），唐收復被吐蕃占領的秦（治今中國甘肅秦安北）、原（治今中國寧夏固原）、安樂（治今中國寧夏同心東北）三州和石門、六盤等七關後，罷征西戍卒，朱邪赤心回到代北，被任命為蔚州刺史、雲州守捉使。

在唐懿宗咸通九年（西元868年）鎮壓龐勛的戰爭中，朱邪赤心建立大功，從而被唐朝廷賜予李唐國姓。《新編五代史平話》中有一首讚美他的詩句：

夷方大磧號沙陀，部族驍雄勇力多。

一自天朝賜名氏，赤心報國義難磨。

朱邪赤心的名字大概的確有「赤心報國」的含義，不過如上所述，他的「赤心報國」在其「賜名」之前就已經開始了。咸通九年七月，戍守桂州（今中國廣西桂林）的徐州籍士卒因不得按期歸還，從而發生譁變，推舉糧料判官龐勛為首領，自行向徐州北還。沿途不斷有貧苦農民和流亡軍人加入，於是由一場兵

三、朱邪赤心（李國昌）的賜姓與封帥

變發展成為聲勢浩大的農民起義。朝廷派右金吾大將軍康承訓等十八大將，分率十道藩鎮之兵七萬餘人前往鎮壓。康承訓奏請以沙陀三部落以及吐谷渾、達靼、契苾等各族酋長率領其部眾自隨，朝廷允許。朱邪赤心遂率領三千人馬出征，進入十八大將軍之列，職銜是太原行營招討使、沙陀三部落等軍使，包括達靼、契苾、吐谷渾等部落兵都在他的指揮之下。善於騎射的沙陀軍在戰鬥中頑強打拚，達到衝鋒陷陣先鋒軍的作用，參戰的藩鎮之兵都佩服其驍勇。從《資治通鑑》所記述的咸通十年（西元869年）二月的兩次戰鬥，可見沙陀騎兵的勇猛表現：

唐官軍統帥康承訓率領部下一千人渡渙水，被龐勛伏兵包圍。危急關頭，朱邪赤心率五百騎策馬加鞭，衝入包圍，救出康承訓，龐勛兵勢披靡，官軍合擊敗之。

龐勛部將王弘立曾擊敗官軍戴可師的三萬大軍，於是驕傲輕敵，請獨自率所部三萬人破康承訓。二月己亥，王弘立渡過灘水，包圍了康承訓駐紮的鹿塘寨（在今中國河南商丘永城市東南），與諸將登高觀望，「自謂功在漏刻」。又是危急關頭，沙陀騎兵突然出現，「左右突圍，出入如飛，賊（指王弘立軍）紛擾移避，沙陀縱騎蹂之，寨中諸軍爭出奮擊，賊大敗。官軍蹙之於灘水，溺死者不可勝紀，自鹿塘至襄城，伏屍五十里，斬首二萬餘級」。

以區區沙陀三千人馬，當然不可能打敗龐勛的軍隊，但是，正是因為朱邪赤心率領的沙陀軍敢打敢拚，陷陣卻敵，勇

第一章　沙陀東遷：從西域到代北的旅程

往直前，激發出諸鎮的士氣，取得戰爭的最後勝利。陳寅恪先生曾指出：「沙陀軍殆以騎軍見長，故當時中原無敵手也。」、「龐勳、黃巢之亂，皆仰沙陀梟騎矣。」寥寥數語，卻也一針見血。於是，當戰爭結束之後，朱邪赤心因功被朝廷授予大同軍（雲中）防禦使，繼而授予振武軍節度使的職務，並賜姓名「李國昌」，這兩件事在沙陀發展的歷史上具有十分重要的意義。

沙陀本西域小族，其社會地位不僅不能與中原的漢族相比，即使在內遷各少數民族中，也是微不足道。《舊五代史·康福傳》有這樣一段記載：後唐明宗時，康福出任河西節度使。當時有一位姓駱的下級官員，其先人跟隨後唐懿祖朱邪執宜而來。在一次公宴上，康福對從事輩說：「駱評事官則卑，門族甚高，真沙陀也。」眾人都暗暗竊笑。「夷狄貴沙陀」，所以康福將沙陀人看作「門族甚高」的一族，卻受到士人出身的「從事輩」們的「竊笑」。在沙陀人做了天子的後唐時尚且如此，那麼在沙陀勢力剛剛崛起的唐末，其社會地位便可想而知了。

朱邪赤心因鎮壓龐勳而被唐懿宗賜予李唐國姓，加入李唐宗籍，這對於沙陀人來講，是一件非常榮耀的事，是他們藉以抬高自己社會地位的最好機遇，之後，他們便以李唐宗室自居。事實也的確如此，後世李克用、李存勗父子之所以能得到漢族士大夫們的認可；宋人將沙陀人李存勗建立的後唐王朝看作正統，而把漢人朱全忠建立的後梁看作僭偽，與歷來主張「華夷之辨」的中國傳統觀念大相逕庭，這一觀念的出現，無疑與朱邪氏

三、朱邪赤心（李國昌）的賜姓與封帥

被賜予李唐國姓有著非常大的關係。

沙陀人從唐憲宗元和三年（西元 808 年）內遷後，始終受到唐朝廷的防範和限制。他們之所以從靈州被遷往代北，其中一個重要原因，就是因為朝廷有人議論說沙陀人在靈武，迫近吐蕃，擔心其反叛。然而就在他們遷到代北地區後不久，接替范希朝擔任河東節度使的王鍔又以朱邪氏一族孳息繁盛，散居在北川，恐怕啟發其野心，於是建言離析朱邪部落，隸屬諸州，說這樣「勢分易弱也」。唐朝廷遂建十府以處沙陀。

「十府」的府名及性質已不可考，不過它作為唐王朝削弱、限制沙陀勢力發展的一種手段是毫無疑問的。之後，隨著沙陀力量的不斷發展壯大，管轄它的河東節度使對其安撫接納稍有不周，他們便會製造一點事端出來。節度使或與之詛盟約誓，或以其子弟作為人質，或以河東衙將兼領沙陀三部落防遏都知兵馬使，以此進行防範和控制。朱邪執宜、朱邪赤心父子雖然為唐朝屢建戰功，但唐授與他們的職務都不過為一州刺史，隸屬於河東節度使管轄。沙陀人出征，也要受他軍的控制，唐憲宗元和時隸屬忠武軍，之後隸屬河東軍。這一切，無疑對沙陀勢力的發展不利。

李國昌出任大同（雲中）防禦使，進而出任振武節度使後，上述局面大為改觀。大同甚至當時的振武雖都算不上強藩大鎮，但作為一級地方藩鎮，它享有與其他藩鎮一樣直屬中央的權力，從而不再受他鎮的約束。尤其是作為地方節帥，比一州刺史擁

有更大的權力和號召力。唐德宗建中年間，河朔藩鎮叛亂，德宗說：「賊本無資以為亂，皆借我土地，假我位號，以聚其眾耳。」沙陀要聚集代北各族，無疑也需要「借」唐的「土地」，「假」唐的「位號」，而這「土地」越廣，「位號」越大，無疑也就越容易「聚其眾」。

李國昌被後唐王朝追諡為文景皇帝，廟號獻祖，死後歸葬雁門，墓曰長寧陵。對於李國昌去世的時間，史籍有不同的記載。《舊唐書・僖宗紀》和《舊五代史・唐武皇紀》均作中和三年（西元883年），而《新唐書・沙陀傳》則作光啟三年（西元887年），前後相差四年。不過，李國昌究竟死於何時並不重要，因為當李國昌在世之時，沙陀人的領導核心就已經轉移到李克用身上了。

四、沙陀三部落的形成

所謂「沙陀三部落」，又稱作「代北三部落」，學界已普遍認可是指沙陀、薩葛（亦稱薛葛、索葛）、安慶三個部落。薩葛、薛葛、索葛，均為粟特的不同音譯；而安慶部落，從其都督史敬存（史敬思）、史建瑭的出身等種種情況看，亦當為粟特人部落。前面提到朱邪赤心（即李國昌）在咸通九年（西元868年）率兵鎮壓龐勛時，其職銜是太原行營招討使、沙陀三部落等軍使；在後來的「鬥雞臺事變」中，李克用的職務是雲中守捉使兼

四、沙陀三部落的形成

沙陀三部落副兵馬使。

從現有資料看,「沙陀三部落」的稱呼最早出現在唐文宗開成年間,這就是《舊唐書・劉沔傳》所記載的:「開成中,党項雜虜大擾河西,(劉)沔率吐渾、契苾、沙陀三部落等諸族萬人、馬三千騎,徑至銀、夏討襲。」唐文宗開成年間,是在西元836年至840年之間。朱邪執宜曾擔任過陰山府大都督、三軍沙陀都知兵馬使,此「三軍沙陀都知兵馬使」,當為沙陀三部落都知兵馬使,也就是說,沙陀三部落應該形成於朱邪執宜時期。

粟特人在唐代又被稱作昭武九姓胡人,他們居住在中亞阿姆河與錫爾河一帶地區,也就是以撒馬爾罕為中心的中亞五國及阿富汗一帶地區,主要有安、康、史、何、米、石等姓氏。據說他們的祖先最初居住在祁連山下的昭武城,為了表示不忘本,便稱「昭武九姓」。昭武城,西漢時曾設置過昭武縣,約在今中國甘肅張掖市臨澤縣鴨暖鎮昭武村一帶。

粟特人善於經商,所謂利之所在,無遠不至,在魏晉南北朝時期甚至更早以前,就有不少粟特人來到中原,是當時活躍在絲綢之路上主要的商隊,也是東西方經濟文化交流的主要溝通傳播者。1999年在太原市晉源區王郭村發現的虞弘墓,就是早期粟特人來到中原的一個典型。而粟特人當中的另一部分則進入了蒙古草原,在突厥汗國中,就有不少的粟特人,有的甚至成為突厥政權高層。而隨著進入草原游牧地區的天長日久,他們的民族特性也有所改變,從原先的善於經商而漸漸變得善於

第一章　沙陀東遷：從西域到代北的旅程

騎射，成為「突厥化的粟特人」。

唐太宗貞觀四年（西元630年），唐平東突厥後，突厥境內的昭武九姓胡人隨同突厥人一起降唐，唐朝廷將他們安置到了今中國寧夏、陝北和內蒙古鄂爾多斯高原一帶地區，當時設置在這一帶的北撫州和北安州，就是由昭武九姓胡人部落構成，其中北安州都督康蘇密，史籍明確記載其為「胡酋」，即昭武九姓胡人；北撫州都督史善應，從其姓名判斷亦當為「胡人」。北撫、北安州都督不久後廢除，唐高宗時，又在這裡設置了魯、麗、含、塞、依、契等六州進行管理，時人稱之為「六胡州」。之後，又幾經演變，唐中宗時置蘭池州都督府，分六州為縣以隸之。不過在習慣上，人們仍稱其為「六胡州」。

唐玄宗開元九年（西元721年），六胡州胡人起兵反唐，即所謂的「康待賓之亂」，唐朝廷遂廢除蘭池州都督府，遷六州胡人於河南、江淮地區。但由於六州胡人不適應河南、江淮地區的氣候，開元二十六年（西元738年），唐又將他們放歸，於六州舊地設置宥州進行管理，州治在今中國內蒙古鄂托克前旗城川古城。但在習慣上，仍將他們稱作「六胡州胡人」。唐代邊塞詩人李益〈登夏州城觀送行人賦得六州胡兒歌〉中「六州胡兒六蕃語，十歲騎羊逐沙鼠」，描述的就是這一帶的風物景象，儘管此時「六胡州」已不復存在。

安史之亂期間，六胡州部分胡人曾參加叛軍隊伍，安史之亂結束後，他們當中的一部分人隨安史餘部進入河北地區，一

四、沙陀三部落的形成

部分人則進入石州（治今中國山西離石）。唐德宗貞元二年（西元786年），河東節度使馬燧率兵擊吐蕃，行至石州，河曲六胡州胡人皆降，馬燧將他們遷到雲、朔二州之間，也就是今中國山西北部的大同至朔州一帶地區，今中國應縣大黃巍鄉有曹家鋪村、康辛莊村、慄家坊村、頡莊村等，據學者研究都是當年昭武九姓胡人即六胡州胡人聚居的村落。再過二十年，當元和年間沙陀人進入代北地區後，他們便逐漸與沙陀人結合，形成所謂的沙陀三部落。

沙陀三部落中的安慶、索葛（薩葛、薛葛）二部，都有較為明確的傳承世系和居住地點。其中世襲安慶九府都督府都督的史懷清、史敬思、史建瑭、史匡翰家族，居住在代州，即今中國山西代縣；而世襲索葛府刺史的安德昇、安重胤、安進通、安萬金、安元審家族，則居住在振武軍索葛府索葛村，即今中國山西朔州或內蒙古和林格爾一帶。振武軍最初的治所在今中國內蒙古和林格爾北土城也就是單于都護府一帶，唐朝末年或五代後梁時遷至今中國山西朔州。

「沙陀三部落」，當然是以沙陀人為核心和主體。不過，由於昭武九姓胡人進入中原大地歷史悠久，人口眾多，從魏晉到隋唐源源不斷，從長城內外到大江南北廣泛分布。而且他們當中有不少人進入到中原王朝或北方游牧民族政權的統治層。即使以進入代北地區而論，他們也要比沙陀人至少早二十多年。所以，在沙陀人和昭武九姓胡人最初的接觸中，後者似乎是占

第一章　沙陀東遷：從西域到代北的旅程

主導地位，有不少出身於昭武九姓胡人的將官，曾經擔任過沙陀人的統帥。如唐武宗時統率沙陀朱邪赤心三部打擊回鶻和昭義鎮的石雄，又有一個叫做安義節的軍將，掌管沙陀兵馬三十餘年，唐懿宗時統率沙陀三部落等兵鎮壓龐勳的都招討使康承訓等等。但是，昭武九姓胡人是一個習慣於依附強權的民族，突厥強盛時，他們依附突厥，當沙陀進入代北後，以其驍勇善戰，「為九姓、六州胡所畏伏」，於是隨著時間的推移，沙陀人也就成為「沙陀三部落」的主體和核心，昭武九姓胡人則心甘情願納入沙陀的麾下。

沙陀三部落的形成，在沙陀發展歷史上具有重大意義。首先，它使居住在代北地區的沙陀人和昭武九姓胡人融為一體，形成了「沙陀民族共同體」，以至後人對他們已經難以區分，許多明顯帶有昭武九姓胡人姓氏色彩的如安仁義、安審琦、米志誠等，史書卻記載他們為「沙陀人」或「沙陀部人」，至於稱之為「沙陀三部落人」或「代北三部落人」的安姓、康姓胡人則更多。

其次，如上所述，沙陀從靈州遷往代北時，大約為一萬人，這的確算不上是一個大部族。沙陀三部落的形成，使沙陀民族共同體的人口增加，力量壯大。三部落中，有兩部即為昭武九姓胡人，所以，沙陀三部落應該是一個以沙陀人為主體、昭武九姓胡人為多數的民族共同體。

之後，無論是在唐末李克用的爭霸戰爭中，還是在五代沙陀各王朝的建立過程中，無時無處不有著昭武九姓胡人的重要

四、沙陀三部落的形成

貢獻。翻開新、舊《五代史》，一大批安姓、康姓、史姓、石姓等具有昭武九姓胡人姓氏特徵的人名躍然紙上，這充分說明了他們在沙陀政權中的重要地位。

需要說明的是，沙陀三部落只是指代北地區的沙陀、薩葛、安慶三個部落，並不包括所有的沙陀人和昭武九姓胡人，如當時延州（治今中國陝西延安）就有沙陀部落；魏博、成德、盧龍等河北藩鎮境內更有大量的昭武九姓胡人，但他們並非「沙陀三部落」的組成部分。所以沙陀三部落也稱作「代北三部落」。

還需要指出的是，當沙陀三部落從代北遷到太原後，便分化成兩大部分並走上了不同的發展道路。留在代北者，繼續保留著部落組織，過著亦牧亦兵的生活，後晉安重榮所提到的「三部落、南北將沙陀、安慶九府等」，以及北宋初宋琪所提到的雁門以北十餘州軍的「沙陀」、「三部落」，都反映了這種情況；而進入太原者則納入藩鎮節度使軍事體制，部落組織逐漸被打破，他們以當兵為職業，成為父子相繼的職業軍人集團，與先前亦牧亦兵的生活已有很大不同。沙陀三部落就是在這種背景下完成了它的發展和演變。

第一章　沙陀東遷：從西域到代北的旅程

第二章
代北崛起：
李克用的政治起步

第二章　代北崛起：李克用的政治起步

一、李克用的誕生

在沙陀發展的歷史上，李克用無疑是最為關鍵和重要的人物。

雄名凜凜振沙陀，為國功深奈老何。

多少三垂岡上恨，伶人都進〈百年歌〉。

這是金元時期名士、唐高祖李淵的後人李俊民在遊覽李克用墓時所作的〈李晉王壇〉詩，讚頌了李克用的一世英名和最終不能得志的遺恨。

李俊民，據其自撰《李氏家譜》中「唐高祖淵二十二子、其韓王元嘉守澤州，武氏盜國，宗室潛謀恢復，事露皆被害」云，是為李淵第二十二子的後人，各種介紹李俊民的資料也都如是說。但據《舊唐書・宗室傳》，韓王元嘉實為李淵的第十一子，亦曾任職澤州刺史。《家譜》中提到的「黃公譔」，也正是元嘉之子。而李淵第二十二子為滕王元嬰，並未有澤州任職的經歷。可見《家譜》所謂「二十二子」當為「十一子」之誤。茲予以說明。

根據史籍記載，李克用於唐宣宗大中十年（西元856年）九月二十二日出生在神武川之新城。然而對於這個「新城」位於何處，史志多有不同記載，今人也眾說紛紜。一說在朔州北部，即今中國山西山陰縣北部；一說在今中國山西應縣大黃巍鄉慄家坊村附近；一說在今中國山西神池縣，《中國歷史地圖集》就

將新城標記在今中國神池縣東北部；還有一說在今中國山西五寨縣北的大武州村，最早記載這一說法的是《遼史‧地理志》。應縣大黃巍鄉愫家坊村位於應縣城以西偏北約十二公里、山陰縣城以東偏北約二十八公里處，頗符合一般認為「今中國山陰縣東北」的說法；而五寨縣大武州村與神池縣之間的距離更接近一點。南宋人潘自牧所撰寫的《記纂淵海》「應州」條記載說：「金鳳井，在州治，相傳李克用生時，有金鳳自井中飛出。」則支持了應縣說。自古及今，大概都有名人效應，於是也就出現了爭奪名人出生地甚至墓葬地的現象。

李克用是朱邪赤心的第三個兒子，他的母親秦氏，有學者認為是吐谷渾人，因吐谷渾部落中有秦姓。據說李克用在娘胎裡待了十三個月，母親臨盆時又遇上難產，一個晚上生不出來。他的父親朱邪赤心當時戍守在外，族人非常害怕，就到雁門（今中國山西代縣）去請醫買藥。遇到一位神叟，告訴族人說：「這不是巫醫所能夠解決的，可速速歸去，率領全體族人身披鎧甲，手持錦旗，擊鉦打鼓，躍馬大叫，環繞產婦所居住的屋子三圈而止。」族人回去後如法執行，母親果然無恙而生。嬰兒呱呱落地，霎時間虹光燭室，白氣充庭，井水暴漲，有金鳳自井中飛出。

現代醫學表明，人類正常情況下，母親的懷孕時間應該是十個月左右，李克用卻在娘胎裡待了十三個月之久，包括他出生之時虹光燭室，白氣充庭，井水暴漲，金鳳飛出等等，顯然

第二章　代北崛起：李克用的政治起步

都是李克用顯貴後後人的附會，不足為信。至於《新編五代史平話》中說李克用出生時，其父朱邪赤心做了一個夢，夢見他到了一座宮殿，殿上坐著一位王者，殿下侍立著幾個金甲武士。王者對朱邪赤心說道：「龍豬戰罷醜口破，十四年間金殿坐。十兄用武不負君，四個郎君三姓麼。」說「龍」代表李克用；「豬」代表朱全忠；「醜口」是「唐」字。並說朱邪赤心即採用夢中「十兄用武」的字為其兒命名曰「克用」，此更是說書藝人為了吸引聽眾而編造的內容。

　　不過，上述附會傳說卻也旨在向人們說明帝王的與眾不同，所謂凡帝王出生，必定會有吉祥徵兆，以示天命之所屬。歷史上的封建統治者為了鞏固和加強統治，除了利用軍隊、監獄等國家機器，使用「武」的一面外，也充分利用精神武器，使用「文」的一面，尤其是利用「神」的力量，高唱所謂君權神授，為帝王的卓爾不群製造理論依據。李克用雖然生前沒有稱帝，但他直接奠定了後唐王朝的基礎，所以後唐王朝便將他按照帝王來對待，於是在他出生之時，也為他鋪陳了古代帝王出生時常常鋪陳的類似背景，以表明他的非同凡人。

　　代北地區自古以來就是一個多民族的雜居區，除華夏（漢族）外，先秦時期的諸胡；秦漢時期的匈奴、烏桓；魏晉南北朝時期的鮮卑、羯族；隋唐時期的突厥、鐵勒等等，都在這裡留下了大量的活動痕跡。沙陀到來前後，這裡的居民除漢族土著外，尚有突厥、吐谷渾、六胡州胡人（粟特人）、契苾、達靼

一、李克用的誕生

（室韋）、奚、回鶻、党項、契丹等各族。這些民族大都從事游牧生產，能騎善射，驍勇剛勁，展現出北方游牧民族特有的血性和氣質。各民族的雜居、交流、鬥爭和融合，使代北地區形成一種不同於內陸的強悍的民風民俗，所謂「縱有編戶，亦染戎風」。

李克用出生並成長在這樣的社會環境中，對於其性格的形成和日後的政治生涯都產生了重要的影響。史稱他從開始學說話的時候，就「喜軍中語」。稍大一點，就善於騎射，與同齡人「馳騁嬉戲，必出其右」。據說他在十三歲時，曾看見一對野鴨在空中飛翔，便仰臥下來，張弓搭箭，連連射中，令圍觀者讚嘆不已。他還常常以樹葉、針鋒、馬鞭作為練習射擊的目標，這樣的勤學苦練，終於使他練就了一手百發百中的高超箭術。其父朱邪赤心鎮壓龐勳軍時，李克用隨軍出征，摧鋒陷陣，出諸將之右，軍中呼其為「飛虎子」。李克用出生就一目失明或半失明（眇或微眇），或許是其母難產所致，這雖然有礙於他的形象，卻也有助於他箭術的提高，被時人稱作「獨眼龍」。

關於李克用的獨眼，還有一段非常有趣的故事。

據說在李克用擔任河東節度使後，聲威大振。淮南節度使楊行密遺憾不識其狀貌，便找來一位有名的畫工，裝扮成商賈的模樣，祕密前往河東替李克用畫一幅像，想透過畫像來一睹這位英雄的尊容。但是畫工到達太原後不久，就被人發現，抓了起來。李克用起初非常憤怒，要殺掉畫工，後來想了想，為

第二章　代北崛起：李克用的政治起步

自己畫一幅像也不錯，就對左右說：「我素來眇一目，試著召他前來為我畫像，看看如何。」及畫工到，李克用按膝厲聲道：「淮南令你來為我畫像，想必定是畫工中最優秀的，你畫得好便也罷了，如果畫得不像，那麼此階之下便是你的死所。」畫工再拜，下筆開始畫。時正值盛夏，李克用手裡拿著一把八角扇扇涼驅熱，畫工便照此為李克用畫了一幅像，一片扇角正好遮住了他的眇眼。李克用看後說：「你這是在討好我。」命令其重畫。畫工又應聲下筆，這次畫了一幅李克用正在張弓搭箭瞄準的像，其中一隻眼睛微微閉合，似在觀察箭的曲直，恰到好處地利用了他的眇眼。李克用看了這幅畫後非常高興，便重賞了這位畫家，送回淮南。這則故事出自宋人陶岳所著的《五代史補》、《舊五代史》、《資治通鑑》和《十國春秋》等史籍都引用了它，想必可信度不低。

《舊五代史‧唐武皇紀》還記載了下面一則故事：

新城北面有一座供奉毗沙門天王的祠堂。毗沙門天王又名北方多聞天王，為佛教護法之神，四大天王之一。據說唐玄宗天寶元年（西元742年），安西都護府府城被吐蕃軍隊圍困，形勢非常危險。這時，毗沙門天王突然出現在城北門樓上，大放光明，並有「金鼠」咬斷敵軍的弓弦，使其不能射箭。又有三五百名神兵披著金甲擊鼓，聲震三百里，吐蕃軍大潰。安西表奏，玄宗大悅，遂令諸道州府於城樓西北隅置天王像供養。新城的毗沙門天王祠堂，應該也是在這種背景下建造的。

李克用在新城時，突然有一天，毗沙門天王祠堂前的井水噴湧若沸，引起人們非常大的驚慌。李克用帶著幾個隨從來到祠堂，端起酒杯祭奠說：「我有尊主濟民之志，為何無故井溢？不知是禍是福。天王若有神奇，可與我交談。」話音剛落，只見有一位神人披著金甲手持鐵戈隱現在牆壁上。眾人大驚失色，趕快跑出去，只有李克用一人留了下來，不慌不忙，與神人交談對話，從容而退。這也是時人杜撰的一個故事，不過據說這件事更加堅定了李克用的自負心理以及人們對他的看重。

　　還需說明一點，李克用起初應該叫「朱邪克用」，他出生在西元856年，而其父朱邪赤心被賜予李姓是在西元869年，所以在他十三歲之前，應該叫「朱邪克用」，假如他一開始就取名「克用」的話。

二、鬥雞臺事變

　　「鬥雞臺事變」也稱作「鬥雞臺事件」或「段文楚事件」，是發生在雲中鎮的一場駭人聽聞的軍事政變。

　　雲中鎮亦稱大同軍，是唐武宗會昌三年（西元843年）由河東鎮分離出來設置的一個藩鎮。唐朝時在今中國山西大同設雲州或雲中郡，故設在此地的軍鎮亦稱作雲中鎮。而大同軍則是唐前期設置的一個軍鎮，起初在朔州，後遷至雲州，於是史籍中對其長官也就時而稱雲中防禦使，時而稱大同軍防禦使了。

第二章　代北崛起：李克用的政治起步

　　唐代的藩鎮長官分有節度使、觀察處置使、防禦使、都團練使等幾個級別。雲中防禦使領有雲（治今中國山西大同）、朔（治今中國山西朔州）、蔚三州之地，治所在雲州。蔚州的州治，曾經在今中國山西靈丘縣，唐玄宗開元年間徙治安邊縣，也就是現在的河北蔚縣。雲中鎮雖然是一個規格較低的藩鎮，卻具有十分重要的策略地位，以雲州及長城為一線，恆山山脈及雁門關（西陘關）、東陘關、飛狐口等關隘為又一線，以及兩線之間的大同盆地，共同構成了太原北面縱深很大的防禦屏障。對於保衛華北平原及山西腹地，防禦和反擊北方游牧民族的侵擾具有重要的策略意義。

　　有據可查的第一任雲中防禦使是盧簡方，時間是在唐懿宗咸通五年（西元864年）之前。之後李國昌、段文楚、支謨相繼擔任了雲中（大同軍）防禦使。其中李國昌在唐宣宗大中年間曾任蔚州刺史、雲州守捉使，咸通十年（西元869年）平龐勳後，一度任大同軍防禦使，在這裡具有一定的根底。而段文楚則是在乾符五年（西元878年）前後再度擔任了大同軍防禦使一職。段文楚是唐德宗朝名臣段秀實之孫。段秀實以「忠」、「孝」聞名於世。唐德宗時，河朔藩鎮叛亂，德宗抽調涇原鎮兵前往平叛，結果涇師又在長安叛變，擁立原盧龍節度使朱泚為帥。朱泚欲拉攏段秀實同流合汙，遭到段秀實的嚴詞拒絕，並試圖奪下朱泚的笏板要擊殺他，結果遇害。德宗回朝後表彰段秀實，並錄用他的後人為官。

二、鬥雞臺事變

咸通十年（西元869年）龐勛起事被鎮壓下去後，十三歲的李克用做了一名雲中牙將，在防禦使支謨手下供職。據說他在雲中期間，曾夜宿於別館，擁妓醉寢。有一位刺客持刀入室要加害於他，及衝進臥室，但見帳中烈火升騰，有似龍一樣形狀的東西忽隱忽現，刺客駭異而退。這當然也是後人的杜撰，不足為信。不過此時的李克用仰仗著沙陀貴族血統和官數代的出身以及本人高超的武藝，已經是野心勃勃，霸氣橫生，必欲取支謨而代之。一日，軍隊晨練結束後，李克用與同列一起進入防禦使府衙，玩起升堂遊戲。李克用大搖大擺坐到了防禦使的寶座上面，這在當時是屬於犯上的行為，然而支謨卻不敢坑聲，任其嬉鬧。

段文楚第二次出任雲中（大同軍）防禦使時，李克用擔任了雲中守捉使兼沙陀三部落副兵馬使，戍守蔚州，終於在這裡導演了一場震驚朝野、駭人聽聞的軍事政變——「鬥雞臺事變」。

關於這次事件的經過，新、舊《唐書》和《資治通鑑》等史籍均有較為詳細的記載，其大致經過如下：

乾符五年（西元878年）正月，大同防禦使段文楚兼任水陸發運使。當時正趕上代北地區連年饑荒，漕運不繼，段文楚又剋扣軍餉，從而引起軍士的怨怒。雲中沙陀兵馬使李盡忠祕密派遣牙將康君立到蔚州勸說李克用起兵，除掉段文楚取而代之。李克用說要稟報父親李國昌，李國昌時任振武節度使。康君立說：「現在機密已經洩漏，哪有時間去千里之外秉承命令

第二章　代北崛起：李克用的政治起步

呢！」於是李盡忠夜晚率牙兵攻入雲州城，抓獲段文楚及判官柳漢璋，同時派遣使者前往蔚州召李克用。

李克用應召率部眾赴雲州，二月初四到達雲州城下，部眾將近萬人，屯於鬥雞臺下。初六，李盡忠派人向李克用送上雲中防禦使的符印，請他為防禦留後，也就是臨時代理防禦使職務。初七，李盡忠押送段文楚等五人至鬥雞臺下，李克用命令軍士將其凌遲處死也就是千刀萬剮並分食其肉，然後用馬匹踐踏其骸骨，殘忍之至，簡直令人髮指！初八，李克用入防禦使衙署，坐堂辦事。

從二月初四到初八，前後五天的時間。

舊史多將殺害段文楚事件的策劃者和主謀歸結於沙陀兵馬使李盡忠和雲中牙將康君立等人，李克用則是被動被推上臺的；而將段文楚被殺的原因歸結為是由於其剋扣軍餉所致。誠然，這種由於節帥的優賞不周而遭致部下殺害的事件在唐末是屢見不鮮的。不過，結合日後李國昌、李克用「欲父子並據兩鎮」的情況看，可以確定李克用才是策劃這一事件的真正主謀，至少也是主謀之一，他和李盡忠、康君立等一個在幕後，一個在前臺，共同導演了這一幕奪權慘劇。因為殺害唐朝地方藩帥，是犯上作亂的行為，畢竟不是一件光彩的事，故後人對李克用有所避諱。而段文楚被殺事件發生的真正和更為深刻的原因，則是李國昌、李克用「欲父子並據兩鎮」，即沙陀人試圖趁天下大亂，唐朝廷號令「不復行於四方」之際，把整個代北地區據為己有。

關於鬥雞臺的位置，雍正《山西通志‧古蹟二‧大同府》記載說：「鬥雞臺在奚望山。《遼志》：乾符三年雲中守捉使李克用偕程懷信等募士萬人趨雲州，次鬥雞臺，即此。」奚望山，《太平寰宇記》云在雲中郡東一百里，《明一統志》則云在大同府城北九十里，俗曰岐王山。按史稱李克用是自雲州東部的蔚州至雲州城下，然後屯於鬥雞臺下，因此鬥雞臺與雲州城之間的距離應該沒有「一百里」或「九十里」之遠。究竟是在何處，至今仍無定論。

三、唐朝廷的討伐

李克用殺害段文楚的消息傳到長安後，引起朝廷上下的一片震驚。儘管當時地方藩鎮節帥被部下驅逐或殺害的事件頻頻發生，唐朝廷也正面臨著黃巢農民軍的打擊而「皇威不振」，卻也不能容忍李克用這種公開犯上作亂的行為。李克用令雲中將士向朝廷上表，請求任命自己為帥，這也是當時藩鎮的一貫手法，朝廷往往也予以承認。然而這一次，卻被朝廷斷然拒絕。李國昌又試探朝廷的態度，上表請求朝廷盡快任命大同軍防禦使，並說若李克用違命，自己請命親自率振武鎮兵進行征討，終不能因為愛一子而有負於國家。

唐僖宗以前義昌節度使盧簡方對李國昌父子有恩，便命他出任大同軍防禦使，並賜詔盧簡方前往處置。詔書中首先表彰

第二章　代北崛起：李克用的政治起步

了李國昌的忠誠，說他「久懷忠赤，顯著功勞」。又說朝廷待他亦不薄，「三授土疆，兩移旄節，其為寵遇，實寡比倫」。接著譴責李克用，說「段文楚若實刻剝，自結怨嫌，但可申論，必行朝典。遽至傷殘性命，刳剔肌膚（即凌遲處死），慘毒憑凌，殊可驚駭」。又說「若克用暫勿主兵務，束手待朝廷除人，則事出權宜，不足猜慮。若便圖軍柄，欲奄有（即全部占有）大同，則患係久長，故難依允」。表示出一種強硬的態度。

李克用拒絕盧簡方入境，僖宗又任命盧簡方為振武節度使，而升雲中（大同軍）防禦使為節度使，以李國昌為使，以為李國昌以父臨子，必無違抗之理。然而李國昌的目的本來就是要父子並據兩鎮，便拒絕奉詔，撕毀了朝廷的任命書，又殺害監軍，不受替代。李克用則使用當時藩鎮逼迫朝廷承認部下奪權行為的一貫手法，四處出兵騷擾，攻陷遮虜軍（今中國山西五寨西北四十里五王城），又東擊寧武軍（今中國河北懷來東南），西擊岢嵐軍（今中國山西岢嵐），南下楚燒唐林（今中國山西原平唐林崗）、崞縣（今中國原平崞陽鎮），進入忻州境內。

李克用的四處騷擾，導致河東鎮一系列的變亂。

先是，河東節度使竇浣為防禦沙陀，一面徵發百姓掘深太原的護城河，以加強太原城的防衛；一面又命令都押衙康傳圭出任代州刺史，又發土團（類似民兵）一千人戍守代州，企圖依靠雁門關天險來阻止李克用南下。結果土團兵行至太原城北後停頓不前，要求賞賜。當時太原府庫空竭，竇浣派遣馬步都虞

三、唐朝廷的討伐

候鄧虔前往撫慰。土團刀剮鄧虔,用床板抬著鄧虔的屍體進入府衙示威。竇浣與監軍親自出來撫慰,發給土團兵每人錢三百、布一端,眾人方才安定下來。

唐朝廷以竇浣無能,罷免之,以前昭義節度使曹翔接替河東節度使。然而曹翔不久在途中中風而卒。唐又以河東宣慰使崔季康兼太原尹、北都留守,充河東節度、代北行營招討使,命其前往平定沙陀。乾符五年(西元878年)十二月,崔季康和北面行營招討使李鈞與李克用戰於岢嵐軍洪谷(今中國山西岢嵐南部洪谷堡,一說今中國嵐縣北鹿徑溝),官軍大敗,李鈞中流矢而卒,崔季康父子也於次年一月被河東亂兵所殺。

唐朝廷不斷更換河東節帥,先後以李侃、李蔚、康傳圭為河東節度使。廣明元年(西元880年)二月,李克用率兵兩萬進逼太原,陷太谷(今中國山西太谷)。康傳圭遣大將伊釗、張彥球、蘇弘軫分兵於秦城驛拒之,為沙陀所敗。康傳圭怒,斬蘇弘軫,引起張彥球部下譁變,倒戈攻入太原,殺康傳圭。朝廷又派一位重量級的人物——宰相鄭從讜兼任太原尹、北都留守,充河東節度等使,鄭從讜恩威並用,誅殺亂首,由李克用所導致的河東一系列變亂始告一段落。

而在沙陀李國昌、李克用父子一方,乾符五年冬,吐谷渾首領赫連鐸趁李國昌出師征党項之際,攻陷了李國昌擔任的振武節度使治所單于都護府(今中國內蒙古和林格爾北土城子),舉族為吐谷渾所擄。李國昌率五百騎兵歸雲州,結果雲州守將

第二章　代北崛起：李克用的政治起步

叛變，拒關不納。李克用攻略蔚州、朔州之地，得三千人，屯守神武川新城，回到他的出生之地。赫連鐸又包圍新城，晝夜進攻，李克用兄弟三人四面應戰，危在旦夕。幸好其父李國昌自蔚州率軍前來救援，赫連鐸退走，李國昌父子合力，軍勢復振，繼續與官軍作戰。

洪谷之戰官軍大敗後，李克用的氣焰更加囂張。廣明元年三月，唐朝廷以太僕卿李琢為蔚、朔等州招討都統，統領東北面行營的李孝昌、李元禮、諸葛爽、王重盈、朱玫等諸部兵馬以及忻州和代州的土團兵迎戰沙陀軍，戰事才迎來了轉捩點。

是年六月，李琢與盧龍節度使李可舉、吐谷渾首領赫連鐸等連兵討伐沙陀。赫連鐸誘使李克用朔州守將高文集投降。在官軍的強大壓力下，沙陀三部落內部出現分裂，沙陀酋長李友金以及薩葛都督米海萬、安慶都督史敬存等率眾投降，並與唐官軍一起，向李克用父子發起進攻。七月，李克用先後大敗於藥兒嶺和雄武軍，部下被殺一萬七千餘人，李盡忠、程懷信等一批擁戴李克用起兵的元老級將領戰死。雄武軍，一般認為在今中國河北興隆或天津薊州境內。不過，這裡距離李克用活動的雲、代、朔、蔚等州尚遠，中間隔著盧龍節度使管轄的大片地盤。據 2003 年在河北宣化出土的晚唐蘇子矜夫婦墓誌，蘇子矜與夫人王氏於唐武宗會昌四年（西元 844 年）合葬於雄武軍東三里原，則雄武軍應在今中國宣化城東，這裡也正是雲中鎮與盧龍鎮的接壤處，李克用在這裡與李可舉相戰，頗符合情理。

藥兒嶺，胡三省說在雄武軍西，當亦在今鐘國宣化一帶。接著，李國昌也大敗於蔚州，部眾皆潰，李國昌和李克用父子、宗族以及大將康君立等北逃陰山達靼。李克用不僅未能「旬日而定代北之地」，而且將朱邪執宜、朱邪赤心（李國昌）苦心經營數十年的地盤也喪失殆盡。與此同時，朝廷又殺掉了當時在長安供職也是作為人質的李國昌的兩個兒子，李國昌的另一個兒子李克讓在逃出長安後也被南山寺僧人所殺。這在沙陀的發展歷史上，是一次近乎毀滅性的打擊。

四、李克用北入陰山達靼

達靼（亦稱達怛、韃靼等）一名最早出現在唐代，是唐朝後期生活在今中國內蒙古中部陰山一帶的一個部族。所以稱作「陰山達靼」。關於它的來源，史學界有不同的看法。一種觀點認為，室韋和達靼這兩個名稱在漢文史籍中可以互通互易，如唐人李德裕文集中所提到的「黑車子達靼」與《遼史》所見之「黑車子室韋」為同一部族的不同稱呼。唐開元二十年（西元732年）立於漠北地區的突厥文〈闕特勤碑〉中所見的「三十姓達靼」，即室韋的三十個部落。其中位於陰山地區的，便稱「陰山室韋」。「陰山達靼」又被寫作「陰山室韋」。

至於陰山室韋為何又被稱作陰山達靼，論者認為這與回鶻人有一定的關係，即回鶻人稱室韋為達靼，沙陀與回鶻關係密

第二章　代北崛起：李克用的政治起步

切，也就跟著回鶻人稱室韋為達靼。而隨著唐人與沙陀人關係的日益密切，室韋被稱作達靼的情況也為唐人所知，並逐漸接受了對室韋人的這一稱呼。於是在唐、五代及宋朝的文獻中，便出現了「陰山達靼」的記載，而在《遼史》中，則依舊稱為「陰山室韋」。

但是，宋人則大多認為達靼為靺鞨之後，如司馬光《資治通鑑》卷二五三廣明元年七月下，胡三省注引用宋人宋白的話說：「達靼者，本東北方之夷，蓋靺鞨之部也。貞元、元和之後，奚、契丹漸盛，多為攻劫，部眾分散，或投屬契丹，或依於勃海，漸流徙於陰山，其俗語訛，因謂之達靼。」李心傳《建炎以來朝野雜記》記載得更為詳細，其云韃靼（達靼）之先與女真同種，都是靺鞨之後。在元魏、北齊、北周之時稱勿吉，至隋代始稱靺鞨。並說韃靼位於長安東北六千里，東瀕於海，分為黑水、白山等數十部。其中白山部起初臣屬於高麗，高麗滅亡後併入渤海，之後又為奚、契丹攻散。其「居混同江（即黑龍江）之上者曰女真，乃黑水遺種也；其居陰山者自號為韃靼，唐末五代常通中國」。此外，程大昌《演繁露》中也道：「達怛乃靺鞨也。」

不少學者認為所謂達靼源於靺鞨的說法是錯誤的，然而若按照室韋等同於達靼的說法，室韋最初的居住地在今中國黑龍江省、內蒙古東部以及俄羅斯遠東一帶地區，唐曾以室韋部落設置羈縻都督府，與奚、契丹及靺鞨相鄰，因此宋白關於達靼

四、李克用北入陰山達靼

從東北「漸流徙於陰山」的說法，或可資參考。

從史書記載的情況看，在唐德宗、憲宗時期，陰山一帶的確出現了不少室韋人活動的紀錄，如德宗貞元年間（西元785～805年），經常有奚、室韋、党項等部落侵犯振武軍，他們「交居川阜，凌犯為盜，日入慝作（即日落之後開始作惡），謂之『刮城門』。居人懼駭，鮮有寧日」；憲宗元和年間（西元806～820年），天德軍一帶的邊民由於常常苦於室韋、党項部落的侵掠，軍使不得不另築新城，將三萬餘家居民遷移至城內。振武、天德即在今中國內蒙古中部陰山以南地區。這些記載剛好可以與宋白達靼在貞元、元和之後，逐漸流徙於陰山的說法相互印證（依達靼為室韋別稱說）。在今中國內蒙古包頭市固陽縣金山鎮有一個叫做「沙陀國」的村莊，或認為這裡就是當年李國昌、李克用父子逃亡達靼的地方。而位於包頭市達爾罕茂明安聯合旗境內的敖倫蘇木古城遺址，是自稱為沙陀李克用後人的蒙古汪古部活動的中心，當年的陰山達靼部落或許就活動於今中國固陽縣和達茂旗一帶。

達靼人與沙陀人的關係很好，他們經常一起出征作戰，武宗會昌二年（西元842年），達靼（室韋）與沙陀、吐谷渾等部落一起防備回鶻烏介可汗的南下；懿宗咸通九年（西元868年），達靼部落又跟隨朱邪赤心南下鎮壓龐勛起事。雙方接觸的機會越來越多，關係也就越來越密切。史稱李克用曾有一次與達靼部人比試武藝，恰巧這時空中飛來一對鵰，達靼人指著雕對李

第二章　代北崛起：李克用的政治起步

克用說：「公能一發而中否？」李克用也不答話，隨即彎弓發矢，一箭雙鵰，達靼人連連叫好，深為佩服。李克用後來曾說：「陰山部落，是僕懿親。」所謂「陰山部落」即陰山達靼，「懿親」即至親，說明雙方關係之密切。

李國昌、李克用父子北投達靼後，最初受到了達靼人的熱情歡迎與款待。但吐谷渾首領赫連鐸欲斬草除根，獨霸代北，便祕密派人以重金賄賂達靼首領，並挑撥離間，說李克用會吞併達靼人的部落，請求誅殺李氏父子。達靼首領一方面貪圖赫連鐸的錢財，更主要的是隨著李氏父子久留部中，擔心其真的會吞併自己的部落，遂漸生猜疑。

李克用敏銳地覺察到了這一點，於是他一面顯示自己的武藝來震懾達靼部人，多次召集達靼豪右到野外射獵，或以馬鞭、針鋒、樹葉作為目標，在百步之外騎馬馳射，中之如神，達靼部人由是大為佩服，不敢竊發；一面又利用黃巢自江、淮北渡之機，「椎牛醼酒」（殺牛斟酒），宴請達靼首領。酒酣之際，袒露了自己的心跡，說：「我父子為賊臣讒間，報國無由。今聞黃巢北犯江、淮，必為中原之患。一日天子赦免，有詔徵兵，我與公等南向而定天下，此乃我之心願。人生世間，怎麼能終老於沙堆之中呢！」達靼人知道李克用父子無久留之意，便放下心來，釋然無間，款待如初。這樣，李克用在達靼度過了半年多寄人籬下的日子，他在等待著東山再起的機會。

第三章
鎮壓黃巢：
李克用如何借亂世擴展勢力

第三章　鎮壓黃巢：李克用如何借亂世擴展勢力

一、黃巢起義的爆發與李克用第一次南下

　　唐王朝號稱中國歷史上的鼎盛時期，到唐玄宗時，社會財富的累積達到了一個空前的程度，杜甫〈憶昔〉詩云：

憶昔開元全盛日，小邑猶藏萬家室。
稻米流脂粟米白，公私倉廩俱豐實。
九州道路無豺虎，遠行不勞吉日出。
齊紈魯縞車班班，男耕女桑不相失。

　　然而即使是在這「開元盛世」，杜甫又寫下了「朱門酒肉臭，路有凍死骨」的詩句。到天寶十四年（西元755年），安史之亂爆發，經過長達八年的艱苦戰爭，唐王朝雖然最終平定了這場叛亂，卻也從此開始走下坡：統治階級內部各種衝突鬥爭，諸如藩鎮割據、宦官專權、朋黨之爭，導致了政治的日益黑暗和吏治的日益敗壞；而統治者的生活越來越奢侈腐朽，致使國家財政困難，對百姓的剝削壓迫也就越來越沉重，階級衝突日益尖銳；在對外方面，吐蕃和南詔不斷進攻，唐王朝不能有效反擊，在民族鬥爭中亦由攻勢轉向守勢。這一切表明，唐王朝從它的強盛期走向了衰落。期間雖然有所謂的「英主」唐憲宗李純的「中興」，但也是無力回天，不能扭轉王朝衰落的趨勢。

　　如果說玄宗時期的安史之亂是唐王朝由盛而衰的轉捩點，那麼懿宗時期開始的一系列農民起義就是唐王朝由衰而亡的轉捩點。

一、黃巢起義的爆發與李克用第一次南下

　　一般認為，唐末農民大起義是由裘甫領導的浙東農民起義拉開序幕的。裘甫起義是在唐大中十三年（西元859年）十二月爆發的，「大中」是唐宣宗李忱的年號，雖然宣宗於這年的九月去世，其子懿宗李漼即位，但裘甫的造反無疑是由宣宗時期所累積的社會衝突所引發的。

　　但是唐懿宗即位後，並未改弦更張，各種社會衝突不僅沒有得到緩和，反而繼續加速嚴重，《全唐文》載有翰林學士劉允章上懿宗皇帝的一封〈直諫書〉，列舉出當時百姓存在的「八苦」：一是官吏苛刻；二是私債徵奪；三是賦稅繁重；四是所由（即衙役）敲詐勒索；五是替逃人差科；六是怨不得理，屈不得伸；七是凍無衣，飢無食；八是病不得醫，死不得葬。說老百姓「哀號於道路，逃竄於山澤，夫妻不相活，父子不相救」。老百姓實在無法繼續生活下去了，於是到咸通九年（西元868年）又發生了由徐州兵變而引發的農民起義。

　　到唐僖宗乾符年間，一場更大規模的農民起義終於爆發。乾符元年（西元874年），關東地區發生了大旱，夏糧只有一半的收成，秋糧幾乎顆粒無收，貧苦百姓只好以草籽、槐葉為食。那些老弱病殘者，甚至連草籽、槐葉也無力採集。而官府不僅不予以救濟，反而強迫百姓繳租納稅，服差服役，動輒捶打鞭撻。百姓走投無路，便紛紛開始抗拒。乾符二年初，濮州（治今中國山東鄄城舊城鎮）人王仙芝在長垣（今中國河南長垣）聚眾反抗官府。不久，曹州冤句（今中國山東菏澤西）人黃巢響應，

第三章　鎮壓黃巢：李克用如何借亂世擴展勢力

唐末農民大起義正式爆發。

農民軍經過數年的南征北戰，攻城略地，席捲了半個中國。他們先是從濮州由北向南進攻，先後攻克汝州（今中國河南臨汝）、蘄州（今中國安徽蘄春）、撫州（今中國江西撫州）、江州（今中國江西九江）、饒州（今中國江西鄱陽）、杭州、越州（今中國浙江紹興）、廣州等地；在廣州稍作休整後，又開始由南向北進攻，相繼攻克潭州（今中國湖南長沙）、江陵（今中國湖北江陵）、信州（今中國江西上饒）等州府。在此期間，朝廷幾度調兵遣將，軟硬兼施，下令各地藩鎮鎮壓農民軍，王仙芝也曾動搖，準備接受朝廷的「招安」。但王仙芝的招安夢未能實現，反被唐招討使曾元裕殺死，黃巢被部眾推為首領，自稱黃王，號沖天大將軍。

廣明元年（西元880年）七月，黃巢大軍自採石（今中國安徽馬鞍山南長江東岸）北渡長江，一路向北，向著唐王朝的兩個統治中心——東都洛陽和西京長安殺去。十一月十七日，黃巢軍進入洛陽；十二月二日，攻克潼關；五日，占領長安，唐僖宗慌忙出逃成都。黃巢在長安建立了大齊農民政權，實現了其當年科舉落榜後所作的那首詩——〈不第後賦菊〉中所憧憬的夢想：「我花開盡百花殺」、「滿城盡帶黃金甲」。而唐王朝的統治階級和統治秩序則遭到了沉重打擊，正如當時人所作的一首〈金統事〉所描寫的「自從大駕去奔西，貴落深坑賤出泥」、「扶犁黑手翻持笏，食肉朱脣卻吃虀」。詩人韋莊的〈秦婦吟〉也寫

道：「華軒繡轂皆銷散，甲第朱門無一半。」

「內庫燒為錦繡灰，天街踏盡公卿骨。」這也正應驗了唐太宗經常所說的那兩句話：「天子者，有道則人推而為主，無道則人棄而不用。」、「舟所以比人君，水所以比黎庶，水能載舟，亦能覆舟。」

農民軍的節節勝利，尤其是黃巢軍隊攻克洛陽、長安後，引起統治者的極大恐慌，唐朝廷竭盡全力調集各地藩鎮前來「勤王」，李克用也由此迎來了東山再起的機會。

從史料記載的情況看，在黃巢起義軍攻占長安之前，唐朝廷就令河東監軍使陳景思率代北軍前來「勤王」，陳景思也曾率領沙陀諸部騎兵五千南下。但不久黃巢攻破長安，僖宗出逃成都，陳景思也就返回代北，繼續招募軍隊，半月之間，募兵三萬。

這些新招募的軍士都是北邊部族的部落兵，雖驍勇善戰，卻不懂軍法，難以管控。於是早先投降唐朝廷的李克用族父李友金向陳景思建議召李國昌、李克用父子出山，說想要成大事，必須要有能服眾之人，李司徒父子（李國昌曾被封司徒）雄武之略，為眾所推。若急奏召還，「代北之人一麾響應，則妖賊不足平也」。陳景思深以為然，立刻上奏僖宗，請求赦免李氏父子。僖宗便以李克用為雁門節度使，令其率領本軍進討黃巢。陳景思攜帶朝廷詔令並率領五百名騎兵前往陰山達靼召李克用，這也便有了戲劇《珠簾寨》一幕。只是戲劇中將陳景思改名為「程敬思」；又將段文楚稱作「段國舅」；把李克用殺害段文楚的地點

第三章　鎮壓黃巢：李克用如何借亂世擴展勢力

由雲州「鬥雞臺」改在了長安「五鳳樓」；還編造出程敬思往沙陀國借兵，李克用不肯發兵，程敬思乃透過李嗣源請出李克用的二位夫人劉銀幕和曹玉娥來相勸的情節。其中劉銀幕的原型即李克用的原配夫人劉氏，而曹玉娥的原型為李存勗生母曹太后，是在李克用進駐太原後才娶的，此時為時尚早。不過這並不影響其藝術成就與觀賞價值，因為這畢竟只是戲劇，而不是信史。

清人王夫之在《讀通鑑論》中評論說，李友金在廣明元年（西元 880 年）六月降唐時，就是李克用「遣李友金偽背己以降而為之內謀」，恐怕未必是事實。不過李友金希望沙陀勢力再度復興，這點是毫無疑問的，於是他利用了為朝廷平亂的機會，名正言順地招兵買馬，聚集力量，最後又順理成章地請李克用出山，因為正如他本人所說，李克用父子「雄武之略，為眾所推」，所以他把沙陀復興的希望寄託在李克用父子身上。而唐朝廷急於「平叛」，也就赦免了不久前還在征討的叛亂頭子。於是中和元年（西元 881 年）五月，李克用率領陰山達靼諸部一萬人趕往雁門（即代州）。這是李克用的第一次南下。

二、李克用第二次南下與黃巢起義失敗

據史籍記載，李克用在中和元年（西元 881 年）五月自達靼南下後，曾一度到達太原，與河東節度使鄭從讜有過一點交集，

二、李克用第二次南下與黃巢起義失敗

鄭從讜曾犒勞其軍,給其資糧。至六月,李克用返回代州,之後便沒有了下文。直到中和二年十一月,即事隔一年八個月後,史書才有了後續記載,如《舊唐書‧僖宗紀》載道:「中和二年十一月,沙陀李克用監軍陳景思以部落之眾一萬七千騎自嵐、石州路赴河中」。這是李克用的第二次南下。

舊史多將李克用停滯不前的責任推到鄭從讜身上,說鄭從讜堵塞石嶺關,阻擋了李克用的南下之路,其實這是一種誤解。石嶺關在太原北部的忻州境內(今中國山西陽曲縣東北),李克用既然已經到達了太原,那麼鄭從讜即使是堵塞石嶺關,也不能阻礙其南下的道路。何況對唐朝廷忠心耿耿的鄭從讜,怎麼會阻止李克用去南下「勤王」呢?

事實上李克用之所以停滯不前,主要是因為唐朝廷任命其為雁門節度使,不過是一張空頭支票,「令討賊以贖罪」,而並沒有落實。李克用不得不親自率兵攻陷忻、代二州,又攻蔚州,爭嵐州,數次侵掠並、汾,爭樓煩監,試圖透過武力為自己爭取一個地盤,哪裡還能有心思去「勤王」、「討賊」呢?

從唐朝廷方面來說,雖然在中和元年三月就接受了李友金、陳景思任用李克用父子的建議,但朝廷對此的態度並不是很正面,甚至內部還可能存在很大的分歧,因為沙陀自鎮壓龐勳後,居功自傲,替唐王朝的統治帶來許多麻煩,尤其是段文楚事件後,與唐朝廷展開了長達數年的戰爭,朝廷好不容易才擊敗李氏父子,解除了代北一患,因此在不到萬不得已的情況下,是不

第三章　鎮壓黃巢：李克用如何借亂世擴展勢力

會再輕易招引沙陀的。況且到中和二年（西元882年）四月間，唐政府軍形成了對黃巢軍的包圍，黃巢軍勢日益收縮，號令不出同、華二州，唐朝廷認為勝利指日可待，所以對李克用的停滯不前，也就遲遲未予理睬。

然而，唐政府軍儘管在中和二年四月就已形成了對黃巢軍的包圍，但從晚唐以來，藩鎮軍隊雖然在本節鎮內越來越驕貴，可以「變易主帥，有同兒戲」，但在對外征戰中，卻越來越表現出無能、怯懦的一面，「諸軍皆畏賊，莫敢進」。再加上各藩鎮都心懷鬼胎，想保留實力以備日後的爭奪，所以都在互相觀望，並不主動出擊，以至唐的東面招討使王重榮深表「憂之」，對大宦官監軍楊復光說：「臣賊則負國，拒戰則兵微，今日成敗，未可知也。」連唐軍統帥都感到「今日成敗，未可知也」，甚至萌生「臣賊」的念頭（事實上也一度「臣賊」），可見形勢之嚴峻。正是在這種情況下，由王重榮、楊復光發起，再次在議事日程上主張任用沙陀兵力。

而從李克用方面來說，其在代北地盤爭奪中也未撈到多少好處，河東鄭從讜、振武契苾璋、雲中赫連鐸甚至天德、盧龍都聯合對付他，使他四面受敵。而唐朝廷也向他發出了「若誠心款附，宜且歸朔州俟（等待）朝命；若橫暴如故，當與河東、大同軍共討之」的嚴重警告。於是經過一番討價還價之後，遂有了中和二年十一月李克用率軍南下的行動。

中和三年（西元883年）正月，王鐸承制任命李克用為東北

二、李克用第二次南下與黃巢起義失敗

面行營都統,從此,唐政府軍與黃巢農民軍的戰鬥便以李克用為中心而展開。李克用憑藉自己的軍事才能,尤其是代北部落兵驍勇善戰的優勢,迅速使戰局得到了根本性的改變。李克用的軍隊都身穿黑衣,故被稱作「鴉兒軍」。史稱黃巢軍每看到李克用軍至,便驚呼:「鴉兒軍至,當避其鋒。」以李克用代北軍作為主力的唐軍先後敗黃巢軍於長安周圍的沙苑、梁田陂、華州、零口、渭南等地,同年四月十日,黃巢被迫撤出了長安。

黃巢撤出長安後,率軍轉戰至今中國河南一帶,他圍陳州(今中國河南淮陽)近一年,並對自己的原部將、後降唐被任命為宣武軍節度使的朱全忠形成一定的威脅。中和四年(西元884年)四月,李克用又應朱全忠等人的請求,率蕃漢步騎五萬南下,繼續追擊黃巢,先後破黃巢軍於太康(今中國河南太康)、西華(今中國河南西華)、封丘(今中國河南封丘)、冤句(今中國山東菏澤西)、濟陰(今中國山東定陶西)等地。直至黃巢死後,首級還是落入了沙陀人的手中。

李克用在鎮壓黃巢農民軍中的主要「功績」,在於他打破了唐政府軍與黃巢軍長期對峙的局面,迅速擊敗了黃巢軍主力,迫使其退出長安,唐僖宗得以還京。如果說在鎮壓龐勛時,朱邪赤心率領的三千名沙陀騎軍只是發揮先鋒軍作用的話,那麼在鎮壓黃巢農民軍中,李克用的三四萬代北軍則發揮主力軍的作用。所以唐軍收復長安後,楊復光在向唐僖宗所上的告捷書中稱:「伏自收平京闕,三面皆立大功,若破敵摧凶,李克用實居其首。」

司馬光在《資治通鑑》中亦說：「克用時年二十八，於諸將最少，而破黃巢，復長安，功第一，兵勢最強，諸將皆畏之。」

三、坐鎮河東 —— 李克用建立割據統治

中和三年（西元883年）七月，李克用因鎮壓黃巢農民軍功而被唐朝廷任命為河東節度使，晉爵隴西郡公。按照唐代的封爵制度，郡公是第四等的爵位，其上有親王、郡王、國公三級。李克用在前往代州省親看望父親李國昌後，於八月抵達太原。雖然在李克用之前，其父李國昌就做到了藩鎮節度使，但並沒有形成穩固的割據統治，所以我們將李克用出任河東節度使，作為中原沙陀政權的開始。

河東鎮是一個老牌藩鎮，為唐王朝在安史之亂前所設置的邊境十藩鎮之一，其主要職責是與朔方鎮形成掎角之勢，共同防禦北方游牧民族的南下侵擾。早期曾領有太原府（即并州）及石（治今中國山西離石）、嵐（治今中國山西嵐縣東北）、汾（治今中國山西汾陽）、沁（治今中國山西沁源）、遼（亦稱儀州，治今中國山西左權）、忻（治今中國山西忻州）、代（治今中國山西代縣）、雲（治今中國山西大同）、朔（治今中國山西朔州）、蔚（治今中國山西靈丘，後移治今中國河北蔚縣）等十一府州，以及天兵、大同、橫野、岢嵐、雲中等軍事機構。武宗會昌三年（西元843年），雲、朔、蔚三州分離出去後，河東長期領有太

原府以及石、嵐、汾、沁、遼（儀）、忻、代等八府州，大概是今中國山西省中部一帶地區。節度使治所太原，亦稱晉陽，因位於晉水之北（陽）而得名，故址在今中國太原城南晉源區羅城村至東城角村和西城角村一帶。

唐代晉陽城的建制規模頗為宏大，據《新唐書・地理志》等史籍記載及考古發掘研究，晉陽自武則天天授元年（西元690年）命名為北都（又稱北京），分為東、中、西三城。其中西城在汾水之西，包括太原府城和晉陽縣城，合稱并州城，是太原城的核心部分，裡面又包括晉陽宮（新城）、大明城、倉城，為城中之城；東城在汾水之東，為太原縣城，為貞觀十一年（西元637年）長史李勣所築；中城則在東、西兩城之間，跨汾水連線東、西兩城，為武則天時所築。《新唐書・地理志》記載北都城長四千三百二十一步，寬三千一百二十二步，周長一萬五千一百五十三步，高四丈。唐代一步大約是現在的一百五十公分。而李吉甫《元和郡縣圖志》則記載太原府城「周迴二十七里」，與《新唐書》大概相同，規模十分可觀。

河東鎮的地理位置十分重要，五代後周太祖郭威曾說：

「河東山川險固，風俗尚武，土多戰馬，靜則勤稼穡，動則習軍旅，此霸王之資也。」清人顧祖禹在《讀史方輿紀要》一書中總結得更為全面到位，其云：

山西之形勢，最為完固。關中而外，吾必首及夫山西。蓋語其東則太行為之屏障，其西則大河為之襟帶。於北則大漠、

第三章　鎮壓黃巢：李克用如何借亂世擴展勢力

陰山為之外蔽，而勾注、雁門為之內險。於南則首陽、底柱、析城、王屋諸山，濱河而錯峙，又南則孟津、潼關皆吾門戶也。汾、澮縈流於右，漳、沁包絡於左，則原隰可以灌注，漕粟可以轉輸矣。且夫越臨晉，溯龍門，則涇、渭之間，可折箠而下也。出天井，下壺關、邯鄲、井陘而東，不可以唯吾所向乎？是故天下之形勢，必有取於山西也。

雖然唐代的河東鎮並沒有包括清代的整個山西省在內，卻也涵蓋了大部分地區。而顧氏對於河東節度使治所太原的描述，則云：「府控帶山河，踞天下之肩背，為河東之根本，誠古今必爭之地也。……李白云：『太原襟四塞之要衝，控五原之都邑。』是也。」所謂「四塞」，即東阻太行、常山，西有蒙山，南有霍太山、高壁嶺，北扼東陘、西陘關。而此處之「五原」，泛指太原周邊的平原，而非今中國內蒙古五原縣。

誠然，從整體上說，在古代農業社會的和平年代，河東山多地少的地理地貌在發展經濟上並不占優勢，史書也多有河東地區「地瘠民窮」的記載。但在唐末五代那樣戰亂頻仍的時期，河東地區山川險固、「踞天下之肩背」的地形地貌，對於周邊河北、河南和關中地區來說，的確形成了一種居高臨下、易守難攻的軍事地理優勢。況且太原作為唐王朝的「北都」、「龍興之地」，其在政治上也具有崇高的地位。

李克用上任河東時的官銜全稱是：「檢校司空、同平章事、兼太原尹、北京留守，充河東節度、管內觀察處置等使」，一大

三、坐鎮河東－李克用建立割據統治

串的頭銜。其中「司空」為唐代三公之一,位高而無實權,只是一種身分、地位的象徵;「同平章事」雖為宰相職務,但在晚唐五代,朝廷為了籠絡地方藩鎮,往往替一些強藩大鎮或立有功勞的節度使加上這一類的頭銜,稱作「使相」,級別很高,卻並不行使宰相的權力,同樣是一種身分、地位的象徵;「太原尹」是太原府一地的長官;因太原是唐王朝的北都,所以又有「北京留守」一職。而「河東節度、管內觀察處置等使」,才是真正的權力所在,即他是河東鎮及所轄各州、府的最高軍事、行政長官。之後,李克用又相繼奪取了昭義鎮、收復了代北地區,從而使他的統治範圍擴大到今中國山西的大部分地區(缺西南一塊)以及河北西部、內蒙古中部的部分地區。在這一地區內,除河東節度使外,尚設有昭義、振武、大同以及代北等節鎮。

作為一個老牌藩鎮,河東節度使當然也形成了一個以牙兵為首的「父子相繼」、「親黨膠固」的軍人集團。他們的驕橫不法,也絲毫不亞於河朔藩鎮的牙軍,如上所述,乾符年間,河東牙兵曾相繼殺害主帥崔季康、康傳圭,此外,《資治通鑑》記載了乾符六年(西元897年)五月河東牙兵內部發生的一次相互殘殺事件:

(河東)牙將賀公雅所部士卒作亂,焚掠三城,執孔目官王敬送馬步司。節度使李侃與監軍自出慰諭,為之斬敬於牙門,乃定。……河東都虞候每夜密捕賀公雅部卒作亂者,族滅之。丁巳,餘黨近百人稱「報冤將」,大掠三城,焚馬步都虞候張

第三章　鎮壓黃巢：李克用如何借亂世擴展勢力

鐈、府城都虞候郭𣅿家。節度使李侃下令，以軍府不安，曲順軍情，收鐈、𣅿斬於牙門，並逐其家；以賀公雅為馬步都虞候。鐈、𣅿臨刑，泣言於眾曰：「所殺皆捕盜司密申，今日冤死，獨無烈士相救乎！」於是軍士復大噪，篡取鐈、𣅿歸都虞候司。尋下令，復其舊職，並召還其家；收捕盜司元義宗等三十餘家，誅滅之。己未，以馬步都教練使朱玫等為三城斬斫使，將分兵捕報冤將，悉斬之，軍城始定。

馬步司是掌管鞫訟刑獄的衙門，即為後來的軍事法庭，都虞候則為其長官，但在牙軍的壓力下，節度使也不得不「曲順軍情」，擬將其收斬於牙門，並驅逐其家，只是後來事態發生變化，張鐈、郭𣅿才免於一死。河東牙軍的驕橫可見一斑。而這裡連續出現的「焚掠三城」、「大掠三城」、「三城斬斫使」中的「三城」，就是前面提到的太原東、中、西三城。

鄭從讜任河東節度使時，曾整治河東牙軍，其驕扈行為有所收斂，但也不可能完全服服貼貼。因此，如何駕馭和治理桀驁不馴的原河東牙軍，是擺在李克用面前的第一個重要問題。

不僅如此，如上所述，段文楚事件後，河東是唐朝廷討伐李克用父子的主要力量之一。之後，李克用又一再侵擾河東，與河東發生多次軍事衝突，雙方都有一定的仇恨心理。李克用在上任前夕，恐人心不安，曾發榜告示河東軍民，讓他們「勿為舊念，各安家業」。因此，如何消除代北人與河東人彼此間的敵意與隔閡，取得河東人的信任，這是擺在李克用面前的又一個

三、坐鎮河東—李克用建立割據統治

重要問題。

事實證明,李克用在上述兩個問題上處理得非常成功,他透過整頓牙軍、收養義子、任用士人、與漢族士族聯姻等種種手段,不斷協調各方面的關係,擴大統治基礎,經過二十多年的努力,終於建立一個以牙軍為基礎、朱邪李氏為首腦、沙陀三部落為核心、代北人為骨幹,包括河東人及其他外來人員在內的蕃漢聯合統治政權,不僅穩固了在河東的統治,也為後來後唐王朝的建立奠定了基礎。

第三章　鎮壓黃巢：李克用如何借亂世擴展勢力

第四章
代北勢力：
沙陀政權的社會根基

第四章　代北勢力：沙陀政權的社會根基

一、李克用的牙軍

李克用自中和三年（西元 883 年）上任河東後，在不斷向外擴張的同時，也在積極加強和鞏固內部的統治，組建起一個以牙軍為支柱的統治集團。

所謂「牙軍」，也稱「衙軍」，是藩鎮節度使的親兵或衛兵。其名稱的由來是：唐代節度使所居之城因建有牙旗（旗桿上飾有象牙的大旗），故稱牙城，而節度使官署稱為使牙或使衙，於是保護牙城與使牙的軍隊便稱作牙軍或衙兵了。與牙軍相對應的，則是外鎮兵，即駐守在節度使治所（會府）之外各州縣或軍事要地的軍隊。

牙軍的職責除了保護牙城和使牙外，到後來也成為藩鎮對外作戰的主力，甚至一些軍事要地也派牙軍去戍守。他們都以當兵為職業，是職業軍人，早已不習農桑之業，皆成父子之軍。唐末五代是一個武人占主導地位的社會，所謂「槍桿子裡面出政權」，所以牙軍也就成為藩鎮，尤其是那些跋扈割據藩鎮統治的主要社會基礎，得牙軍擁護者，便為將為帥；而失牙軍擁護者，則被殺被逐。「兵驕則逐帥，帥強則叛上」、「天子，兵強馬壯者當為之，寧有種耶」是唐末五代武人政治的真實寫照。

李克用河東牙軍的組成，首先應該提到的是其南下鎮壓黃巢時所率領的代北部落蕃兵。當年李克用南下，從陰山達靼借兵一萬。而李友金在代北招募的三萬軍士，最後也歸到李克用

一、李克用的牙軍

麾下。這樣,《資治通鑑》中和二年十二月紀事中說「李克用將兵四萬至河中」,是可信的。戰爭中當然有傷亡,所以李克用進駐太原時所率的代北軍在三萬左右。

李克用河東牙軍的第二個組成部分,是河東原有的牙軍。河東作為一個老牌藩鎮,在天寶年間有兵力五萬五千人。安史之亂後,河東作為遏制河朔藩鎮的重要堡壘,繼續保有一支強大的軍事力量,唐憲宗元和十四年(西元819年),李德裕甚至說河東有「精甲十萬」。唐中後期,河東經歷了一系列的變亂,實力銳減。但作為一個老牌大鎮,即使衰落恐怕也會有兩三萬甚至更多的軍隊。鄭從讜離開河東時,雖帶走一部分牙軍,如大將張彥球就跟隨鄭從讜到朝廷任職,但絕大部分牙軍繼續留在河東。鄭從讜在離任前,曾以監軍使周從寓知兵馬留後事,書記劉從魯知觀察留後事,告誡他們要「俟面李公,按籍而還」,即等見到李克用,向其交代清楚兵民戶籍等事項後再返還,牙將賀公雅便繼續留在了河東。中和四年(西元884)二月,李克用應朱全忠等人之請,「率蕃、漢之師五萬」南下解除陳州之圍。這「蕃、漢之師五萬」中,除去約三萬代北軍,其餘主要就是原河東牙軍了。

李克用河東牙軍的第三個組成部分,是其進駐太原後新招募的一些包括河東、河北、河南、關中等地的無業遊民和驍勇之士。如李克用的義子李存賢,許州(今中國河南許昌)人;李存審,陳州宛丘(今中國河南淮陽)人。部將張遵誨,魏州(今

067

第四章　代北勢力：沙陀政權的社會根基

中國河北大名）人；李周，邢州內丘（今中國河北內丘）人；張廷蘊，宋州襄邑（今中國河南睢縣）人；杜漢徽，京兆長安人；劉訓，隰州永和（今中國山西永和）人；袁建豐，華州華陰（今中國陝西華陰）人等。不過，這一部分人所占比例不大。

這樣，李克用的河東牙軍，從地域上看，大概是由代北人、河東人和外來人員三部分組成；而從族屬上看，則是以沙陀三部落為核心，融合了突厥、回鶻、吐谷渾、契苾、奚、達靼等「五部之眾」以及漢人等多種民族成分在內。所謂「五部之眾」，或稱作「五部之人」，是泛指除沙陀三部落以外的代北其他蕃胡部落，用當時人的話講，就是「雜胡」或「雜虜」，包括了前面提到的諸族在內。

筆者曾經對李克用時期部分牙將的出身做過一些統計考察，在出身比較明確的七十人中，代北人有四十五人，占總人數的百分之六十四點多，而且許多高級將領都由代北人擔任。《舊五代史・唐武皇紀》記載：李克用「親軍萬眾，皆邊部人。」同書中〈唐莊宗紀〉亦云：「武皇起義雲中，部下皆北邊勁兵。」這裡的「邊部人」、「北邊勁兵」，都是指代北人。此外，宋人王欽若等編纂的《冊府元龜》，列有〈將帥部・佐命〉一門，其中記載的後唐「佐命」將帥共計二十六人，而代北人就占了二十人之多。在非代北人的六人中，李嗣昭和李存審又都是李克用的義子，而且李嗣昭自幼就跟隨在了李克用的身邊。

李克用的河東牙軍有許多軍號，如決勝軍、鐵林軍、橫衝

一、李克用的牙軍

軍、突騎軍、親騎軍、突陣軍、五院軍、飛騎軍、雄威軍、萬勝黃頭軍、廳直軍、匡霸軍、馬前直軍、飛騰軍、義兒軍等，這也是唐末藩鎮牙軍中的一種新變化。每一軍都設有軍使或指揮使等軍將，上面則有馬軍都指揮使、步軍都指揮使、馬步都指揮使、馬步都虞候、蕃漢馬步軍總管等高官，一級一級，最後兵權集中到李克用本人手裡。李存勗建立後唐王朝後，李克用時期的河東牙軍也就變成了後唐禁軍的主體，如鐵林、橫衝、突騎、突陣、五院、廳直、匡霸、馬前直、飛騰等軍，也都是後唐禁軍的軍號。之後後晉、後漢、後周的禁軍，又都與後唐的禁軍有著一脈相承的關係。

在李克用河東政權和後唐王朝中，出現了許多帶有「蕃漢」字眼的軍職，如「蕃漢馬步總管」、「蕃漢馬步軍都指揮使」、「蕃漢馬步都知兵馬使」、「蕃漢內外都知兵馬使」、「蕃漢馬步都虞候」、「蕃漢馬步都校」、「蕃漢馬步都部署」、「蕃漢馬步軍都排陣斬斫使」、「蕃漢都提舉使」、「蕃漢兵馬都孔目官」等等，這是在其他藩鎮，即使是河朔三鎮中也都不曾看到的。這些帶有「蕃漢」字眼軍職的出現，無疑反映出李克用河東軍和後唐禁軍中蕃胡族人大量存在的事實，而這些蕃胡族人主要來自代北地區，因此在許多時候，人們都將李克用的河東兵逕自稱為「沙陀軍」。

關於河東的「沙陀軍」，《新五代史・氏叔琮傳》還記載了這樣一件有趣的事：

第四章　代北勢力：沙陀政權的社會根基

朱全忠征服河中後，以部將氏叔琮任晉州刺史。李克用派李嗣昭等攻打晉州州治臨汾，氏叔琮從汴軍中挑選了兩名「深目而髯鬚」的壯士，在襄陵道旁假裝牧馬。晉兵把他們當成是自己人。二人便混跡入晉軍當中，然後趁晉兵不注意，擒獲兩名晉兵而歸。晉人發現後大驚，以為有伏兵，遂退屯於蒲縣（今中國山西蒲縣）。可見具有胡人特點的「深目而髯鬚」，已經成為河東兵的特點或象徵。

而在李克用的一系列重大軍事行動中，往往也是代北人發揮關鍵作用。如文德元年（西元888年），李克用應李罕之請求，派康君立、李存孝、薛阿檀、史儼、安金俊、安休休等率大軍助李罕之奪取河陽；大順元年（西元890年）唐朝廷討伐河東，河東率軍抵抗的主要將領是李存孝、康君立、薛鐵山（即薛志勤）、李承嗣等；乾寧二年（西元895年）李克用入援河中並進而左右唐室，主要將領為李存貞、史儼、李存信、李存審、蓋寓、李罕之等；尤其是天覆元年（西元901年）、二年朱全忠向太原發起大規模進攻時，關鍵時刻又是李嗣昭、周德威、李存信、李存璋、李嗣源、李存審、李克寧等人率軍作戰並保住了太原城；李克用晚年與梁軍爭奪潞州，派出的將領除昭義節度使李嗣昭、副使李克修之子李嗣弼外，又有蕃漢都指揮使周德威、馬軍都指揮使李嗣本、馬步都虞候李存璋、先鋒指揮使史建瑭、鐵林都指揮使安元信、橫衝指揮使李嗣源、騎將安金全等。上述諸將，除李罕之、李存審外，均為代北人。

以上種種情況表明，李克用的河東牙軍，是以代北人為基礎和骨幹建立起的，所以我們將其稱之為「代北集團」，這是李克用統治的主要社會基礎，也是後唐、後晉、後漢以及北漢小朝廷統治的政治、軍事基礎，甚至後周乃至北宋王朝，亦與這個集團有著一脈相承的關係。當然，代北集團並非鐵板一塊，隨著一次次的皇權更替，統治集團重新組合，它也在一次次分化、演變，代北人的地位在逐步下降，而河東人、河北人、河南人的地位在逐漸上升。到宋朝建立後，隨著「重文抑武」政策的推行，代北集團也因失去存在環境而從政治舞臺上消失。

二、朱邪李氏家族

與歷代封建王朝以及唐代的割據藩鎮一樣，李克用在河東也力圖建立一個「家天下」式的獨立王國，除了李克用本人充當了這個王國的最高統治者外，也盡量利用家族中的其他成員分掌要務，實行家族統治。

中和三年（西元883年）李克用上任河東時，他的父親李國昌尚在世。不過李國昌並沒有到太原去享清福，而是駐守在代州，擔任了代州刺史、雁門以北行營節度、忻代蔚朔等州觀察處置等使等職，為李克用分擔著把守河東北部門戶的重任，直至去世。當時雲州尚在吐谷渾人赫連鐸的手中，代州位於太原與雲州之間，是李克用進攻或防禦吐谷渾的重要堡壘和通道。

第四章　代北勢力：沙陀政權的社會根基

除李國昌之外，李克用的父輩在史上留名的還有李盡忠、李友金、李德成等人。如前所述，李盡忠是「鬥雞臺事變」中推舉李克用上臺的主謀之一，後死於唐朝廷對沙陀的討伐中；李友金曾在唐朝廷對沙陀的討伐中降唐，後又建議唐朝廷自陰山達靼召李克用父子出山，雖一度有愧於李克用父子，卻也將功補過，最後下落不明；李德成曾隨從朱邪赤心參加了鎮壓龐勳的戰爭，以功授朔州刺史，後來也不知所終。此外，據《新唐書·沙陀傳》，朱邪赤心在鎮壓龐勳時，曾「與官軍夾擊，敗之。其弟赤衷以千騎追之亳東」。此「赤衷」，或許是李德成，或許是李克用的另外一個父輩。總之，李克用的父輩在李克用掌控河東後，除其父李國昌之外，再沒有活躍在政治舞臺上者。

李克用的兄弟輩在史上留名的則有李克儉、李克勤、李克讓、李克恭、李克柔、李克寧、李克修、李克章等人。其中，李克儉、李克讓死於段文楚事件中或黃巢起義戰爭中，史籍對此有不同記載；李克勤在中和四年（西元884年）上源驛事件後，曾被李克用派遣「以萬騎屯河中」，可見擁有一定的兵權。此外又有在天祐元年（西元904年）擔任宗正卿充按行使的紀錄，《全唐文》載有錢珝〈授宗正卿嗣鄭王遜大理卿李克（助）［勤］宗正卿等制〉的一篇制文，李國昌當年被賜予李唐國姓，就是編入鄭王屬籍的；李克柔曾擔任過代州刺史，但時間不詳；李克章只有在「鬥雞臺事變」後，李國昌令其與李克用合諸部兵，南侵忻、代之地一例，一說其死於乾符五年（西元878年）十二月的

二、朱邪李氏家族

洪谷之戰中。因此，李克用的兄弟輩宗族成員中，在其統治河東時留有較多事蹟的，只有李克修、李克恭和李克寧三人。

李克修為李克用的堂弟，李德成之子。《舊五代史·李克修傳》稱其從少年時起就善騎射，跟隨父親征戰。李克用控制雁門，以李克修為奉誠軍使。李克用入關鎮壓黃巢，以李克修為前鋒，破黃巢弟黃揆於華陰，敗尚讓於梁田坡，最後追逼黃巢於光順門，每戰皆捷，可見是一員勇將。中和三年（西元883年）李克用控制河東後，任李克修為左營軍使。同年十月，李克修率軍平潞州，李克用即表奏其為昭義節度使，在鎮七年，頗得好評。

史稱李克修生性節儉，不事奢靡，李克用到潞州視察時，嫌其上供的物品簡陋，招待不周，便詬罵並鞭笞了他。李克修因受羞辱而發病，於大順元年（西元890年）三月卒於潞州府第。李克修有二子，長子嗣弼，初授澤州刺史，歷昭義、橫海節度副使，海州刺史等職；次子嗣肱，少有膽略，屢立戰功，夾城之役，隨周德威為前鋒，以功授三城巡檢，知衙內事。

不過這些都已經是李克用以後的事了。

李克恭為李克用的同父異母弟。李克用控制河東，任為決勝軍使。李克修死後，代為昭義節度使。與李克修的秉性節儉、不事奢靡相反，李克恭驕橫不法，又不熟悉軍政，上任後不久，即被潞州牙將安居受所殺。

第四章　代北勢力：沙陀政權的社會根基

事情的經過是這樣的：

李克用平定邢、洺、磁三州後，準備對河朔藩鎮用兵，遂積極擴充兵力。昭義鎮有一支精銳的部隊稱「後院軍」，李克恭便選取其中較為驍勇的五百人獻於李克用，令牙將李元審和小校馮霸押送太原。當行至銅鞮縣（今中國山西沁縣故縣鎮）時，馮霸劫持眾人反叛，掉頭來一路南下，沿途不斷有人加入，及至沁水（今中國山西沁水），有眾三千。李克恭令李元審率兵擊之，反被馮霸所敗，李元審受傷，回歸潞州。軍使安居受對李克恭獻後院軍給李克用本來就很不高興，於是趁李克恭去看望李元審之際，縱火將李克恭、李元審燒死。李克恭在三月上任，至五月遇害，為時兩月。

李克寧為李克用最小的兄弟，李克用雲中起兵時，他任奉誠軍使。李克用與赫連鐸和李可舉爭戰，及後來投奔達靼，南下破黃巢，李克寧都從行。李克用鎮太原後，李克寧歷任雲州防禦使、馬步軍都將等職。天祐初，授內外都制置、管內蕃漢都知兵馬使、振武節度使。史稱李克寧為人仁孝，在諸兄弟中最為賢達，事奉李克用亦小心謹慎，毫不鬆懈，軍中之事無大小皆參與決斷，是河東鎮僅次於李克用的第二號人物。關於他的事蹟，後面還將敘及。

在李克用的子姪輩中，除了繼襲晉王位的李存勗外，在史籍中留下些許事蹟的還有落落、廷鸞、存矩三人。

落落是李克用的長子，在乾寧三年（西元896年）李克用與

二、朱邪李氏家族

朱全忠的一場戰鬥中被朱全忠俘獲,然後朱全忠送交魏博節度使羅弘信殺害,其當時擔任的職務是鐵林指揮使。關於此事,《資治通鑑》卷二六○乾寧三年載道:

> 李克用攻魏博,侵掠遍六州。朱全忠召葛從周於鄆州,使將兵營洹水以救魏博,留龐師古攻鄆州,六月,克用引兵擊從周,汴人多鑿坎於陳前,戰方酣,克用之子鐵林指揮使落落馬遇坎而躓(即絆倒),汴人生擒之;克用自往救之。馬亦躓,幾為汴人所獲;克用顧射汴將一人,斃之,乃得免。克用請修好以贖落落,全忠不許,以與羅弘信,使殺之。克用引軍還。

落落,《資治通鑑》只記載其為李克用之子,而《舊五代史・唐武皇紀》明確記載說:「落落,武皇之長子也。」

廷鸞的事蹟也只見到一例,即天覆二年(西元902年)三月,朱全忠再次發大軍進攻河東時,在河東軍大營中俘獲了李克用之子廷鸞,廷鸞當時擔任什麼職務尚不清楚,不過他是李克用安插在牙軍中的一個軍將,這一點是沒有問題的。

李存矩的名字曾出現在〈李克用墓誌〉中,其事蹟的出現則已經到了其兄李存勗做晉王的時候,據《舊五代史・盧文進傳》記載:當初,李存勗獲得盧龍鎮山後八軍,以愛弟存矩為新州團練使總領之。到李存勗與梁將劉鄩對陣於莘縣時,命李存矩於山後招募勁兵。李存矩集合了五百名騎兵,令盧文進率領,與自己一起出發南下。行至祁溝關(在今中國河北涿州西南),軍士譁變,殺李存矩於驛館榻下。據《資治通鑑》的記載,此事發

第四章　代北勢力：沙陀政權的社會根基

生在後梁貞明三年（西元917年）二月。而李存勗得山後八軍，是在後梁乾化二年（西元912年），因此李存矩在李克用時期或已見用，也未可知。

還有一位李存貞，早在中和三年（西元883年）李克用鎮壓黃巢時就見諸記載，即同年正月，李克用將李存貞敗黃巢將黃揆於沙苑。之後，乾寧二年（西元895年）六月，李克用入關中討伐王行瑜、李茂貞、韓建時，進軍渭橋，遣其將李存貞為前鋒。十月，河東將李存貞敗邠寧軍於梨園北，殺千餘人。以上三條資料均出自《資治通鑑》，李存貞分別以「李克用將」、「河東將」的身分出現。不過在《舊唐書・昭宗紀》乾寧二年八月壬寅記事中，則明確記載李存貞為李克用之子，其云：「李克用遣子存貞奉表行在，請車駕還宮。」只是此處之「子」是養子還是親子，尚不清楚，茲放在這裡存疑。

從史料顯示的情況看，李克用其餘諸子還有存霸、存美、存禮、存渥、存乂、存確和存紀等，而據〈李克用墓誌〉，李存勗的親弟就有二十三人之多，其中以「存」字排序的還有存貴、存順、存範、存規、存璲。不過他們在李克用在世時大都年紀尚幼，到李存勗時期始封王並領節度，然而除存乂外，多留在京師洛陽，不過是食俸祿而已。

但是，家族的力量畢竟是有限的，況且朱邪李氏族人從段文楚事件後因屢遭唐朝廷以及盧龍鎮、吐谷渾赫連鐸等勢力的打擊而死傷慘重，人丁衰落。於是，李克用便企圖透過大量蓄

養義子、製造假擬的血緣關係的方式,來加強統治集團的凝聚力,以鞏固他的統治地位了。

三、李克用的義兒

　　義兒又有義子、養子、假子等不同稱呼,也就是一種虛擬的沒有血緣關係的父子關係。收養義兒之風在中國歷史上久已有之,一般是為了傳宗接代,延續香火。但從漢末尤其是隋唐以來,收養義子便有了一種新的含義,即它不再是為了傳宗接代,而是成為當權者培植親信力量的一種手段,著名者如唐代安祿山養與羅、奚、契丹曳落河(即壯士)八千人為假子。及至唐末,藩鎮節度使幾乎都有數量不等的義兒養子,養子成為節度使凝聚集團力量的一個重要手段。

　　李克用也收養了不少義兒,史書記載有一百多人,而且他還成立了一支「義兒軍」,作為貼身親軍。李克用的義兒以「嗣」字或「存」字排序,舊小說中李克用有十三太保,大多數為義兒。在《新五代史·義兒傳》中,被列傳的義兒有李嗣昭、李嗣本、李嗣恩、李存信、李存孝、李存進、李存璋、李存賢等八人,他們都是「衣服禮秩如嫡」,也就是與親子一樣的待遇。李嗣源因後來做了皇帝,李存審(即符存審)因家族在宋代出了皇后,故沒有被歐陽脩列入《義兒傳》,如再加上二人,則為十人。當然這也不是全部,如史書記載李建及曾典義兒軍,及賜

第四章　代北勢力：沙陀政權的社會根基

姓名，因此一般也將之列入義兒中。此外，在史上留名的義兒還有李存顥和李存實等人。而所謂十三太保中的史敬思、康君立並非李克用的義兒。

歐陽脩說，李克用起於雲、朔之間，所得驍勇之士，多養以為子，而與英豪戰爭，成就霸業，諸養子功勞居多，並說養子們「麾下皆有精兵」。從以上列舉的十多位養子（義兒）看，他們都有在會府牙軍中任職的經歷，即使到地方州府任職，也都是手握兵柄。如李嗣恩，初補鐵林軍小校，後歷任突陣指揮使、左廂馬軍都將；李嗣本，初為義兒軍使，後歷任威遠、寧塞軍使、馬軍都將、代州刺史；李嗣源，任橫衝都軍使；李存信，官至蕃漢馬步都校；李存進，初署為牙職，後歷任義兒軍使、石州刺史；李存璋，累管萬勝、雄威等軍，後改義兒軍使、澤州刺史；李存賢，初為義兒軍副兵馬使，後歷任蔚州等州刺史、盧龍節度使；李存審，初為義兒軍使，後歷任左右廂步軍都指揮使、蕃漢馬步都指揮使；李建及，初以功署牙職，典義兒軍等等。所以，義兒是構成李克用軍事統治集團的重要組成部分。

在李克用所有義兒中，最著名者莫過於李存孝。

李存孝本姓安，名敬思，蔚州飛狐（今中國河北淶源）昭武九姓胡人。後被李克用收為義子，賜姓名。長大後，驍勇善戰，冠絕一時，常率領騎兵充當先鋒，戰無不勝。史稱李存孝每上戰場，都身穿重鎧，攜帶硬弓長矛，又帶著兩匹戰馬隨行，換

馬戰鬥，上下如飛。他使用一種名叫鐵樋的兵器，衝鋒陷陣，萬人難擋，其勇猛堪比三國的張遼、甘寧。

李存孝在戰場上最精彩的一次表現，是在大順元年（西元890年）唐朝廷討伐河東鎮時，活捉了唐的招討副使孫揆和朱全忠的驍將鄧季筠，從而為河東鎮的獲勝立下了頭功，這在後面予以介紹。然而此次戰爭卻也埋下了他滅亡的根由。

李存孝自以為建立大功，能得到昭義節度使的位子，但李克用卻將這一位置給了康君立，心裡當然老大不快，由是「父子」間產生裂痕，史稱其「憤恚（即惱恨）不食者數日，縱意刑殺，始有叛克用之志」。再加上他與李存信的爭鬥中，總感到李克用偏袒李存信，於是最終走上了背叛義父的道路。李存孝後來被任命為邢洺節度使，他便以邢州歸朝廷，又引朱全忠和成德鎮為援。李克用圍邢州一年半之久，擊敗李存孝，執送太原，處以極刑，車裂而死，時在唐昭宗乾寧元年（西元894年）。本來，李克用並未打算要將李存孝處死，以為臨刑前會有大將出來為之求情，不料諸將嫉妒李存孝的勇猛，竟沒有一個人為其說話，李克用為了自己的權威，不得不假戲真做。史稱處死李存孝後，李克用有十日無心政務。

李存孝在後世民間影響很大，舊小說將他列為唐末五代第一名將。當代戲劇中也有兩齣關於李存孝的劇目，一齣是《飛虎山》，講述的是李克用收李存孝為第十三太保的故事；另一齣為《雅觀樓》（又名《擒孟覺海》），講述的則是李存孝生擒黃巢部將

第四章　代北勢力：沙陀政權的社會根基

孟覺海的故事。

李克用義兒中另一個著名而又有爭議的是李嗣昭。有人認為李嗣昭其實是李克用的親子，而且是「元子」，也就是長子，係李克用「內寵」或「姬侍所出」，後過繼其弟李克柔為養子，依據的主要資料是出土的李克用的墓誌。但如前所述，史籍中明確記載李克用的長子名落落，因此在未發現更加確鑿的證據之前，我們仍將李嗣昭按養子看待。

按照舊史記載，李嗣昭本姓韓，為汾州太谷縣一韓姓農家子。李克用到太谷打獵時，中途到韓家歇息，主人稱家中剛生一子。李克用叫人抱過來一看，覺得這個孩子相貌不凡，便用金帛將其換來，交給李克柔撫養，取名進通。後來，李克用又收其為養子，更名嗣昭。

李嗣昭生得身材短小，但膽識和勇猛過人。他最初喜歡飲酒，李克用勸他戒酒，便終身滴酒不沾，從而深得李克用的信任與重用。他常從李克用征戰，歷任蕃漢馬步行營都將、昭義節度使等要職。李克用死後，又輔佐其子李存勖，功勳卓著，是唐末五代與李存孝齊名的大將。梁龍德二年（西元922年）在進攻鎮州（今中國河北正定）時陣亡。

李克用的義兒出身不同的民族和地區，是多民族、異地域的結合體。如李存孝為昭武九姓胡人；李嗣恩本姓駱，吐谷渾人；李嗣源原名邈佶烈，代北人；李存信原名張汙落，回鶻人；李嗣本本姓張，雁門（今中國山西代縣）人；李存進本姓孫，振

三、李克用的義兒

武（今中國內蒙古和林格爾）人；李存璋為雲中（今中國山西大同）人；李存賢本姓王，許州（今中國河南許昌）人；李存審本姓符，陳州宛丘（今中國河南宛丘）人等等。歐陽脩對這種現象予以了猛烈的抨擊，其在《新五代史·義兒傳》論中說：

> 嗚呼，世道衰，人倫壞，而親疏之理反其常，干戈起於骨肉，異類合為父子。……豈非因時之隙，以利合而相資者邪！唐自號沙陀，起代北，其所與俱皆一時雄傑虓武之士，往往養以為兒，號「義兒軍」，至其有天下，多用以成功業，及其亡也亦由焉。

所謂「以利合而相資者」，在「義兒」們來說，無非是要利用李克用的權威來得到功名富貴，而對於「義父」李克用而言，則是要藉助義兒們的力量鞏固他的統治，即「錫（即賜）姓以結其心，授任以責其效」。義兒一旦被賜予姓名，便「同之骨肉」，結成了「父子之恩」，他們與親子享有同等的權利，當然也應該盡同樣的義務。建立在血緣宗法關係基礎上的社會單位和軍事組織，在一定的歷史條件下，其穩定性和戰鬥力是很強大的。事實表明，義兒制對於李克用凝聚內部力量曾發揮了重要作用，在李克用諸義兒中，除李存孝最後背叛他外，其餘都對他忠心耿耿，只是在李克用這個「家長」去世之後，義子與親子之間發生權力之爭，才出現了歐陽脩所謂「及其亡也亦由焉」的情況。

第四章　代北勢力：沙陀政權的社會根基

四、李克用與士人

　　士人是中國古代文人知識分子的統稱。唐末五代雖然是一個武人掌權的社會，但無論是在李克用的河東地方政權還是沙陀諸王朝，都離不開士人的參與，只不過其權力地位較武人低下而已。此外，李克用既然以李唐宗室自居，就必須在文化上與之保持一致，以得到士人群體的認同，因此也不得不與他們靠近。

　　唐代藩鎮體制中有文、武兩個系統，就節度使本身而言，本來屬於武職，但由於節度使都兼任管內的觀察處置等使，於是便集文武職於一身了，如李克用出任河東時的官銜是「檢校司空、同平章事，兼太原尹、北京留守，充河東節度、管內觀察處置等使」，便是集河東鎮的文武大權於一身了。

　　藩鎮文職系統中的重要官職有節度副使、行軍司馬、判官、掌書記、孔目官等等，被稱作幕職官或幕府官。從制度上講，這些職務應該是由文官士人充任的，但在晚唐時期，往往也由武人來擔任，有「武職化」的趨勢。此外，地方州縣官吏本來也是屬於文官系統的，而到晚唐以後，同樣被「武職化」，尤其是州刺史一職，幾乎都由武人來擔任，所謂「領節旄為郡守者，大抵武夫悍將，皆不知書」。李克用時期河東的地方州縣官吏，也大概是這樣一種狀況。

　　相比於唐末五代藩鎮普遍輕視甚至迫害士人的情況，李克

四、李克用與士人

用對士人算是比較重視和優待的。史稱唐末「喪亂之後,衣冠(按即縉紳士大夫)多逃難汾、晉間」,太原一時成為文人薈萃之地。又稱「昔武皇(即李克用)之樹霸基,莊宗(即李存勖)之開帝業,皆旁求多士,用佐丕圖(即宏圖大業)」。所謂喪亂之後,即唐末農民起義之後,亦即李克用進占太原之時。正是因為李克用的「旁求多士」,對士人予以重視並給予較好的待遇,才吸引了衣冠士人多逃難於河東。

在李克用所有的文職官員中,最活躍的是被稱作「節度之喉舌」的掌書記。掌書記也稱「記室」、「典書記」、「管記」等,等同於現在的機要祕書一職。據《新唐書·百官志》,掌書記的職責是「掌朝覲、聘問、慰薦、祭祀、祈祝之文與號令升絀之事」。其中「朝覲」是節帥朝拜唐天子;「聘問」是藩鎮彼此間相互往來問訊;而「慰薦」以下是藩府內部之事。掌書記的地位在節度副使、行軍司馬、節度判官之下,升遷機率很高。其工作性質要求,擔當此職者要有較高的文化素養,所以他們主要來自科舉出身的士人和一些知名文士。當時不少藩鎮也都在競相延聘名士,以裝點門面。

李克用的歷任掌書記有李襲吉、盧質、王緘、馬鬱等人。其中自稱出自唐玄宗朝著名奸相李林甫之後的洛陽人李襲吉,是最受李克用重用的一個。李襲吉於唐僖宗乾符末年應進士舉,遇亂,避地河中(今中國山西永濟)。王重榮任河中節度使,不喜歡文士,於是投奔太原,李克用任其為榆社縣令。上源驛事

第四章　代北勢力：沙陀政權的社會根基

變中，李克用原本的記室（即掌書記）遇難，遂署李襲吉為掌書記。

李襲吉博學多才，「綽綽有士大夫之風概」，尤其熟悉唐朝以來近事。乾寧三年（西元 896 年），他隨從李克用討王行瑜，李克用不被獲準入覲，李襲吉為其作〈違離表〉一文，其中有「穴禽有翼，聽舜樂以猶來；天路無梯，望堯雲而不到」等句，昭宗覽後讚嘆不已。天覆時，李克用以朱全忠勢力漸強，欲修好於汴，命李襲吉寫信向朱全忠致意。朱全忠令幕僚敬翔讀此信，當讀「至『毒手尊拳』之句，怡然謂敬翔曰：『李公門絕一隅，安得此文士！如吾之智算，得襲吉之筆才，虎傅翼矣！』又讀至『馬邑兒童』、『陰山部落』之句，梁祖怒謂敬翔曰：『李太原殘喘餘息，猶氣吞宇宙，可詬罵之。』」這也是李克用與朱全忠爭霸中的一段趣事，也說明李襲吉的才氣。而成語「金戈鐵馬」，就出自李襲吉的這篇文章。

李襲吉後任節度副使，「在武皇幕府垂十五年」，李克用重要的文書奏章多出自其手。他早李克用兩年，於天祐三年（西元 906 年）六月去世，李存勗建立後唐後，追贈為禮部尚書。

李克用的另外幾位掌書記：盧質出身於衣冠世家，祖父盧衍，為唐刑部侍郎、太子賓客。父親盧望，唐尚書司勳郎中。盧質性情聰慧，喜好讀書，十六歲時就擔任了河中府芮城縣令，後又任與州澄城縣令。天祐三年（西元 906 年），盧質北遊太原，李襲吉以女嫁之。李克用亦愛其才，任為河東節度掌書

四、李克用與士人

記,賜緋魚袋;王緘原為盧龍節度使劉仁恭的幕僚,曾出使鳳翔,返還時經過太原,被李克用強行留下,署為節度推官,後任掌書記。《舊五代史·王緘傳》稱其「博學善屬文,燕薊多文士,緘後生,未知名,及在太原,名位驟達」;馬鬱為幽州范陽(今中國北京)人,有俊才,善言辯,下筆成文,名聞鄉里。乾寧末為本府刀筆小吏,後入於李克用幕府,累官至檢校司空、祕書監。李克用及李存勗待之頗厚。

李克用時任用的節度副使,除前面提到的李襲吉外,見於記載的還有王瑰和盧汝弼等人。王瑰是李克用剛上任河東時任命的,從「具官王瑰,河汾之氣當萃爾家,樂范之宗亦高他族,伯仲繼撫封之盛,子孫承錫命之功」的任命制書看,應該出身於河東世家大族。盧汝弼則是在天祐三年隨丁會歸太原後,被李克用奏授為河東節度副使的。盧汝弼祖籍范陽,後徙於蒲州(今中國山西永濟),是前任河東節度使盧簡求之子,唐昭宗景福中擢進士第。盧氏自盧簡辭以來,兩世貴盛,任六卿、方鎮節帥者相繼,是一個典型的名門望族。李克用去世後,其墓誌就出自盧汝弼之手。

在李克用任用的州縣官吏中,州刺史一職絕大多數由武人擔任,而且大都為代北、河東人,他們走的也大都是從牙將——州刺史——節度使(部分)這樣一條入仕道路。不過其中也有少數幾位士人出身或頗具文人氣質的州官。如石州刺史楊守業,喜歡藏書,頗有見聞,應該算是一個文化人;代州刺史韓逵和歷

第四章　代北勢力：沙陀政權的社會根基

任忻、汾二州刺史的伊廣以及歷任代、憲二州刺史的任圜，則都為世族出身。就連曾任嵐州刺史的蓋寓，也不同於一般的武人。至於縣令一職，先後出任介休、西河二縣令的任茂弘，以文學先後署交城、文水二縣令的韓惲，以及榆社縣令李襲吉，倒均是文人出身。

為了獲取漢族士人的支持以及提高家族的漢化程度，李克用也積極與他們通婚聯姻。其子李存勗的兩個妃子韓淑妃和伊德妃，韓淑妃為太原人，也就是韓逢的女兒、韓惲的妹妹，其曾祖父韓俊為唐龍武大將軍，祖父韓士則為石州司馬，可見是一個衣冠世家。史書記載韓淑妃為李存勗的「正室」或「嫡室」，也就是第一位夫人，其成親時間，是在唐昭宗乾寧年間。伊德妃則是伊廣的女兒，唐憲宗時右僕射伊慎之後。伊廣在乾寧四年（西元 897 年）隨李克用出征盧龍時戰歿，其女與李存勗成婚的時間，應該是伊廣在世時。此外，京兆三原（今中國陝西三原）人任茂宏，也就是任圜的父親，其家族也是歷代為官，任茂宏的父親任清，為成都少尹。任茂宏唐末避亂到太原，有子五人，風采各異，李克用很是欣賞這五兄弟，便以宗女嫁給任圜。

李克用戎馬一生，是標準和典型的武夫。他一生殺人無數，包括他所重用的義兒李存孝和擁戴他起兵的元勛康君立，都死在他的屠刀之下。但是，李克用很少殺士人，對士人表現出頗為尊重和優容的態度，這在唐末藩鎮中是少有的。甚至就在大順元年（西元 890 年）朝廷討伐河東時，李克用俘虜了副招討使

四、李克用與士人

孫揆,因其為「搢紳之士」,欲用為節度副使。只是孫揆至死不降,而且大罵不已,李克用才不得不將其處死。

陶岳《五代史補・徐寅擯棄》有這樣一段記載:徐寅在進士及第後歸還福建,途經開封,為梁太祖朱全忠獻上一篇〈遊大梁賦〉。時朱全忠與李克用為仇敵,李克用一眼失明,又出自沙陀部落,徐寅欲討好朱全忠,故在賦詞中說:「一眼胡奴,望英威而膽落。」不久,有人得其文出示李克用,李克用見而大怒。及李存勗滅後梁,閩王王審知遣使前來祝賀。李存勗急召其使,問道:「徐寅在否?」使者不敢隱瞞,就以無恙相對。李存勗說:「汝歸語王審知,父母之仇,不可同天。徐寅指斥先帝,今中國聞在彼中,何以容之?」也有一說是徐寅因得罪朱全忠,要被砍頭,於是想出這一招,討好朱全忠,逃過一劫。據說徐寅因此事而終身不得高官,止於正九品下階的祕書正字。

至於宋人劉道醇所撰《五代名畫補遺》中說,唐哀帝禪位於朱全忠後,時李克用「陰懷異圖,窺伺神器」,但擔心事情洩漏,「乃矯稱(即詐稱)按察境內」,殺了具有「文武經術大略」的韓求、李祝兩位畫家,則從邏輯上也說不通。因為既然此事發生在唐哀帝禪位於朱全忠之後,那麼李克用即使是「陰懷異圖,窺伺神器」,也沒有必要「慮事洩見害」,更用不著「矯稱按察境內」了。

第四章　代北勢力：沙陀政權的社會根基

第五章
軍事擴張：
李克用的力量擴展

第五章　軍事擴張：李克用的力量擴展

一、收復代北

代北是沙陀的肇興之地。朱邪執宜、朱邪赤心（李國昌）、李克用祖孫三代數十年的苦心經營代北地區，無論是在代州、朔州、雲州、蔚州，還是振武軍、單于都護府、勝州，乃至豐州、天德軍一帶，都曾是沙陀人染指過的地方。但是，乾符五年（西元878年）段文楚事件發生後，唐王朝一路征討，將李國昌、李克用父子趕出代北，取而代之的是吐谷渾赫連部首領赫連鐸以及契苾族人契苾璋。

吐谷渾本來是鮮卑的一支，後西遷至今中國青海一帶地區，建立了吐谷渾王國，隋及唐初還十分強大，唐太宗時被唐朝所滅，唐曾設置安樂州（在今中國寧夏同心）以安置吐谷渾王族。安史之亂期間，吐蕃攻陷安樂州，吐谷渾部眾又向東遷徙，散居在朔方、河東之境，即今中國內蒙古中部、山西一帶地區，俗多謂之「退渾」或「吐渾」，蓋因語急而然。

唐末活躍在代北地區的吐谷渾有王氏、薛氏、康氏、黨氏、梁氏、慕容氏、赫連氏和白氏等多個部落，其中以赫連氏和白氏兩個部落勢力最強。吐谷渾與沙陀既有聯合，又有爭奪，唐武宗會昌年間唐攻擊回鶻以及懿宗咸通年間鎮壓龐勳的戰爭中，吐谷渾與沙陀曾多次並肩作戰；在段文楚事件中，也有不少吐谷渾人參加；後來李克用統治集團甚至其義兒中，也有一些吐谷渾人。與沙陀為敵的，主要是赫連部。

一、收復代北

　　吐谷渾赫連部是在唐文宗時期遷到代北地區的，比沙陀人要晚一點。他們最初被安置在豐州大同川也就是今中國內蒙古烏拉特前旗明安川一帶。其首領赫連鐸曾在咸通九年（西元868年）隨康承訓鎮壓龐勛起事，並因功被唐朝廷授予陰山府都督。段文楚事件發生後，赫連鐸認為這是向代北地區擴張的大好機會，遂積極響應唐朝廷的號召，參與對李克用父子的討伐，被任命為雲中防禦使，並在沙陀人失敗後，名正言順地占據了代北雲州、朔州一帶地區。而李國昌曾經任職的振武節度使，則落入了契苾人契苾璋的手裡。

　　契苾是鐵勒諸部之一，早先活動於今中國新疆輪臺縣北部一帶。唐太宗貞觀六年（西元632年），其酋長契苾何力率部歸唐，唐置其部落於甘、涼二州即今中國甘肅張掖至武威一帶之間，設羈縻賀蘭州都督府進行管理，契苾何力也是唐太宗時期非常有名的一位大將。之後，契苾人曾幾度遷徙，賀蘭州都督府也幾經廢置。安史之亂中，契苾部落曾隨同唐河西節度使哥舒翰東進參加了平叛戰爭。安史之亂後，河西地區被吐蕃占領，契苾人北遷漠北。

　　與吐谷渾赫連部不同，契苾人在很早以前就在代北地區有了一定的地位。

　　史書明確記載契苾人進入代北地區，是在唐文宗大和六年（西元832年），比吐谷渾赫連部要早一點，而實際上契苾人進入代北地區的時間可能要更早，他們主要活動在振武軍、單于

第五章　軍事擴張：李克用的力量擴展

都護府一帶。當時是契苾澬擔任首領，由於契苾與唐王朝的淵源頗深，因此契苾澬頗得唐朝廷的信任，被任命為勝州刺史、充本州押蕃落義勇軍等使。之後到武宗會昌年間，號稱「蕃中王子」的契苾澬的兒子契苾通擔任了蔚州刺史，到宣宗大中六年（西元 852 年）又升任振武軍節度使，兩年後即大中八年卒於任上。在懿宗咸通年間鎮壓龐勛的戰事中，契苾部落也曾出兵參加，但其首領不詳。直到僖宗中和元年（西元 881 年），也就是李克用父子北入陰山達靼後，另一位契苾人契苾璋走到了人們的視野之中，接任了振武軍節度使。

當然，李克用絕不允許祖孫三代苦心經營數十年的代北地區落入他人之手，他在中和元年自陰山達靼南下後，就曾試圖重新奪回代北地區，但未能如願以償，由於赫連鐸、契苾璋以及河東、盧龍的連兵抵抗，他只是奪得了代州一地。後來李克用南下，便以其父李國昌鎮守代州，之後，唐朝廷升代州為代北節度使，任命李國昌為節帥。代州是河東重要的北部門戶，是李克用進攻或防禦吐谷渾的重要堡壘和通道。

中和三年（西元 883 年）李克用出任河東節度使後，次年八月，奏請將原隸屬於振武軍的麟州（治今中國陝西神木）割屬河東，又奏請罷廢雲蔚防禦使，仍隸河東。龍紀元年（西元 889 年），又上表奏以樓煩監置憲州（今中國山西婁煩），隸屬河東，企圖利用唐朝廷政令的方式，將代北地區納入自己的統治之下。然而吐谷渾以及契苾也絕不會輕易將自己已經占有的地盤

拱手讓出，尤其是赫連鐸，他與盧龍鎮結盟，與李克用對抗，李克用長期不能奪回代北。

大順元年（西元890年）二月，李克用派大將安金俊率大軍進攻雲州（今中國山西大同），拔其東外城。赫連鐸向盧龍節度使李匡威求救，李匡威率三萬大軍救援雲州，殺安金俊。赫連鐸和李匡威以及朱全忠遂建議朝廷乘機集諸鎮兵力討伐沙陀，結果慘遭失敗。之後，李克用便全力以赴進攻赫連鐸。

大順二年（西元891年）四月，李克用發大軍圍攻雲州，赫連鐸雖進行了頑強抵抗，但終因雲州城內食盡，棄城投奔盧龍節度使李匡威，李克用占領雲州，表奏部將石善友為雲州刺史。赫連鐸仍不死心，景福元年（西元892年）八月，又與李匡威合軍八萬進攻雲州，被李克用擊敗。乾寧元年（西元894年）六月，李克用最後一次發起對赫連鐸的進攻，在雲州城外徹底擊敗吐谷渾軍隊，殺赫連鐸，吐谷渾另一位首領白義誠也被擒獲。與此同時，李克用也占據了振武，以石善友擔任振武節帥，實現了完全占有代北地區。沙陀人自乾符五年（西元878年）失去雲州和振武十六年之後，自是收復。

二、兼併昭義

昭義鎮是安史之亂期間設置的一個節鎮，最初稱澤潞鎮。幾經變遷後，長期領有潞（治今中國山西長治）、澤（治今中國

第五章　軍事擴張：李克用的力量擴展

山西晉城)、邢（治今中國河北邢臺)、洺（治今中國河北永年廣府鎮)、磁（治今中國河北磁縣)五州，節度使治所在潞州。其中潞、澤二州位於太行山以西，今中國山西東南部地區；邢、洺、磁三州位於太行山以東，今中國河北西南部地區。

昭義鎮之所以能夠跨越太行山領有河北地區的邢、洺、磁三州，其中還有一段故事：

唐代宗廣德元年（西元763年)，唐朝廷平定安史之亂後，無力徹底消滅安史餘部，不得不任命安史眾降將為節度使，裂河北土地以處之，於是又設置了一個新的藩鎮——相衛鎮，以安史降將薛嵩為節帥，領有相、衛、邢、洺、貝、磁等州，治所相州（今中國河南安陽)。大曆元年（西元766年)，賜號昭義軍。薛嵩是大名鼎鼎的薛仁貴之孫，安史之亂中追隨安祿山、史思明，成為叛將的一員。大曆八年（西元773年)，薛嵩死，其弟薛崿襲位。薛崿懦弱，各藩鎮之間便展開了一場瓜分相衛鎮的大戰。澤潞鎮是當時較為強盛的藩鎮，也參與了這場爭奪戰爭。到大曆十年（西元775年)，相衛鎮被諸鎮瓜分，其中邢、洺、磁三州便落入澤潞鎮的手中，而「昭義」的軍號亦為澤潞所有。這樣，昭義（澤潞）鎮便越過太行山，領有了河北地區的邢、洺、磁三州之地。

昭義鎮也是一個實力較強的藩鎮。在唐武宗會昌年間，節度使劉從諫、劉稹父子曾試圖效法河朔三鎮，割據一方，後被唐朝廷平定。如上所述，朱邪赤心即率領沙陀部落兵參加了平

二、兼併昭義

定昭義鎮的戰爭,並在戰鬥中表現不俗。

劉稹被平定後,杜牧曾上了一道〈賀中書門下平澤潞啟〉,文中云:

> 上黨之地(即唐代的潞州、澤州一帶),肘京、洛而履蒲津,倚太原而跨河朔。戰國時,張儀以為天下之脊;建中日,田悅名曰腹中之眼。

所謂「京、洛」,是指西京長安和東京洛陽,「蒲津」即蒲州(河中府)黃河渡口,在今中國山西永濟。所謂「天下之脊」,是指澤、潞地區居高臨下,從潞州東出壺關,是河北地區的相州、魏州(即魏博節鎮);從澤州南出天井關,是河南地區的懷州、孟州(即河陽節鎮)。因此,無論從河南、河北攻山西,或由山西南下中原,澤、潞二州都是重要的通道,為古來兵家必爭之地。而所謂「腹中之眼」,是指邢、洺、磁三州如同安置在河朔藩鎮中的幾隻眼睛,唐德宗建中年間,魏博節度使田悅曾說:「邢、磁如兩眼(當時洺州尚在魏博鎮手中),在吾腹中。」

昭義鎮的這一重要的地理位置,使它成為安史之亂後唐朝廷遏制河朔藩鎮叛亂的一支重要力量,昭義軍節度使李抱真、李抱玉兄弟,曾為打擊河朔藩鎮、維護唐朝廷的利益做出了重要的貢獻。李克用殺害段文楚後,昭義鎮也是討伐沙陀的藩鎮之一,昭義軍節度使李鈞便死於戰場。

昭義鎮從中和元年(西元881年)起為孟方立所占據。孟

第五章　軍事擴張：李克用的力量擴展

方立為邢州人，他以潞州地勢險要，民風強勁，軍人部下屢屢篡權為由（他本人即是在亂中奪權的），在中和三年（西元883年）將治所由潞州遷至邢州，並欲將軍中大將及富家豪族全部徙往太行山以東，引起潞人的強烈不滿。監軍祁審誨利用人心不安，密令武鄉鎮使安居受用蠟丸裝著信件，向李克用乞師，請求李克用武力介入，覆軍府於潞州。

昭義鎮所統的五州，是河東向河南和河北地區擴張的重要通道和策略基地，而且這裡也是河東道較為富庶的地區，李克用正在算計如何將昭義鎮奪到自己的手中，祁審誨、安居受的求助，無疑為其提供了最充分的理由和可乘之機。於是，他毫不猶豫，立刻派遣部將賀公雅及李筠、安金俊等率兵去攻打潞州，但出師不利，為孟方立所敗。李克用並不甘心，又派其堂弟李克修率兵擊之，最終拿下了潞州。李克用表薦李克修為昭義軍節度使，昭義鎮從此便一分為二：澤、潞二州為一鎮，邢、洺、磁三州為一鎮。當時邢、洺、磁三州仍為孟方立所據，潞州為李克用所據，澤州則為河陽軍將張言（即張全義）所據。光啟三年（西元887年），張全義與李罕之乘河陽軍亂，占據河陽（即孟州，今中國河南孟州西），恐朱全忠進攻，不能自保，向李克用求援，李克用又乘機兼併了澤州。

孟方立倚仗宣武節度使朱全忠和成德節度使王鎔為援，堅守河北三州，李克用累年攻伐不能取勝。到龍紀元年（西元889年），李克用遣大將李罕之、李存孝率大軍向三州發起全面進

攻，連下磁、洺二州，孟方立派大將馬溉、袁韜率兵數萬死守邢州。雙方戰於琉璃坡（今中國河北邢臺西南三十里處），孟軍大敗，二將被擒。李克用乘勝進攻邢州，孟方立見大勢已去，飲藥自殺，部下擁立其弟孟遷為帥。

孟遷向朱全忠求援，朱全忠當時正在與時溥鏖戰，無暇顧及昭義，只是派大將王虔裕率領數百名軍士抄小路到達邢州，與孟遷共同守衛。李克用圍攻邢州達八個月，孟遷食盡力竭，於大順元年（西元890年）正月執王虔裕投降。至此，昭義五州全部納入李克用的勢力範圍，李克用的勢力擴展到今中國山西東南部和河北西部。孟遷則被李克用遷至太原，為日後其姪孟知祥建立後蜀國埋下了伏筆。

三、卵翼河中

河中鎮設置於唐肅宗至德元年（西元756年），初為防禦使，次年升為節度。長期領有河中府、晉（治今中國山西臨汾）、絳（治今中國山西新絳）、慈（治今中國山西吉縣）、隰（治今中國山西隰縣）等五府、州，節度使治所在河中府，即今中國山西永濟市。

唐代「府」的建置，都是在京師、陪都以及皇帝曾經駐蹕的地方，如京兆府、太原府、鳳翔府等，總共也只有十個。

而河中府的由來，頗費了一番周折。

第五章　軍事擴張：李克用的力量擴展

河中府古稱蒲坂，唐初武德元年（西元 618 年）置蒲州。玄宗開元九年（西元 721 年）曾在此置中都，改蒲州為河中府，但為時很短，同年即改回，依舊為蒲州。肅宗乾元三年（西元 760 年）又置河中府，寶應元年（西元 762 年）又置中都，也很快罷廢。至憲宗元和三年（西元 808 年）復為河中府，之後才固定下來。而河中府的設置，大概主要是由於其特殊的地理位置。

關於河中府特殊的地理位置，唐人元載是這樣形容的：

「河中之地，左右王都，黃河北來，太華南倚，總水陸之形勝，鬱關河之氣色。」的確，河中位於洛陽與長安之間，又處於太原與長安之間，是河南、河東進入關中的必經之地，著名的蒲津渡，就位於河中。對唐朝廷來說，這裡是東南財賦運往長安的生命線。而對李克用來說，則是其入關「勤王」或左右唐室的交通線。河中府處於這樣一個重要的位置，其策略價值當然不低。

不僅如此，河中所在的涑水盆地，也是古代山西經濟、文化發達地區，《隋書・文帝紀》記載說，隋文帝在巡幸蒲州時，曾讚嘆說：「此間人物，衣服鮮麗，容止嫺雅，良由仕宦之鄉，陶染成俗也。」指出這裡歷史悠久、文化發達和經濟繁榮。在後世影響巨大的王之渙的名作〈登鸛雀樓〉和元稹的〈鶯鶯傳〉（《西廂記》的前身），也都產生在這裡。河中還為唐代最重要的產鹽基地，著名的安邑、解縣兩鹽池就位於這裡。

河中節度使從唐僖宗廣明元年（西元 880 年）起為王重榮

三、卵翼河中

所據。王重榮曾一度投降黃巢，後又因建議唐朝廷招沙陀鎮壓黃巢，而與李克用建立了親密的關係。之後，李克用又將女兒許配給王重榮之子王珂（實為王重榮兄重簡之子，過繼給王重榮），雙方結成兒女親家，關係更為密切。

　　唐朝從肅宗開始，實行榷鹽法，也就是鹽鐵專賣政策，鹽利成為國家財政收入的重要來源，甚至占到了國庫收入的一半，而安邑、解縣兩鹽池又在鹽利中占有很大的比重，每年達到一百五十萬緡（一千文為一緡）。唐朝廷起初由中央戶部度支司派出郎官御史轄領安邑、解縣兩池榷鹽使，掌管鹽務，當然，鹽利大部分歸屬中央。但在乾符五年（西元878年）李都出任河中節度使時，曾兼任兩池榷鹽使，兩池榷鹽使始由河中節度使兼領。王重榮接任河中帥位後，繼續兼領榷務。並按照乾符五年以來形成的慣例，每年初課鹽三千車上供朝廷，鹽利的大半也就落到了自己的手中。

　　時遭戰亂，唐朝廷國庫空虛，軍費匱乏，神策軍統帥宦官田令孜欲收河中鹽利以供神策軍，又因河中與河東接壤，王重榮與李克用親黨膠固，難於制伏，遂於光啟元年（西元885年）五月建議朝廷下詔移王重榮出鎮泰寧鎮（亦稱兗鄆鎮，治今中國山東兗州），以易定節度使王處存鎮河中。王重榮拒絕奉詔，上書言田令孜離間方鎮，田令孜於是聯合邠寧節度使朱玫、鳳翔節度使李昌符一起討伐王重榮。王重榮向河東求援。而朱玫、李昌符亦在暗中勾結朱全忠，並多次派人潛入京城，焚燒官府

第五章　軍事擴張：李克用的力量擴展

積聚財物，刺殺皇帝近侍，嫁禍李克用。

　　李克用從上源驛事件與朱全忠結怨後，一直怨恨朝廷偏袒朱全忠，遂向僖宗上書，說朱玫、李昌符與朱全忠相互表裡，欲共滅臣，臣不得不自救，已集合蕃漢兵馬十五萬，渡黃河討伐二鎮，並保證自己不靠近京城，不驚擾聖駕。隨即不顧朝命，舉大軍南下，擊敗邠寧、鳳翔鎮兵，隨後率大軍入關，進逼京城，田令孜挾持唐昭宗出奔鳳翔。李克用迫使唐朝廷收回移王重榮出鎮泰寧的詔命，並賜予河中「護國軍」的軍號，從而穩住了王氏在河中的統治地位。

　　光啟三年（西元887年）六月，河中發生兵亂，王重榮被殺，軍士推舉重榮兄重盈為帥，李克用表薦於朝。昭宗乾寧二年（西元895年），王重盈死，王重榮之子王珂襲帥位。王重盈的兩個兒子保義（陝虢）節度使王珙、絳州刺史王瑤強烈反對，他們一面向朝廷上書論列，說王珂本來不是王重榮之子，不應繼襲帥位；一面向朱全忠求援。當這些都無效後，又一面出兵攻打王珂，一面厚結邠寧節度使王行瑜、鳳翔節度使李茂貞和鎮國軍節度使韓建為援。三帥擁兵入朝，為王珙請河中節鉞，並以誅殺大臣韋昭度、李谿，同謀廢立皇帝相威脅。

　　王珂則一面向唐朝廷上書，說「亡父有興復之功」，一面向李克用求救。李克用即大舉蕃漢兵馬南下，再次入關。拔絳州，殺王瑤，擊敗三帥，逼使唐朝廷正式任命王珂為河中節度使。李克用在王重榮生前，大概曾答應過其要關照王珂、不吞

三、卵翼河中

併河中之類的事,所以隨即返回河東。李克用後來講自己「入蒲坂而不負前言」,指的就是這回事。

乾寧四年(西元897年)三月,王珙再次出兵進攻河中,王珂向河東告難,李克用遣李嗣昭率兩千騎救援,破陝軍於猗氏(今中國山西臨猗猗氏故城),解河中之圍。同年(一說次年)十月,王珙又引汴軍萬餘人來攻河中,王珂告急,李克用又派遣李嗣昭率兵三千入援,於胡壁堡擊退汴軍。次年即光化元年(西元898年)正月,王珂到太原迎親,正式成為李克用的快婿,雙方關係進一步牢固。所以,李克用雖然未將河中直接兼併占領,卻也將其置於自己的卵翼之下。所謂「卵翼」,即像鳥類用翅膀護著自己所產的卵。

第五章　軍事擴張：李克用的力量擴展

第六章
李克用的盛衰轉折：
晉汴爭霸的歷史抉擇

第六章　李克用的盛衰轉折：晉汴爭霸的歷史抉擇

一、上源驛事變 —— 朱、李結怨之始

上源驛是宣武節度使治所汴州（今中國河南開封）的一個驛站。驛站是古代國家設置在水陸交通要道上類似於招待所的一個部門，是供官員、公差旅行路途中休息和換乘馬匹的場所。唐代的驛站非常發達，據統計，共設有水陸驛站多達一千六百三十九個，從業人員有兩萬多人。

中和四年（西元884年）五月，李克用應朱全忠等人的請求南下徹底擊敗黃巢，回軍途中，經過汴州。朱全忠極力邀請李克用入城，並在上源驛設宴款待。然而，這場宴會最後卻演變為一場「鴻門宴」，李克用險些喪命其中。

上源驛事變是朱全忠設計的一場謀害李克用的事件，因此這裡有必要對朱全忠的情況做一簡要的介紹。

朱全忠原名朱溫，唐宣宗大中六年（西元852年）出生於宋州碭山縣（今中國安徽碭山）午溝裡。他的父親是鄉下的一位老師，早逝，母親帶著他及兩個哥哥到鄰近的蕭縣（今中國安徽蕭縣）地主家當傭工。黃巢農民軍路過宋州時，朱溫參加了農民軍，並以勇猛善戰贏得了黃巢的賞識。黃巢攻下長安建立大齊政權後，中和二年（西元882年）正月，任命朱溫為同州防禦史（治今中國陝西大荔）。

朱溫駐守的同州，直接面對的是唐朝的河中節度使王重榮。朱溫與王重榮曾多次交鋒，均遭敗績。當時形勢已經對黃巢非

一、上源驛事變—朱、李結怨之始

常不利,朱溫便萌生背叛之心。他殺害了黃巢派去的監軍和反對投降的大將,向自己的對手王重榮投降。王重榮一面上報都統王鐸,王鐸承制授朱溫為同華節度使;一面又寫奏表報呈逃亡在成都的唐僖宗,僖宗大喜,任命朱溫為河中行營副招討使,並賜名朱全忠。朱溫的母親姓王,便以舅父稱王重榮,往日的冤家對頭,現在變成了甥舅關係。中國政治家曾評價說:「朱溫處四戰之地,與曹操略與,而狡猾過之。」這也是其老奸巨猾的一個表現吧!

中和三年(西元 883 年)三月,朱全忠被唐朝廷任命為宣武軍節度使。宣武節度使亦稱汴宋節度使,也是唐代重要的藩鎮,領有汴、宋(治今中國河南商丘)、亳(治今中國安徽亳州)等州。雖領地不廣,但地處中原腹地,四通八達,尤其這裡為唐朝的漕運樞紐,也具有重要的策略地位,唐朝往往以重臣坐鎮把守。如今中國,朝廷將這一重鎮交到了朱全忠的手中,為他勢力的壯大提供便利,也種下唐王朝滅亡的禍根。

關於上源驛事變的經過,司馬光《資治通鑑》有較為詳細的記載,其大概情況是:

中和四年(西元 884 年)五月甲戌(十四日),李克用軍至汴州,安營城外。朱全忠請李克用入城,李克用遂帶領親兵及監軍陳景思入城,居於上源驛。朱全忠在驛館宴請李克用,禮數周到恭敬。然而李克用年輕氣盛,趁著酒勁,言語間有輕視朱全忠之處,朱全忠心裡憤憤不平,遂頓起歹心,萌發殺機。

105

第六章　李克用的盛衰轉折：晉汴爭霸的歷史抉擇

傍晚時分，酒席散場，眾人都有了醉意。朱全忠與部將楊彥洪密謀後，用車輛和樹柵堵塞了驛館周圍的道路，然後發兵圍攻驛館。李克用喝得酩酊大醉，什麼都不知道。親兵薛志勤、史敬思等十餘人阻擋汴兵的進攻。侍從郭景銖熄滅蠟燭，扶李克用藏匿在床下，然後用水將其噴醒，李克用這才知道發生了什麼事，拿起弓箭跑出門外。

薛志勤發箭射死數十名汴兵。朱全忠又用火攻，霎時間濃煙滾滾，火光沖天。可人算不如天算，突然電閃雷鳴，大雨傾盆，烈火被澆滅。薛志勤率左右攙扶著李克用翻牆突圍，乘著電光而行。薛志勤、李嗣源等拚命廝殺得以渡過護城河，史敬思殿後，戰死。李克用登上汴州城南門尉氏門，縋城（由城上用繩索放下來）而出，陳景思等全部被殺。

史敬思為昭武九姓胡人，是李克用的得力部將；陳景思雖是一名宦官，但是其首議並親自從達靼召李克用出山，深得李克用信任，一直在李克用軍中做監軍；其餘被汴人所殺的三百餘人，也都是李克用的「心腹」。順便提一下，唐朝從玄宗時啟用宦官做監軍，此後監軍一職便均由宦官來充任了。

李克用怎麼能嚥得下這口氣！返回軍營就要發兵攻打汴州城。其夫人劉氏頗有謀略，舊小說和戲劇中，將她塑造成一位女中豪傑。劉氏常隨李克用出征，此時正隨大軍駐紮在汴州城外，便極力勸阻，說：「如今汴人（即朱全忠）不道，謀害於公，公自當訴之朝廷。若擅自舉兵，則天下誰能辨其曲直？且令對

一、上源驛事變—朱、李結怨之始

方得了說辭！」李克用勉強聽從，暫且引兵歸還晉陽。途中寫信譴責朱全忠，朱全忠則嫁禍朝廷，說此事是朝廷使者與楊彥洪為謀，自己並不知情。楊彥洪在事變中被朱全忠誤殺，死無對證。這種鬼話，李克用當然不會相信。

李克用回到太原後，仍嚥不下這口惡氣，他大治甲兵，上表朝廷說自己有破黃巢大功，卻為朱全忠所謀害，僅以身免，將佐以下三百多人被殺，將士皆「號泣訴冤，請復仇讎」，要出兵攻打朱全忠，並派其弟李克勤以萬騎屯河中。唐朝廷好不容易才鎮壓了黃巢起義，現在又遇到了這樣的麻煩事，無異於雪上加霜，所以得到李克用的上表，極其恐慌，急忙派遣內臣到晉陽宣諭勸和，說知道李克用受了委屈，讓他先顧全大局，不要發動戰事，並將其爵位由隴西郡公晉為隴西郡王。李克用給了朝廷面子，也就沒有真的去攻打朱全忠，不過自此二人徹底交惡，變成了水火不容、不共戴天的仇敵。

對於上源驛事變，史家或說是朱全忠早有預謀，或說是出於一時之憤，但無論如何，這是李克用萬萬沒有料到的一場災難，李克用能從中逃脫，不能不說是一個奇蹟。

上源驛在五代後晉時改為都亭驛，一說後來趙匡胤「黃袍加身」的陳橋驛即在此處。

第六章　李克用的盛衰轉折：晉汴爭霸的歷史抉擇

二、圍繞昭義鎮的爭奪

中和四年（西元884年）的上源驛事變，李克用與朱全忠雖然開始結怨，但雙方並沒有立刻發生大規模的軍事衝突。當時，李克用正忙於對山西地區的擴張，朱全忠則忙於對河南地區的兼併，都無暇顧及對方，直到彼此的擴張兼併基本完成後，他們的爭霸戰爭也就全面展開。

李克用與朱全忠的爭霸，首先圍繞著昭義鎮展開。

李克用雖然在大順元年（西元890年）將昭義五州全部納入自己的勢力範圍，但其對昭義鎮尤其是太行山以東邢、洺、磁三州的控制並不牢固。就在同年五月，潞州牙將安居受殺節度使李克恭附汴，朱全忠趁機派兵入據潞州。順便回顧一下，當年孟方立將昭義節度使治所從潞州遷至邢州時，正是安居受向李克用乞師，請求李克用以武力進行干涉，李克用乘機占領潞州的。至是，他又殺潞州節帥附汴。當時李克用正面臨著唐朝廷的討伐，用了四個月的時間，才由李存孝將潞州從朱全忠手裡奪回。次年三月，邢洺節度使安知建背叛李克用，祕密勾結朱全忠，率部下三千人將奔長安，路過鄆州時，被與李克用關係良好的兗鄆節度使朱瑄俘殺殆盡。這次叛亂雖然為時甚短，卻也讓李克用造成了三千人的兵力損失。

景福元年（西元892年）九月，李克用養子、邢洺節度使李存孝背叛，以邢、洺、磁三州歸屬朝廷，又致書成德節度使王

鎔及朱全忠求援。這次事變對於李克用的影響尤為嚴重，他幾乎出動了河東所有的兵力，圍攻邢州達一年半之久，直到乾寧元年（西元894年）三月，才攻下邢州，殺李存孝。李存孝是河東首屈一指的驍將，他的被殺，是李克用的一大損失。而勇猛與李存孝差不多，且私交甚好的大將薛阿檀也受到牽連自殺身亡。就連當年擁戴李克用起兵的元老、時任昭義節度使的康君立，也以一言不慎，招來了殺身之禍：李克用對殺死李存孝始終心懷愧疚，一次與諸將飲酒，在談到李存孝時，淚流不已。康君立素與李存信關係友善，言談之中說了不利李存孝的話，遂被李克用杖死或賜藥毒死。司馬光《資治通鑑》在記述這一事件後指出：「自是克用兵勢浸弱，而朱全忠獨盛矣。」胡三省亦云：「史言克用自剪羽翼，故不競於汴。」

光化元年（西元898年）四月，朱全忠在完成對河南地區和魏博鎮的征服後，開始向邢、洺、磁三州發起全面進攻。邢、洺、磁三州被魏博鎮的相、魏、貝等州環繞，因此魏博鎮對於三州既可達到屏障作用，又可成為進攻的前端陣地。在魏、晉友好之時，魏博鎮無疑對三州發揮前一種作用，而當魏博被朱全忠征服後，便發揮後一種作用。所以朱全忠的進軍非常順利，從四月二十八日至五月初三的五天時間，汴將葛從周連下三州，殺敵兩萬，俘虜將帥軍官一百五十人。三州只有洺州刺史邢善益略作抵抗，戰敗被殺。邢州刺史馬師素棄城走，磁州刺史袁奉淘不戰自殺。朱全忠以葛從周為昭義節度留後，守

第六章　李克用的盛衰轉折：晉汴爭霸的歷史抉擇

邢、洺、磁三州。同年十月，李克用遣大將李嗣昭、周德威等率軍爭奪三州，結果被葛從周擊敗。自是李克用控制下的昭義鎮僅剩山西潞、澤二州了。

而潞、澤二州方面，就在邢、洺、磁三州失守的同年十二月，李克用昭義（澤潞）節度使薛志勤病逝，澤州刺史李罕之擅自率兵進入潞府，自稱留後，要求李克用承認。李克用大怒，遣李嗣昭率兵討之，李罕之遂以潞州附汴，朱全忠表奏其為昭義節度使。李罕之原為河陽將，駐守洛陽。上源驛事變後李克用北歸太原時，路經洛陽，李罕之盛情款待，於是與李克用「厚相結托」。後因與昔日「刻臂為盟、永同休戚」的密友張言（張全義）交惡，被張言所攻，遂投奔李克用。

李罕之本性殘忍，在任河陽節度使時，經常率兵到山西南部的晉、絳二州，「以俘剽為資，啖（即吃）人做食」。而當其任澤州刺史之後，抄略的範圍又擴大到河陽節度使所屬的懷州、孟州一帶，致使數百里內郡邑無長吏，閭里無居民。蒲州（即河中府）與絳州之間有一座山叫摩雲山，山勢甚為陡險，百姓逃到山上避亂，李罕之率百餘人攻下，軍中因此謔稱他「李摩雲」。史稱其統治澤州期間，數州之民被其屠啖殆盡，荊棘蔽野，煙火斷絕，凡十餘年。

李克用派遣李嗣昭討伐李罕之，李嗣昭沒有直接去攻打潞州，而是先攻下澤州，抓獲李罕之家屬送往太原。潞州則由於李罕之和朱全忠的嚴密防守久攻不下，雙方展開了長期的拉鋸

二、圍繞昭義鎮的爭奪

戰。光化二年(西元899年)三月,朱全忠派部將丁會攻占澤州。五月,李克用遣蕃漢馬步都指揮使李君慶率兵攻李罕之,圍潞州,朱全忠遣部將張存敬、丁會救之,大破河東兵。李克用殺李君慶,以李嗣昭代之。八月,李嗣昭拔天井關,下澤州,接著又攻下潞州,李克用以李存璋為澤州刺史,孟遷為昭義節度留後,暫時奪回了澤、潞二州。但到天覆元年(西元901年)四月朱全忠進攻太原時,轉正為昭義節度使的孟遷以澤、潞二州投降。至此,昭義五州全部落入朱全忠之手,直至天祐三年(西元906年)年底,朱全忠殺害唐昭宗,潞州守將丁會不忍相從,才棄汴投晉。

　　昭義數州的得失,對於李克用來說至為重要。失去邢、洺、磁三州後,李克用被堵截在山西,失去了與朱全忠爭奪河北的能力。史稱當時唐朝廷想讓藩鎮間和睦相處,便分別賜詔給李克用和朱全忠,又令宰相致書,使雙方和解。李克用本打算奉詔,而恥於先自屈服,乃致書成德節度使王鎔,希望其從中協調,朱全忠不予理睬。這說明李克用已從心理上向朱全忠認輸。而當「天下之脊」的澤、潞二州被朱全忠奪取之後,李克用只有大發軍民修築晉陽城塹,準備迎擊朱全忠的進攻。

第六章　李克用的盛衰轉折：晉汴爭霸的歷史抉擇

◈ 三、圍繞河朔藩鎮的爭奪

河朔即河北，古代的河北，泛指黃河以北，它實際上包括現在河南省的部分地區。如魏博鎮所屬的相、衛、澶等州，就都位於今中國河南省境內。

唐末，河朔地區共存在著魏博（治魏州，今中國河北大名）、成德（治鎮州，今中國河北正定）、盧龍（治幽州，今中國北京）、義武（亦稱易定，治定州，今中國河北定州）、義昌（亦稱橫海，治滄州，今中國河北滄州）五個藩鎮。其中魏博、成德、盧龍所謂「河朔三鎮」，從安史之亂後即游離於唐中央王朝的控制之外，是唐代藩鎮割據的典型代表。

上述五個藩鎮中，義武節度使王處存亦是建議唐朝廷召沙陀鎮壓黃巢農民軍者之一，後又為其姪王郜娶李克用之女，雙方關係至為密切，李克用也曾數次救援過王處存，義武鎮正是倚賴與太原的姻親關係，每每為之救援的背景下，從而在一直想兼併它的盧龍、成德兩大強藩之間生存的。毫無疑問，在晉、汴兩大勢力之間，義武鎮是傾向於李克用的。

魏博節度使樂彥禎一度以太原、汴州兩軍方盛，慮其窺伺河朔，打算與盧龍、成德兩鎮歃血聯盟，為犄角之備，成德節度使王鎔也曾回書響應，但在當時複雜多變的形勢下，此舉最後還是成為泡影，在李克用和朱全忠的進攻面前，他們只好或附晉，或附汴，以圖苟存。不過從整體上說，兩鎮最初在大多

數情況下都是傾向於李克用的,這也是由它們的實際利益所決定的。如大順元年(西元890年)唐朝廷決定討伐李克用時,朱全忠曾上書要與河北三鎮共除之,然而成德和魏博卻因為要「倚河東為扞蔽,皆不出兵」。尤其是魏博鎮,隨著節帥的更替,對李克用和朱全忠的態度也發生很大的變化。朱全忠在龍紀元年(西元889年)和大順元年曾先後請「假道於魏博」,去救援邢州和進攻河東,都遭到魏博節度使羅弘信的拒絕。而對於河東,甚至是在史稱魏博「自是服於汴」的大順二年(西元891年)之後,李克用也曾三次假道於魏博去救援被朱全忠圍攻的兗鄆鎮朱瑄、朱瑾兄弟。

所以,在河朔藩鎮中,從一開始就與李克用為敵的,只有盧龍鎮。

盧龍鎮位於「河朔三鎮」的最北邊,與河東和代北接壤。盧龍與李克用的對抗,從李克用勢力剛剛興起時就已開始。如上所述,乾符五年(西元878年)段文楚事件發生後,盧龍即是積極響應朝廷討伐李克用的藩鎮之一。之後,盧龍的節帥儘管更換了數位,但與李克用為敵的態度並無改變,尤其是其聯合吐谷渾赫連鐸,讓李克用造成很大的壓力。直至乾寧元年(西元894年)李克用大舉進攻盧龍,消滅節帥李匡籌,表薦自己一手扶植的原盧龍將劉仁恭為帥,幽、晉之爭才告一段落。李克用說自己「收燕薊則還其故將」,即指此事。至此,河朔諸鎮也都「羈服」於李克用。所謂「羈服」,也就是籠絡著使之順服。

第六章　李克用的盛衰轉折：晉汴爭霸的歷史抉擇

　　朱全忠當然不甘心在河朔藩鎮中所處的劣勢地位，當他在數次向魏博鎮「借道」而遭到拒絕後，便惱羞成怒，於大順元年（西元 890 年）向魏博發起一場大規模的進攻。魏博節度使羅弘信在五戰失利的情況下，不得不派遣使臣持重金向朱全忠求和，史稱魏博「自是服於汴」。不過，此時魏博與河東的關係也並沒有徹底惡化。

　　魏、晉關係的徹底惡化是從乾寧三年（西元 896 年）閏正月的莘縣事件開始。當時，朱全忠進攻兗鄆鎮，兗鄆節度使朱瑄向李克用求援，李克用派大將李存信前往救援。李存信借道魏博，屯兵於莘縣（今中國山東莘縣），軍紀不嚴，頗有侵擾行為，從而引起羅弘信的不滿。朱全忠乘機從中挑撥，說李克用志在吞併河朔，河東軍「回戈之日，貴道堪憂」。羅弘信被朱全忠的恐嚇嚇壞，於是「託好於汴」，出兵攻擊李存信，大敗晉軍。

　　同年六月，朱全忠在與李克用的一場戰鬥中，俘獲李克用之子落落。李克用要與朱全忠修好，以贖回落落，朱全忠不同意，將落落送交羅弘信，讓其殺之，魏博與河東的關係也就徹底惡化。胡三省在評論這一事件時說：「羅弘信既殺李克用之子，則與克用為深仇，而汴、魏之交益固矣！」朱全忠的老奸巨猾，在這裡又得到一次充分的表現。

　　魏博的「與河東絕，專志於汴」，對李克用影響是至關重要的。它一方面導致河東有生力量的嚴重損失：如李存信率領的河東軍一萬騎兵被魏博軍襲擊，士卒喪失十分之二三；而先前

三、圍繞河朔藩鎮的爭奪

被李克用派去救援朱瑄兄弟的李承嗣和史儼及其率領的三千騎兵，由於回歸河東的通道被阻而走投淮南，史稱李克用失去李承嗣和史儼，如失左右手。另一方面如上所述，由於失去魏博的屏障，也導致昭義鎮邢、洺、磁三州的輕易失守。此外，它還導致河朔藩鎮的紛紛「改圖」，即從依附於李克用改向依附於朱全忠。

魏博鎮位於河朔藩鎮的最南端，隔河與朱全忠的宣武鎮為鄰。因此，它實際上達到阻擋朱全忠向河朔其他藩鎮進攻的屏障作用。朱全忠既拿下魏博，一方面為其征服河朔其他藩鎮掃清了道路，再也不會受到被拒絕「假道」時的尷尬，同時也壯大自己的勢力。朱全忠之所以沒有立即向河朔其他藩鎮發起進攻，是因為他當時正忙於河南的戰爭，而當戰爭基本結束並在問津淮南受阻之後，便立即掉頭，將進攻的矛頭對準了盧龍、成德等鎮。

朱全忠在多次重大打擊盧龍節度使劉仁恭後，光化三年（西元900年）九月，又以成德節度使王鎔與李克用「交通」，為其提供軍餉為由，率大軍進擊成德鎮，逼使王鎔「納質請盟」。而王鎔既服於朱全忠，又以李克用勢力尚強，幽州、滄州、易定（即義武）猶附河東，自己不能與之抗衡，遂勸朱全忠乘勝將幾鎮通通拿下，使河北諸鎮合而為一，說如此則可以制河東矣。朱全忠即遣大將張存敬會同魏博兵繼續向盧龍進攻，連下二十城。

第六章　李克用的盛衰轉折：晉汴爭霸的歷史抉擇

由於幽州道路泥濘不能前進，張存敬又引兵向西進攻義武。義武節度使王處直是王處存的兄弟，本來與李克用的關係很好，至是也請求「改圖」，即不再依附太原，朱全忠許之。劉仁恭派其子劉守光率兵救義武，再次受到重創，被殺六萬人。司馬光稱「由是河北諸鎮皆服於全忠」。

河朔藩鎮中，尤其是魏博、成德、盧龍三鎮，是從安史之亂以來就割據一方的強藩大鎮，因此，它們的向背，無論是對於朱全忠還是對於李克用，都不是無關緊要的。河朔諸鎮的「改圖」，在朱全忠，由於增添了新的盟友而實力大增，使其在與李克用的爭霸中處於絕對優勢的地位。天覆元年（西元901年），朱全忠向河東發起全面大規模的進攻，協同作戰的就有魏博、成德、義武等河朔藩鎮的軍隊。而在李克用，則由於失去往日的盟友而實力銳減，在朱全忠的進攻前，幾乎到了崩潰的邊緣。因此，可以說河朔藩鎮的「改圖」，是朱全忠和李克用勢力對比相互轉變的一個重要象徵。

四、圍繞河中鎮的爭奪

河中節度使王珂倚仗著老丈人李克用的庇護，過了幾年較為安穩的日子。然而朱全忠收服河北後，欲取河中以制河東。天覆元年（西元901年）正月，他召集諸將說：「王珂這個平庸之輩，倚仗著太原而驕橫奢侈。我今日要斷長蛇之腰，諸君替我用一根

四、圍繞河中鎮的爭奪

繩索把它捆綁住。」所謂「斷長蛇之腰」,是說河東與長安之間猶如一條長蛇,而河中剛好在中間腰部,朱全忠要將其攔腰斬斷。隨即遣大將張存敬率兵三萬自氾水(今中國河南滎陽西北泗水鎮)渡黃河,從含山路出發襲擊河中,朱全忠自率中軍隨其後。唐朝廷擔心汴軍向西攻入潼關,急忙賜詔調解,朱全忠不從。

汴軍採取了迂迴戰術,首先向河中府北部的絳、晉二州發起進攻。二州沒有料到汴軍會驟然而至,毫無防備,未做任何抵抗,絳州刺史陶建釗、晉州刺史張漢瑜相繼於正月二十六日、二十八日投降。朱全忠令大將侯言守晉州,何絪守絳州,屯兵兩萬,據險守要,以切斷河東援兵之路,然後以大軍向河中府逼近。

面對來勢洶洶汴軍,王珂夫婦急忙派遣使者向李克用告急,且言早晚要成為朱全忠的階下之囚,懇求相救,告急的使者前後相望於道。然而河東兵南下的通道被屯守在晉、絳兩州的汴軍堵塞,李克用愛莫能助,答覆王珂夫婦說救則與爾同歸於盡,只好建議女兒、女婿舉族向西去投奔唐朝廷。

王珂又向鳳翔節度使李茂貞求救,喻以脣亡齒寒之意,說天子詔令藩鎮不得相互攻擊,現在朱全忠不顧詔命,首先興兵,其野心可見。河中若亡,則同、華、邠、岐等鎮俱不能自保,天子的位子也將拱手讓與朱全忠。他懇請李茂貞聯合關中諸鎮,固守潼關,救援河中,說關中的安危,國運的長短,全仰賴您了。並說若李茂貞肯出手相救,他願意以河中相讓,自己到李茂貞治下的一個偏僻小鎮了卻一生。然而李茂貞素無遠

第六章　李克用的盛衰轉折：晉汴爭霸的歷史抉擇

圖，也無力與朱全忠相抗，不予救助。

二月初二，汴將張存敬引兵自晉州出發，初六到達河中，遂圍之。王珂無力抵抗，打算投奔長安，而人心離貳，剛好此時通往長安的浮橋毀壞，正在解凍中的黃河流凌壅塞河道，船隻通行困難。王珂攜領家族數百人打算在夜晚登舟渡河，於是親自去撫諭守城的兵士，卻無人應答。牙將劉訓建議王珂暫且歸降張存敬，然後視情況再做考慮，王珂聽從。初九，王珂於河中府城角樹起白旗，派使者攜帶令牌印信向張存敬投降。張存敬請打開城門，王珂說：「吾於朱公有家世事分（親誼情分），請公退舍（即退卻），俟朱公至，吾自以城授之。」張存敬答應，遣使報告朱全忠。所謂「家世事分」，就是指當年朱全忠透過王珂之父王重榮降唐一事。

朱全忠聽說王珂投降的消息後，心中大喜，急忙趕赴河中。他先到虞鄉（今中國山西永濟虞鄉鎮），哭祭王重榮墓，極盡悲哀之狀，這一舉動獲得河中官民的好感。王珂打算反綁著雙手牽羊出城迎接朱全忠，這是當時投降的一種禮儀。朱全忠急忙制止，說：「太師舅之恩怎能忘記？若郎君如此，叫我日後如何見舅父於九泉之下！」所謂「太師舅」，如前所述，是因為朱溫的母親姓王，朱全忠透過王重榮降唐，便以舅父稱之，王重榮曾被封太師官銜。朱全忠的老奸巨猾，再一次得到了充分的展現。王珂乃以常禮出城迎接朱全忠，二人握手唏噓，然後並駕進城。朱全忠表薦張存敬為護國軍即河中節度留後，盡占河中

四、圍繞河中鎮的爭奪

府及絳、晉諸州。

朱全忠將王珂舉族遷於大梁（開封），其後又讓其赴長安，遣人在華州將其殺害。河中從天覆元年（西元901年）正月二十六日、二十八日絳州、晉州相繼投降，至二月初九王珂投降，不到半月，全部落入朱全忠之手。

如前所述，李克用曾經成功地救援過河中兩次，以他當時的軍事實力，完全有可能將河中兼併，置於自己的直接統治之下，尤其是乾寧二年（西元895年）的那一次。然而李克用沒有那樣做，他「入蒲坂而不負前言」，即答應王重榮不吞併河中之事，只是在光化元年（西元898年）王珂到太原迎親時，派李嗣昭暫時掌典河中留後事，以防他鎮趁機襲擊，王珂歸鎮後，李嗣昭也就馬上撤回河東。王珂本非將才，不僅朱全忠罵他是「駑材」，他本人也「自知不武」，只是在李克用的「卵翼」之下坐到了河中節度使的帥位上。李克用沒有將河中納入自己的直接統治範圍，從而不能對河中的防務做出全面周密的部署，最後只能眼睜睜地看著朱全忠將河中吃掉。所以，河中的降汴，固然是由於王珂的無能，不能抵禦朱全忠的軍事進攻，而李克用策略上的錯誤，無疑也是另一方面的重要原因。河中是河東以及河南進入關中的通道，因此它的得失無論是對於李克用還是朱全忠影響都是重大的。河中降汴後，李克用「自是不復能援京師，霸業由是中否」。他馬上派遣使臣帶著重禮修好朱全忠。但朱全忠的最終目的是要取代李唐王朝，河東力量的存在，畢竟是他

第六章　李克用的盛衰轉折：晉汴爭霸的歷史抉擇

代唐稱帝的一塊絆腳石，史稱：「時朱全忠既服河朔三鎮，欲窺圖王室篡代之謀，以李克用在太原，懼其角逐。」故雖遣使回報，卻藉口李克用在信中口氣傲慢，決欲攻之。於是，李克用只有在晉陽城下迎擊朱全忠的全面進攻了。

五、太原的兩次被圍和李克用霸業中否

朱全忠拒絕李克用求和後，於天覆元年（西元901年）三月，發本部以及最近征服的各鎮鎮兵，從東、南兩個方向向河東發起大規模的進攻。其中氏叔琮率領本部大軍入自天井關（又名太行關，在今中國山西晉城南太行山頂），進軍昂車關（又名仰車關、芒車關，在今中國山西武鄉上關村）；魏博都將張文恭入自磁州新口（在今中國河北武安西）；葛從周以兗鄆兵會合成德兵入自土門關（又名井陘關，在今中國河北井陘北）；洺州刺史張歸厚入自馬嶺（在今中國山西太谷東南）；義武節度使王處直入自飛狐關（在今中國河北蔚縣東南恆山峽谷口之北口）；權知晉州刺史侯言以慈、隰、晉、絳兵入自陰地關（在今中國山西靈石西南五十里南關鎮）。

河東軍在汴軍的強大攻勢下叛降相繼，沁、澤、潞、汾、遼等州及承天軍連連失守，部將蔡訓、蓋璋、孟遷、李審建、王周、張鄂等紛紛投降，澤州刺史李存璋棄城逃走。四月，汴軍兵臨晉陽城下，氏叔琮等多次率兵叫陣挑戰，城中大恐，李

五、太原的兩次被圍和李克用霸業中否

克用親自登城號令,廢寢忘食。又連續十多天大雨,城牆多處坍塌毀壞。儘管李嗣昭、李嗣源等數次從城內挖暗道乘夜出擊汴軍,屢有殺獲,但形勢依然非常嚴峻,晉陽城幾被攻破。幸好汴軍因戰線拉得過長,糧草不繼,且連續大雨也讓汴軍造成困難,兵士多患足腫腹瀉等病,朱全忠乃下令班師。晉軍將領周德威、李嗣昭等趁汴軍撤退之機,從背後予以打擊,收復汾州等地。朱全忠第一次進攻太原結束。

同年年底,朱全忠進軍關中,與李茂貞爭奪昭宗皇帝,李克用派李嗣昭、周德威等率兵攻克慈、隰二州,並向晉州、絳州進逼,以分汴軍兵勢。朱全忠聞有河東兵出現,馬上還軍河中。李克用勢力的存在,終究是朱全忠的一塊絆腳石,於是到天覆二年(西元902年)三月,朱全忠再次發大軍進攻河東,企圖徹底消滅李克用勢力。

對於河東來說,這一次的形勢比上一次更為嚴峻。三月十二日,汴將氏叔琮和朱友寧率領十萬大軍在隰州蒲縣(今中國山西臨汾蒲縣)與李嗣昭、周德威展開決戰。時汴軍橫陣十里,而河東軍不過數萬,結果是河東軍大敗,李克用之子廷鸞也被汴軍所獲。接著,汴軍乘勝長驅,敗李存信率領的河東親兵,連下慈、隰、汾三州。十五日,汴軍再圍晉陽。《舊五代史・李嗣昭傳》對當時的嚴峻形勢有如下一段描述:

> 汴軍營於晉祠,(李)嗣昭、(周)德威收合餘眾,登城拒守。汴人治攻具於西北隅,四面營柵相望。時鎮州、河中皆為

第六章　李克用的盛衰轉折：晉汴爭霸的歷史抉擇

梁有，孤城無援，師旅敗亡。武皇晝夜登城，憂不遑食，召諸將議出保雲州。

面對如此嚴峻的形勢，李克用養子李存信建議放棄太原城，他說：「關東、河北皆受制於朱溫，我們的兵力寡少，太原城又狹小，守此孤城，汴軍如果環城修築堡壘，開挖壕溝，長期圍困我們，我們連飛走都無路，只能坐以待斃。現在情勢急迫，不如暫且北入達靼，然後徐圖進取。」李嗣昭、李嗣源和周德威等大將以及劉夫人都反對放棄太原，劉氏罵李存信道：「存信不過是代北的一個牧羊人，怎麼能與之謀劃成敗呢！」又力勸李克用說：「您曾笑話王行瑜輕率放棄邠州出走，最終為人所擒獲，現在自己難道要重蹈覆轍嗎？往日您流亡在達靼，幾乎不能自免，賴天下多事，才得以南歸。現在軍隊屢敗，且士卒散亡無幾，一旦離開太原，誰肯跟隨您去？北邊可以到達嗎？」史稱李克用聽劉氏一番話後，「大悟而止」。當然，李克用沒有出保雲州、北入達靼，是眾人勸說的結果，不過劉氏在其中所發揮的作用，的確也不容低估。

數日之後，河東的散亡兵士又集結一起，李嗣昭、李嗣源率敢死之士數次夜襲氏叔琮軍營，斬首捕虜，汴軍驚慌紛擾，備禦不暇。剛好此時又爆發嚴重瘟疫，汴軍士卒多有染病、死亡者，氏叔琮遂燒營而去。李嗣昭、周德威率兵追擊，追至石會關（在今中國山西榆社西北），氏叔琮在山坡高處留下幾匹馬及旌旗迷惑晉軍，李嗣昭等果然中計，以為有伏兵，領兵退

走,攻取慈、隰、汾三州。汴軍此次圍城共七天,晉陽城雖然得以保全,然而此戰對於李克用的打擊是巨大的,史稱自此李克用數年不敢與朱全忠爭鋒。

黃巢起義以後,全國再次出現了統一的趨勢。朱全忠從大順元年(西元890年)起就兼任宣義(即義成)節度使,乾寧四年(西元897年)滅兗鄆後,又求兼鎮天平(即兗鄆),朝廷不得已,以朱全忠為宣武、宣義、天平三鎮節度使。至天覆元年(西元901年)滅河中後,又兼任河中節度使。朱全忠正是在不斷擴大勢力範圍,逐漸實現區域性統一的過程中最終奪取了李唐王朝的天下。李克用失利的原因是多方面的,然而他在「天子命我為群後」(即為「盟主」)之後,便不再「好兼併為永謀」,繼續擴大勢力範圍,而是「收燕薊則還其故將,入蒲坂而不負前言」。他的想法和觀念,還停留在春秋時期尊天子以令諸侯,或晚唐以來藩鎮外奉事朝廷而內行使割據統治的層面,最後只好在與朱全忠的較量中走向失利。

但是,李克用雖然在與朱全忠的鬥爭中失利,未能阻止朱全忠滅唐稱帝,卻也阻止了他對北方的統一,並為其子李存勗滅掉後梁政權奠定基礎。朱全忠在滅唐建梁的過程中,自覺或不自覺地改革唐末以來適應藩鎮割據的一套政治體制,也清算唐後期以來日益腐朽的宦官集團、朝官集團、魏博牙兵集團。李存勗滅梁建唐後,統一事業向前進展,但也恢復一點已經被朱全忠所剷除的腐朽勢力,對歷史帶來了一些負面影響。

第六章　李克用的盛衰轉折：晉汴爭霸的歷史抉擇

第七章
「忠誠」唐室：
李克用與朝廷的微妙關係

第七章 「忠誠」唐室：李克用與朝廷的微妙關係

一、李克用的「勤王之績」

說到李克用，當然不能不說到其對唐朝廷的「忠誠」，《舊五代史·唐武皇紀》在評價李克用的生平時說：「武皇（即李克用）肇跡陰山，赴難唐室，逐豺狼於魏闕，殄氛祲於秦川，賜姓受封，奄有汾、晉，可謂有功矣。」並且將其與齊桓公、晉文公之輔佐周室相比，甚至與周文王、魏武帝相提並論。

所謂「逐豺狼於魏闕，殄氛祲於秦川」，是指李克用率軍南下鎮壓黃巢起義。「魏闕」指古代宮門外的闕門，也作為朝廷的代稱；「氛祲」是指預告災禍的凶氣；「殄」，消滅；「秦川」，泛指秦嶺以北的關中平原地帶。

而據李克用本人敘述，他的「勤王之績」則主要包括「破龐勳、弱黃巢、黜襄王、存易定」幾項。李克用的這番話，是在大順元年（西元890年）唐朝廷討伐河東時講的，而在這之後，李克用又擊敗擁兵入朝的李茂貞、韓建、王行瑜三帥，這也應該是其「勤王之績」的重要表現。其中「破龐勳」主要是其父朱邪赤心（李國昌）的功績，「弱黃巢」也已如上述，下面再看看李克用的另外幾項「勤王之績」。

（一）黜襄王

如上所述，光啟元年（西元885年）大宦官神策軍使田令孜欲移河中節度使王重榮於兗州，遭到王重榮與李克用的聯兵反

抗。李克用舉兵入關中，田令孜挾持僖宗逃到鳳翔，後來又到了寶雞。邠寧節度使朱玫和鳳翔節度使李昌符本來是與田令孜結為一夥的，現在卻恥為其所用，倒戈與李克用聯合，追擊田令孜。田令孜又挾持僖宗越過大散關，逃往興元（即梁州，今中國陝西漢中）。當時肅宗玄孫嗣襄王李熅因病沒來得及跟上僖宗，留在了遵途驛（又名石鼻驛，在今中國陝西寶雞東千河東岸），為朱玫所得，朱玫挾持其一起回到鳳翔。

朱玫因僖宗為田令孜所左右，又出逃在外，而自己的「勤王」之心卻不被褒獎，於是便萌生廢立之心，要另立朝廷，「挾天子以令諸侯」。他招來當時尚留在鳳翔的宰相蕭遘商議廢立之事，說：「主上顛沛流離六年，中原將士冒矢石，百姓供饋餉，戰死餓死，什減七八，僅得復京城。天下方喜車駕還宮，主上更以勤王之功為敕使（指宦官田令孜）之榮，委以大權，使墮綱紀，騷擾藩鎮，召亂生禍。玫昨奉尊命來迎大駕（蕭遘曾召朱玫前來勤王），不蒙信察，反類脅君。吾輩報國之心極矣，戰賊之力殫矣，安能垂頭弭耳（即俯首貼耳），受制於閹寺之手哉！李氏孫尚多，相公盍（即何不）改圖以利社稷乎？」

朱玫指出當時宦官干政亂政，的確是事實，但廢立皇帝是攸關生死的大事，蕭遘萬萬不敢答應。他回答說：皇上即位十幾年，沒有什麼大的過錯，一切罪過都在田令孜。廢立重事，商朝伊尹、漢朝霍光都曾感到為難，我不敢遵命。

朱玫碰了個軟釘子，便不再徵求他人的意見，宣布道：

第七章 「忠誠」唐室：李克用與朝廷的微妙關係

「我立李氏一王，敢異議者斬！」百官再無人敢坑聲。光啟二年（西元886年）四月，朱玫先是逼迫鳳翔百官擁立李熅權監（暫時代理）軍國事，他自己兼任左、右神策十軍使，控制兵權。接著，率百官及李熅遷京師。十月，李熅即皇位，遙尊僖宗為太上皇。毫無疑問，這個小朝廷控制在朱玫的手中。

朱玫為了取悅於百官及藩鎮，大行封拜，藩鎮受其命者十分有六。他又以李熅的名義遣使至河東，拉攏李克用入夥。李克用焚毀偽詔，傳檄各藩鎮，聲稱自己已發蕃、漢兵三萬「進討凶逆」。接著又遣使奉表到山南（即梁州，為山南西道節度使的治所），說自己將發兵渡黃河「除逆黨，迎車駕」。從史籍記載的情況看，李克用此次只是虛張聲勢，並沒有真正出兵，朱玫最後被其大將王行瑜所殺，襄王李熅則被王重榮所殺，但李克用的態度，對穩定僖宗的帝位也發揮不小的作用，史稱「先是，山南之人皆言克用與朱玫合，人情洶懼」，及李克用表至，人心「由是帖然」。於是李克用便將此次事件作為自己「勤王之績」的一個重要方面。

（二）存易定

如前所述，易定（義武）節度使王處存亦是建議唐朝廷召沙陀鎮壓黃巢起義者之一，後來又為其姪王郜娶李克用之女，雙方關係至為密切。易定鎮也一直與唐朝廷保持著較好的關係。廣明元年（西元880年）黃巢軍進軍長安，唐僖宗出逃後，王處

存「號哭累日」，不待詔命，即率本軍前往勤王，後與李克用一起收復長安，受到唐朝廷的褒獎。

光啟元年（西元885年），盧龍節度使李可舉和成德節度使王鎔以王處存與李克用「親善」，河北藩鎮中又「唯義武尚屬朝廷」，便共約合兵滅之以分其地。王處存一面積極準備迎敵，在易州城被盧龍將劉仁恭挖道地攻破的情況下，派士卒三千人披著羊皮假扮羊群，然後趁盧龍軍出城搶「羊」之際，率軍士猛擊，大敗盧龍兵，易州城失而復得，這也是中國歷史上一次著名而有趣的戰役；一面又向李克用求援，李克用親率大軍赴援，先後在無極（今中國河北無極）、新城（今中國河北高碑店東南）、九門（今中國河北藁城西北九門）大破成德兵，從而穩住了王氏在易定的統治。易定鎮是唐末少有的幾個向唐朝廷表示效忠的藩鎮之一，所以李克用將「存易定」也作為自己盡忠唐室的又一項重要內容。

由河東通往易定的主要通道，是著名的飛狐道。唐代飛狐道有兩路，一路是自飛狐縣（今中國河北淶源）北入媯州懷戎縣（今中國河北懷來東南懷來鎮），另一路是由飛狐縣西南循唐河穀道西出蔚州州治靈丘縣（今中國山西靈丘），此道又稱「靈丘道」，李克用此次出兵救易定，走的就是這條道。李克用在出師和回師途中，曾兩次題字留念，其出師時題字曰：

河東節度使、檢校太保、同中書門下平章事、隴西郡王李克用，以幽鎮侵擾中山，領蕃漢步騎五十萬眾，親來救援。與

第七章 「忠誠」唐室：李克用與朝廷的微妙關係

易定司空同申祈禱，翌日過常山問罪。時中和五年二月廿一日克用記。易定節度使、檢校司空王處存首題。

而在回師時題字曰：

至三月十七日，以幽州請就和斷，遂卻班師，再謁睟容，兼申賽謝，便取飛狐路卻歸河東，廿一日克用重記。

該石刻現存河北曲陽縣北嶽廟中。碑文末有一段小字，云：「天會十二年七月六日，尚書都官員外郎、知曲陽縣事高君陳模刊。」顧炎武云：「則知此字當時所刻，或毀於靖康之兵火，而金天會十二年重刻之金石也。」以上錄文俱見顧炎武《求古錄》。而清人朱彝尊在〈唐北嶽廟李克用題名碑跋〉中評論道：「克用本武人，未嘗以知書名，而碑文楷畫端勁，詞亦簡質可誦，英雄之不可量如是夫！」李克用本人流傳至今中國的文字絕少，故將這兩段題字附記於此，至於題文中「領蕃漢步騎五十萬眾」，則是太過誇張了。

（三）敗三帥

光啟二年（西元 886 年）十二月，王行瑜在殺朱玫後，被唐朝廷任命為邠寧節度使；次年八月，李茂貞出任鳳翔節度使。前面提到，乾寧二年（西元 895 年）河中節度使王重盈死後，其子王珙、王瑤與王重榮養子王珂展開激烈的帥位之爭。王珙和王瑤重賂王行瑜、李茂貞以及鎮國軍節度使韓建為援。於是三帥聯名上表，請求讓王珙繼承父職。其實三帥支持王珙，也是

各有私心。昭宗以已答應李克用以王珂為河中帥為由,拒絕三帥的請求,三帥便擁兵入朝,殺宰相韋昭度、李谿,「同謀廢昭宗,立吉王」,形勢甚為嚴峻。

　　李克用聽說三鎮兵犯闕,即大舉蕃、漢兵南下,討其「稱兵詣闕之罪」。三帥聞太原起軍,乃停廢立之謀,還歸本鎮。王行瑜和李茂貞又欲挾天子以令諸侯,各留兵兩千宿衛京師,令其兄弟或養子爭奪昭宗。昭宗懼為所迫,先後出逃南山(即終南山)、石門鎮等地。李克用遣兵圍華州,韓建登城求饒;後聽說李茂貞和王行瑜「皆欲迎車駕」,便移兵紮營渭橋,進擊李茂貞,並派大將史儼率騎兵三千前往石門鎮侍衛昭宗。李茂貞懼,斬假子李繼鵬做替罪羊,上表請罪,並遣使向李克用求和。李克用暫時答應李茂貞的求和,集中兵力攻打王行瑜。王行瑜退保邠州(今中國陝西彬縣),李克用率兵圍之。王行瑜挈族棄城出逃,至慶州境,為部下所殺。昭宗得以還京,繼續「冠通天之冠,佩白玉之璽」。李克用也因功被昭宗授以「忠貞平難功臣」稱號,晉封「晉王」。

　　李克用在這次「勤王」中還有另外一個收穫,即得到了一位南方美女——陳氏。陳氏為襄州(今中國湖北襄陽)人,本為唐昭宗的宮嬪。昭宗為獎賞李克用討王行瑜功,便將陳氏並內妓四人賜予他。史稱陳氏素知書,有才貌,深受李克用的寵重,封為魏國夫人。李克用病危之際,陳氏在身邊侍疾,落淚道:「妾為王執掃除之役,十有四年矣,王萬一不幸,妾將何

第七章 「忠誠」唐室：李克用與朝廷的微妙關係

託！既不能以身為殉，願落髮為尼，為王讀一藏佛經，以報平昔。」李克用卒，陳氏果然削髮為尼，唐莊宗李存勖為其賜號建法大師。明宗李嗣源即位後，改賜圓惠大師。後晉天福中卒於太原，追諡光國大師，塔名惠寂。這是後話。

天祐元年（西元904年）四月，朱全忠迫遷唐昭宗於洛陽。詔至太原，李克用含淚對部下說：「乘輿不復西矣！」皇帝再也回不到長安了。同年八月，朱全忠殺昭宗，李克用「南向慟哭，三軍縞素」，全軍戴孝致哀。天祐四年（西元907年）四月，朱全忠滅唐稱帝，據說李克用曾「卑辭」召契丹首領阿保機至雲州，「約為兄弟」，約定在「冬初大舉渡河反正」，後因患病及契丹背盟而未果。這應該也是李克用忠於唐朝廷的重要表現。

但是，李克用的「勤王之績」，往往又是與「震主之威」相關。他雖然在鎮壓黃巢起義中為唐王朝立了首功，但在其最初南下時卻也強占忻、代二州，又數度侵掠並、汾二州，爭奪樓煩監，唐朝廷甚至不得不對其發出嚴重警告；所謂「黜襄王」，事件的起因一半也是由李克用引起的，正是由於李克用率大軍南下救援河中王重榮，敗邠寧、鳳翔兵，進逼京城，從而引發田令孜挾持僖宗出逃、朱玫擁襄王李熅為帝等一系列事變。大順元年（西元890年）宰相張濬力主討伐河東的一個理由，就是「先帝再幸山南，沙陀所為也」；乾寧二年（西元895年）王行瑜等三帥同謀廢立、逼迫昭宗之事，亦與李克用有著直接的關係。王行瑜等三帥為王珙請河中帥位，昭宗卻答應李克用以王

一、李克用的「勤王之績」

珂為河中帥,三帥「不能得,恥之」,遂擁兵入朝,同謀廢立。而李克用在敗三帥的過程中,也不無表現出「震主之威」之處。

唐王朝在經過唐末農民起義的打擊後,名存實亡,部分軍閥,如朱玫、王行瑜、李茂貞和韓建等,都曾有過廢黜唐天子或挾天子以令諸侯的圖謀甚至行動,朱全忠更是覬覦李唐王朝的天下,並最終取而代之。以李克用當時的聲勢和實力,尤其是在他兩次入關之時,或占領長安另立朝廷,如朱玫所為;或挾天子以令諸侯,如韓建所為,都不是沒有可能。然而他並沒有那樣做。光啟元年事件中,李克用在進逼京城後,為避免事態擴大,主動撤軍,與王重榮一起上表請僖宗還京師;乾寧二年事件中,李克用在擊敗李茂貞,逼死王行瑜,實際上已經完全可以控制唐朝廷的情況下,卻「密邇闕庭」而不入京師,主動引兵東歸。

李克用之所以不為朱玫、韓建所為,主要原因是他不曾打算推翻李唐王朝的統治,正如他本人所言:「昔天子幸石門,吾發兵誅賊臣,當是之時,威振天下,吾若挾天子據關中,自作九錫禪文,誰能禁我!顧吾家世忠孝,立功帝室,誓死不為耳。」

那麼,李克用為何對唐朝廷表現出如此「忠心」呢?

第七章 「忠誠」唐室：李克用與朝廷的微妙關係

二、李克用「忠唐」背景分析

君君，臣臣，父父，子子，是儒家倫理的核心內容。李克用是生於代北地區的沙陀貴族，從他「始言，喜軍中語，齠齔善騎射」的情況看，他青少年時代受儒家思想的薰陶並不濃。因此，李克用的忠君思想，主要並不來自儒家思想。

沙陀人從內遷到李克用時雖已經過去了半個多世紀，但以血緣為紐帶的部落社會結構依然存在。李克用的父親朱邪赤心因鎮壓龐勳功而被賜予「李國昌」之名，「預鄭王屬籍」，這在李國昌、李克用父子看來，他們被吸收為李唐宗室的成員，與他們收養義子的性質相同。所以，當大順元年（西元 890 年）唐朝廷討伐河東時，李克用就上表理直氣壯地說：「臣之屬籍，懿皇所賜；臣之師律，先帝所命。」李存勗也一直以李唐王朝的正統繼承者自居，他稱帝後，在建立宗廟制度時，就以唐高祖、太宗、懿宗、昭宗及後唐懿祖、獻祖、太祖為七廟，這些都說明了李克用父子對唐賜國姓的高度重視。在義兒制下，養子與親子享有同等的權利，但也需盡同樣的義務，李克用既然以李唐宗室自居，當然也就有維護李唐王朝統治的義務。所以，從某種意義上來說，李克用的盡忠唐室，是在盡一個「義子」的義務。

此外，李克用雖然在青少年時代受到儒家思想的薰陶並不多，但在其後來的政治生涯中，也受到了一點奉行儒家思想的

二、李克用「忠唐」背景分析

漢族官員的影響。

對李克用觀念影響最大的一個人當屬蓋寓。蓋寓是李克用雲中起兵時的元勛之一。史稱他「性通黠（即聰慧機敏），多智數（即有謀術），善揣人主情」。「武皇與之決事，言無不從」，是李克用最為信任的部下。蓋寓讀過多少書，我們不得而知，不過從他的一些行事上看，他並不完全是一個純粹的武夫，而是具有一定的儒家思想觀念。

光啟二年（西元886年）李克用接到襄王及朱玫送來的詔書後，蓋寓就勸李克用誅朱玫，黜李熅，說昭宗流離遷徙，天下都歸罪為我們進逼京師所致，現在如果不殺朱玫，黜襄王，就無法洗清自己；乾寧二年（西元895年）李克用敗王行瑜等三帥後，屯軍渭北。昭宗擔心再引起禍端，就下詔免其入覲之禮，諸將都說：「天子近在咫尺，哪能不去行覲見之禮？諸將希望去行覲見之禮，無非是想得到皇帝的賞賜而已。」李克用猶豫不決，蓋寓覺得軍隊入京會對京城帶來騷擾，便勸說道：「君臣相始終，不必朝覲，但歸藩守，姑務勤王，是忠臣之道也。」李克用笑著說：「蓋寓尚阻吾入覲，況天下人哉！」即日班師。

「黜襄王」和「密邇闕庭」而不入京師，是李克用對唐朝廷忠誠的兩次重要表現，而這兩次事件均與蓋寓有關。甚至蓋寓在去世前，仍遺言勸李克用要省營繕，薄賦斂，求賢俊。

對李克用觀念影響較大的第二個人是李襲吉。李襲吉是道地的儒士，其在河東幕府「垂十五年」，李克用的書信文件大都

第七章 「忠誠」唐室：李克用與朝廷的微妙關係

出自其手。唐「自廣明大亂之後，諸侯割據方面，競延名士，以掌書檄」。這些「掌書檄」的幕僚們雖然都是秉承主帥的意志辦事，但他們的想法無疑也會對主帥產生一定的影響，因為他們不僅要為主帥起草書信文件，還要為其提供建議。天覆二年（西元902年），李克用再次遭到朱全忠的進攻之後，向幕僚諮詢「聚眾」、「克敵」、「捍禦」的方略，李襲吉即向他提出「崇德愛人，去奢省役，設險固境，訓兵務農」的建議。提出「至於率閭閻（即按照里巷戶數徵稅），定間架（即規定房產稅），增曲糵（即增加酒稅），檢田疇（即檢查田地），開國建邦，恐未為切」。李克用至死不稱帝，恐怕與這些忠告建議不無關係。

對李克用觀念影響較大的第三個人，是宦官張承業。張承業本姓康，或為昭武九姓胡人。但即使如此，因在宮中服侍多年，也是漢化非常深。

李克用討伐王行瑜等三帥時，張承業曾受命往返朝廷與李克用之間，與李克用建立了良好的關係。後來昭宗準備去河東避難，先派張承業去準備，任命他為河東監軍。昭宗最後未能成行，張承業卻被李克用留在河東，從此一心輔佐李克用，主持內務，為晉王「捃拾（拾取、收集）財賦，召補兵馬」。天覆三年（西元903年）崔胤誅殺宦官，李克用將張承業藏匿於斛律寺。昭宗死後，復用為河東監軍。李克用在臨終之際，將子存勗託付於張承業，說：「吾兒孤弱，群臣縱橫，後事公善籌之。」其信任程度可見一斑。

二、李克用「忠唐」背景分析

張承業在李克用時期的事蹟在史籍中留下的記載不多,據說在汴、晉潞州爭奪戰中,李克用曾派張承業到鳳翔去求援兵。當時正是早春凌汛季節,黃河中的浮冰很多,舟船無法渡過。張承業便向河神禱告,夜裡夢見有一個神人對他說:「明天你直接渡河就對了。」到天亮時,看守渡口的士兵說浮冰已經凍在一起,可以渡河了,張承業便從冰上步行穿過。等他剛到對岸,浮冰便又融化分開。其實,這也不是什麼神人相助,張承業夢見神人或許是真,但在黃河凌汛期間,冰塊時結時分也是有可能的,何況又隔了一夜,白天融化的冰塊完全有可能在夜間重新凍結在一起。

張承業對唐王朝忠心耿耿。龍德元年(西元 921 年)李存勗準備即帝位時,張承業有一段諫諍的話,表達了他的想法。《資治通鑑》卷二七一龍德元年正月記事載:

> 張承業在晉陽聞之(指李存勗準備即帝位一事),詣魏州諫曰:「吾王世世忠於唐室,救其患難,所以老奴三十餘年為王掊拾財賦,召補兵馬,誓滅逆賊,復本朝(唐王朝)宗社耳。今河北甫(剛剛)定,朱氏尚存,而王遽即大位,殊非從來征伐之意,天下其誰不解體乎!
>
> 王何不先滅朱氏,復列聖之深讎(『讎』即『仇』),然後求唐後而立之,南取吳,西取蜀,汛掃(即掃蕩)宇內,合為一家,當是之時,雖使高祖、太宗復生,誰敢居王上者?讓之愈久則得之愈堅矣。老奴之志無他,但以受先王大恩,欲為王立

第七章 「忠誠」唐室：李克用與朝廷的微妙關係

萬年之基耳。」……知不可止，慟哭曰：「諸侯血戰，本為唐家，今王自取之，誤老奴矣！」即歸晉王（陽）邑，成疾，不復起。

可見，張承業所主張的，就是要「世世忠於唐室」，「諸侯血戰，本為唐家」，至死不失為唐奴。以張承業與李克用的密切關係，他的想法不可能不影響到李克用。

但是，李克用「盡忠」唐室的最終目的，還是為了維護自身的根本利益。黃巢起義失敗以後，唐王朝雖然在農民軍的打擊下四分五裂，朝廷「號令不出國門」，「王業於是蕩然」，但各地割據者大多數還是要在表面上臣服於唐朝廷，打出尊王的旗號，利用唐室的餘威，來擴大各自的政治聲望與影響，就連朱全忠也不例外。而對於李克用來說，不僅需要「借」唐的「土地」，「假」唐的「位號」，而且還需要「借」唐的「屬籍」，從而得到中原漢族士大夫們的認可，於是便表現出較其他藩鎮對唐朝廷更為「忠心」的一面。他的雖「茂勤王之績」，又不無「震主之威」，正是反映其與唐王朝之間既相互依賴，又相互矛盾的關係。

三、唐朝廷再討李克用

但是，儘管李克用表現出較其他藩鎮更多對唐朝廷的忠心，仍未能完全消除朝廷對他的戒心。唐王朝雖然是一個開放的王朝，唐太宗李世民奠定了唐代較為開明平等的民族政策，但在

三、唐朝廷再討李克用

一些人的心中，仍然存在著較深的「華夷之辨」，所謂「非我族類，其心必異」。如上所述，元和四年（西元 809 年）沙陀人從靈州遷往代北的一個重要原因，就是因為「沙陀在靈武，迫近吐蕃，慮其反覆」。之後，隨著李克用勢力的壯大，唐對沙陀的猜忌防範心理也進一步加深，於是在唐昭宗大順元年（西元 890 年），朝廷再次討伐李克用。

這年四月，李克用進攻雲州失利，盧龍節度使李匡威、吐谷渾首領赫連鐸以及朱全忠等上表奏請趁沙陀敗亡之際，與河北三鎮等一起平定太原。宰相張濬、孔緯贊同其事，說先帝（僖宗）再幸興元，實乃沙陀之罪。此前主要顧慮河北藩鎮與之結盟，未能動手。現在河南、河北諸藩皆願誅討李克用，這是千載難逢的機會，應乘其離貳而除之。正是在這種心理的指導下，唐朝廷展開一場注定要失敗的戰爭：

五月，唐朝廷下詔削去李克用的官爵、屬籍，以張濬為總統帥，京兆尹孫揆為副帥，率領神策諸軍及邠寧等西北藩鎮兵合五萬，浩浩蕩蕩從長安出發，進討李克用。正好在此時昭義鎮發生兵變，牙將安居受、馮霸等殺節度使李克恭附朱全忠，朱全忠即遣部將朱崇節入駐潞州（今中國山西長治）。張濬等人認為這是天之所助，立即任命孫揆為昭義節度使，派宦官韓歸范前去傳達任命的旌節。李克用則派遣康君立、李存孝率兵圍潞州城。

六月，張濬會集宣武、鎮國、靜難、鳳翔、保大、定難諸

第七章 「忠誠」唐室：李克用與朝廷的微妙關係

鎮軍於晉州（今中國山西臨汾）。

七月，朱全忠遣驍將葛從周率千騎自壺關深夜抵達潞州城下，破河東兵圍進入潞州城。又遣別將李讜、李重胤、鄧季筠率兵攻李罕之於澤州（今中國山西晉城），遣張全義、朱友裕屯兵於澤州之北，作為葛從周的應援部隊。戰爭似乎進行得非常順利。

八月，孫揆從晉州出發，率領兩千兵士前往潞州上任，李克用派大將李存孝以三百騎埋伏於長子西山谷以待之。當孫揆大搖大擺經過這裡時，李存孝突然從林中殺出，擒獲了孫揆和宦官韓歸范以及牙兵五百餘人，餘者全部被殺死。

九月，李存孝圍潞州，生擒朱全忠驍將鄧季筠。接著又在馬牢山（在今中國山西晉城南）大破汴將李讜、李重胤等，斬獲數以萬計。然後引兵還攻潞州，汴將葛從周、朱崇節棄潞州城而遁，潞州失而復得。李克用又遣李存孝率兵五千營於趙城（今中國山西洪洞趙城鎮），大破鎮國軍節度使韓建，靜難、鳳翔之兵不戰而退，禁軍亦自潰。河東兵乘勝追擊，直抵晉州城西門。張濬率兵出戰，又敗。靜難、鳳翔、保大、定難之軍先渡黃河西歸，張濬所剩禁軍及朱全忠的宣武軍合計萬人，與韓建閉城拒守，自是不敢復出。

十一月，李存孝率兵進至晉州，圍晉州城三日，後考慮到張濬的宰相身分，俘之無益；天子禁兵也不宜加害，乃後退五十里安營紮寨，張濬、韓建得以自含口（在今中國山西絳縣西

南）遁去。

　　這場戰爭本來是由朱全忠、李匡威和赫連鐸挑起的,唐朝廷所依賴的,也主要是朱全忠的宣武軍以及河朔藩鎮的兵力。然而盧龍李匡威和吐谷渾赫連鐸在整個戰爭過程中未見多少表現;朱全忠當時正與徐州時溥和兗鄆朱宣、朱瑾兄弟爭戰,雖然也與李克用爭奪澤、潞二州,但並未全力以赴;而成德鎮和魏博鎮則倚仗太原為扞蔽,如破太原,恐危及於己,王鎔和羅弘信不僅不出師,而且也不准朱全忠借道本境。剩下邠、岐、華、鄜、夏等鎮烏合之眾會集晉州,兵未交鋒而副帥孫揆被俘,河西、岐下之師望風潰散,討伐戰爭至是失敗。

　　值得注意的是,唐昭宗本人本來就對這次討伐李克用的行動存有疑慮,認為沙陀有功於國,不宜征討。在朝廷議論討伐之事時,唯朱全忠的同黨言其可伐,其言「不可者十之七」。尤其是宦官觀軍容使楊復恭極力反對,說先帝流離遷徙,雖然由於藩鎮的驕橫跋扈,但也是朝中大臣舉止不當、措施不力所致。現在朝廷剛剛安定下來,不應該再製造兵端,為國家生事。楊復恭為楊復光的從兄,同為宦官楊欽義的孫輩,楊復光力主召李克用鎮壓黃巢,與李克用建立了親密的關係,楊復恭與李克用的關係也很好。大順二年（西元891年）唐昭宗令神策軍討伐楊復恭時,其就與養子楊守亮帶領族人投奔太原,途中為華州兵所殺。楊復恭的另一位假子楊彥博投奔太原後,收葬其屍,李克用也為楊復恭申雪,昭宗下詔復其官爵。雙方關係之非同

第七章 「忠誠」唐室：李克用與朝廷的微妙關係

尋常可見一斑。所以，唐朝廷這次對河東的用兵，一定程度上也反映了朝廷內部朝官集團與宦官集團之間的衝突和鬥爭。

從李克用對張承業的保護與重用，以及朱全忠以唐朝廷的名義誅滅宦官後，河東對宦官的保護，都說明了李克用與宦官集團的關係甚為密切。而李克用與宦官關係的淵源，還要提到楊復光在提議召李克用鎮壓黃巢時所講的一句話：「雁門李僕射（即李克用）以雄武振北陲，其家尊與吾先世同患難。」李克用的「家尊」，當然就是李國昌；而楊復光的「先世」，是指其養父楊玄價。當年在鎮壓龐勛時，李國昌（朱邪赤心）率部參加，隸康承訓部下，楊玄價則是康承訓的監軍，「其家尊與吾先世同患難」，大概就是這回事，可見在此時朱邪李氏便與宦官楊氏家族相識並結交了。

李存孝擒獲孫揆及宦官韓歸范後，李克用並沒有打算殺害他們，而是派人去說服孫揆，欲以其為河東節度副使。然而孫揆雖無領兵打仗的才能，卻頗有一點骨氣，堅決予以拒絕，說：「我乃天子大臣，兵敗而死，此乃本分，豈能伏事你這鎮使呢！」李克用受到羞辱，大怒，命人用鋸子鋸死孫揆。鋸齒不能入其肉，孫揆罵道：「死狗奴！鋸人當用板夾，汝豈知邪！」李克用乃以板夾之，孫揆至死罵不絕聲。

李克用殺了孫揆後，遣送韓歸范歸朝，向昭宗送上了一份「訟冤」表，稱自己父子三代，受恩四朝，破龐勛，弱黃巢，黜襄王，存易定，致陛下今日冠通天之冠，佩白玉之璽。又說

三、唐朝廷再討李克用

朝廷在遇到危險時,讚譽自己為韓(韓信)、彭(彭越)、伊(伊尹)、呂(呂尚);既安之後,則罵自己為戎、羯、胡、夷。當今天下握兵立功之人,難道就不擔心陛下他日之罵嗎!

李克用連訴冤帶恐嚇的奏表引起朝廷的震驚恐慌。昭宗急忙下詔令群臣商討對策,左僕射韋昭度等上了長長的一段奏疏,說李克用是「代漠強宗,陰山貴胤,呼吸而風雲作氣,指麾而草樹成形」,又表彰了朱邪李氏自鎮壓龐勳以來所建功績,請將李克用的「在身官爵,並請卻還,仍依前編入屬籍」,唐昭宗本來對這次討伐河東就心存疑慮,便毫不猶豫地下詔「從之」,並將李克用的封爵由原本的隴西郡公晉升到隴西郡王,加檢校太師兼中書令。

不過,這次戰爭並沒有導致李克用與唐朝廷關係的惡化,因為李克用仍然需要「借」唐的「土地」,「假」唐的「位號」和「借」唐的「屬籍」。唐朝廷則面對王行瑜、李茂貞、韓建,尤其是朱全忠等人的不軌行為,更加感到李克用的難能可貴,唐昭宗甚至一度打算將河東作為自己的託身之處。

乾寧二年(西元895年),李克用敗李茂貞於渭橋後,李茂貞懼怕李克用的討伐,「修貢獻如藩臣」。但當李克用率軍東歸後,便「絕貢獻,與韓建謀以兵入朝」。乾寧三年七月,李茂貞再次進逼長安,昭宗詔令李克用進衛京師,繼而謀劃前往河東去尋求李克用的庇護,並派遣延王李戒丕去打前站。結果昭宗半道被韓建挾騙至華州,未能到達太原,無奈之下,派延王對

第七章 「忠誠」唐室：李克用與朝廷的微妙關係

李克用說：「不用卿計，故建此，無可言者。今我寄於華，百司群官無所託，非卿尚誰與憂？不則不復見宗廟矣！」充分反映了唐朝廷對李克用河東勢力的依賴。後來昭宗被朱全忠挾持後，也一再要求李克用前去勤王，只是李克用此時也是泥菩薩過江，自身難保，也就未能再建「勤王之績」。

四、李克用英年早逝與晉王墓疑團

西元 908 年（後梁開平二年），也就是朱全忠建立後梁的第二年，一代英豪李克用在太原病逝，享年五十三歲。

李克用生病是在上一年冬天的十月，據說當時晉陽城牆無故自壞，占卜者說此為不祥之兆。李克用所得的病是「疽發於首」，也就是頭上生了毒瘡，古人似乎很容易得「疽」一類的疾病，不少人都是因「疽發於首」或「疽發於背」而身亡。到第二年的正月初一，李克用病情加重，《舊五代史・唐武皇紀》云是正月辛卯（初四）、〈李克用墓誌〉云是正月二十日病逝。彌留之際，他遺言喪事從簡，發喪後二十七日解除喪期。這在古代帝王或類似帝王中也是少有的。二月十八日，歸葬於代州雁門縣里仁鄉常山里先塋。李存勖建立後唐，追諡李克用為武皇帝，廟號太祖，陵曰建極陵。李克用雖然生前沒有稱帝，死後卻享受到了帝王的待遇。

李克用去世之後，歸葬於代州雁門縣里仁鄉常山里先塋，

四、李克用英年早逝與晉王墓疑團

史籍對此本來是有明確記載的,如《舊五代史・唐明宗紀》就記載說:「中書奏:據宗正寺申,懿祖(即朱邪執宜)永興陵、獻祖(即李國昌)長寧陵、太祖(即李克用)建極陵並在代州雁門縣。」代州雁門縣,即今中國山西代縣。

然而後來一些地方志的記載,卻使李克用陵墓的位置變得模糊。

如《明一統志・太原府・陵墓》載:「李克用墓,在忻州西一十里。克用,五代唐晉王,士人呼為李王陵。金天眷初,盜發之,守墳僧言之郡守。守夢王告云:『墓中有酒,盜飲之脣皆黑,可用此捕之。』明日,獲盜,僧居其半。」所謂郡守「夢王(即李克用)告」云云,顯然是荒誕無稽之談,不過它卻說明了李克用墓在忻州的傳說。

《大清一統志・大與府・陵墓》則將李克用墓記載在應州,云:「五代唐李克用墓,在應州東安邊鎮南。」當今一些旅遊宣傳詞中亦持此說,並且將元朝詩人李俊民遊李克用墓時所賦的那首詩附於此處。

而雍正《山西通志・陵墓・代州》又將李克用墓列在了代州,其云:「五代唐晉王李克用墓,在州西八里柏林寺側。天祐十八年(西元921年),晉王李存勗命李存霸執劉仁恭至雁門,刺其心血以祭,然後斬之。金天眷初,盜發王墓,守墳僧言於郡守。守夢王曰:『吾墓中有酒,盜飲吾酒者脣齒盡皆黑,可驗此捕之。』明日,獲盜如王夢中言。弟克謙、子嗣昭墓胥在寺

第七章 「忠誠」唐室：李克用與朝廷的微妙關係

東。正統己巳（即明英宗正統十四年，西元 1449 年），盜發嗣昭墓，內鑿石為壙，有日月星斗象。」所謂「守夢王曰」云云，不過是將一個荒誕的故事從忻州搬到了代州，不足為據。其中值得關注的，是這裡提到的柏林寺。

柏林寺建立於後唐同光三年（西元 925 年），元朝至正十三年（西元 1353 年）重修，現已不存在。據傳，李克用墓上原有碑刻十三通，到清初時，僅剩下兩通，清初著名學者朱彝尊曾看過這兩塊碑。其一曰〈唐故左龍武統軍檢校司徒贈太保隴西李公神道之碑〉，碑文云：「公諱國昌，字德興，世為隴西沙陀人，偉姿容，善騎射。」即是為李克用之父李國昌所立之碑；其二曰〈唐故使持節代州諸軍事代州刺史李公神道之碑〉，碑文云：「公即太保之次子也，其名克口。」朱彝尊認為，此「太保之次子」，即李克讓。朱氏為此還作了一首〈滿庭芳・李晉王墓下作〉詞：

獨眼龍飛，鴉兒軍至，百戰真是英雄。沙陀去後，席捲定河東。多少義兒子將，千人敵、一一論功。爭誇道、生朱亞子，信不愧而翁。前驅囊矢日，三垂岡上，置酒臨風。嘆綠衣天下，回首成空。冷落珠襦散盡，殘碑斷、不辨魚蟲。西林外，衰湍斜照，法鼓影堂中。

雍正《山西通志・古蹟・代州》還記載了一幅李克用的畫像：「李晉王像在柏林寺中，（後）唐同光三年莊宗建寺院，內遺像一軸，共七人。王衣緋袍，踞胡床。其右冠王冠而衣黃者，亞子（即李存勗）也。其左冠虎冠而衣青者，存孝（即李存孝）

四、李克用英年早逝與晉王墓疑團

也。其二東向侍,其二西向侍,莫知為誰。王挾矢睨視(斜著眼看)之,蓋王眇一目,號獨眼龍,畫筆為王諱之。明武宗過代,持像去,今摹像留寺中。」

在古代帝王家天下的觀念中,臣民都是自己的,何況是一幅畫呢!所以「明武宗過代,持像去」,並不足為奇。清初著名學者黃叔琳曾遊柏林寺,作〈柏林寺觀李晉王畫像歌〉一首,其中有「沙陀懷古趨僧舍,駐馬柏林還看畫」、「誰與寫照妙入神?李家父子皆天人」、「千載留遺歸淨土,世無別本須珍惜」之句。當然,黃叔琳在柏林寺所看到的,應該是臨摹,而非真跡。

1989年代縣李克用墓的發掘,尤其是〈李克用墓誌〉的出土,證實李克用的墓地的確是在代州。

李克用墓位於今中國代縣縣城以西九公里處的陽明堡鎮七里鋪村。據說墓地原本曾有一座高十公尺、周圍六十公尺的墳丘,1989年發掘時,從墓室中發現了十二生肖像、墓室浮雕侍從像、墳室外圍牆畫像磚、壁畫以及墓誌和誌蓋等文物,而且人骨有三具,這是一個重要的發現,說明李克用下葬時,就應該有人殉現象。這些文物現藏於代縣博物館。據介紹,從墓葬被破壞的情況及隨葬物包括屍體在內的分析,李克用墓在下葬後不久就被盜掘,而且隨著時間的推移而一盜再盜,這也符合了「金天眷初,盜發王墓」的說法。

李克用墓出土的一件重要文物,就是〈李克用墓誌〉。墓誌文共三十九行,每行四十二字。誌文大致上保存完好,為盧汝

第七章 「忠誠」唐室：李克用與朝廷的微妙關係

彌撰寫，如前所述，盧汝弼先後在李克用、李存勗手下任職，天祐十八年（西元921年）卒於太原，撰寫此誌文時的署銜是「門吏、節度副使、朝議郎、前充尚書祠部郎中、知制誥、柱國、賜紫金魚袋」，而且是「奉命撰」。應該說，誌文的可信程度較高。所敘述的李克用及其先世事蹟，可與傳世文獻的記載相印證。誌文提到李克用字「翼聖」，這在其他史籍中是不曾看到的。

據說李克用在彌留之際，曾以三支箭付其子存勗，說：

「一矢討劉仁恭，汝不先下幽州，河南未可圖也；一矢擊契丹，且曰阿保機與吾把臂（握持手臂）而盟，結為兄弟，誓復唐家社稷，今背約附賊，汝必伐之；一矢滅朱溫。」並說：「汝能成吾志，死無憾矣！」此事見於宋人王禹偁所著《五代史闕文》，又見於《新五代史・伶官傳》。李存勗將三支箭藏於供奉李克用牌位的廟庭，牢牢記住了父親的遺訓，並逐一去實現乃父所交予的使命。

第八章
李亞子之路：
李存勗繼承晉王之位

第八章　李亞子之路：李存勗繼承晉王之位

一、平定內難

《資治通鑑》卷二六六在記載後梁開平二年（西元 908 年）五月梁、晉夾寨之戰，朱全忠聞己軍大敗後，恐懼且感嘆道：

生子當如李亞子，（李）克用為不亡矣！至如吾兒，豚犬（即豬狗）耳。

李亞子即李存勗，唐昭宗光啟元年（西元 885 年）十月二十二日出生在太原，母親曹氏，太原人，或為昭武九姓胡人出身。當然，舊史也沒有忘記為其出生添上一筆神祕色彩，說曹氏在懷孕時，「嘗夢神人，黑衣擁扇，夾侍左右」。而到「載誕之辰，紫氣出於窗戶」。舊史還說李存勗是李克用的長子，其實落落和廷鸞應該都比他大，只是他們早死，李存勗也就占了長子的名分。乾寧二年（西元 895 年），李克用進討王行瑜等三帥，李存勗從行，時年十歲，被李克用派去入朝獻捷，受到唐昭宗的誇獎和賞賜。昭宗撫摸著他的背說：「兒有奇表，將來為國之棟梁，勿忘忠孝於我家。」並說：「此子可亞其父。」一說這就是李存勗小字「亞子」的由來。

李存勗秉承沙陀人善於騎射的特點，且膽略過人，心性豁達，深得其父的寵愛。他也不同於一般的武夫，十三歲開始讀《春秋》，略通大義，並以此為榮，經常對著勳臣誇耀自己曾手抄《春秋》。李存勗還通曉音律，能歌善舞，會演戲，至今在《全唐詩》中還保留著其所作的四首詞。而且他還將自己的才藝用到

了戰場之上,陶岳《五代史補》載:

「初,莊宗為公子時,雅好音律,又能自撰曲子詞。其後凡用軍,前後隊伍皆以所撰詞授之,使揚聲而唱,謂之『御製』。至於入陣,不論勝負,馬頭才轉,則眾歌齊作。故凡所鬥戰,人忘其死,斯亦用軍之一奇也。」真是用兵之奇蹟。

後梁開平二年(西元908年)正月,李克用在臨終前,曾遺言以李存勗為繼承人,這也符合嫡長子繼承制的傳統。但當時上黨之圍尚未解除,李存勗年紀尚輕,而且一直生活在晉陽宮中,未經戰事,因此軍中私下多有議論,人心惶惶。李存勗恐不為眾服,便要把王位讓給久經沙場、典握兵柄的叔父李克寧。李克寧說:「你是嫡長子繼位,況且還有先王遺命,誰敢違命!」並帶頭拜賀李存勗繼任晉王位。

但不久,李克寧就變卦,於是叔姪之間展開了一場爭奪晉王王位的殊死鬥爭。關於這場血腥爭奪,《舊五代史‧唐莊宗紀》是這樣記載的:

初,武皇獎勵戎功,多畜庶孽,衣服禮秩如嫡者六七輩,比之嗣王(即李存勗),年齒又長,部下各綰強兵,朝夕聚議,欲謀為亂。及帝紹統,或強項不拜,鬱鬱憤惋,託疾廢事。會李存顥以陰計幹克寧曰:「兄亡弟立,古今舊事,季父拜姪,理所未安。」克寧妻素剛狠,因激怒克寧,陰圖禍亂。存顥欲於克寧之第謀害張承業、李存璋等,以並、汾九州歸附於梁,送貞簡太后(即李存勗母曹氏)為質。克寧意將激發,乃擅殺大將

第八章　李亞子之路：李存勖繼承晉王之位

李存質，請授己雲州節度使，割蔚、朔、應三州為屬郡，帝悉俞允，然知其陰禍有日矣。克寧俟帝過其第，則圖竊發。時倖臣史敬鎔者，亦為克寧所誘，盡得其情，乃來告帝。帝謂張承業曰：「李父所為如此，無猶子之情，骨肉不可自相魚肉，予當避路，則禍亂不作矣！」承業曰：「臣受命先王，言猶在耳。存顥輩欲以太原降賊，王欲何路求生？不即誅除，亡無日矣。」因召吳珙、李存璋、李存敬、朱守殷諭其謀，眾咸憤怒。二月壬戌，命存璋伏甲以誅克寧，送靖其難。

李克用去世，如前所述，《舊五代史‧唐武皇紀》說是正月辛卯（初四），而〈李克用墓誌〉說是正月二十日，到二月壬戌（二十一日）李克寧被誅，則這場爭奪晉王王位的鬥爭持續了一個多月。

舊史多將李克寧後來的變卦歸結於李克用義子李存顥以及其妻孟氏等人的慫恿蠱惑所致。其實李克寧本人最終不能抵擋權力的誘惑，才是問題的根本所在，正如李存顥所說：

「兄亡弟及，古今舊事，季父拜姪，理所未安，富貴功名，當宜自立，天與不取，後悔無及。」李存勖和李克寧的互相推讓，在李存勖來說，李克寧當時畢竟手握實權，且「勳德俱高，眾情推伏」，自己則「年幼稚，未通庶政，雖承遺命，恐未能彈壓」，李存勖不知道這位叔父能否扶持於他，故先行試探一下；而在李克寧來說，乃兄在臨終之時已有遺言，讓他輔佐「亞子」，李克用當時屍骨未寒，餘威尚在，而接受遺言的又有數人，再加

一、平定內難

上梁兵壓境,若此時奪權,恐觸犯眾怒,所以也不敢貿然行動。

其實李克寧在李克用彌留之際時有問一句話:「王萬一不諱,後事何屬?」已經透露出他對晉王之位的渴求和期盼,只是李克用的答覆令他大失所望。所以,李克寧態度的轉變,固然有李存顥及其孟氏等人慫恿蠱惑的因素,但根本的原因,還是他本人未能抵擋住權力的誘惑。至於說李克寧要「以並、汾九州歸附於梁」,包括李存勗數落李克寧時說其「復欲以兒子母投畀豺虎」,恐未必是事實,因為李克寧想做的是獨霸一方的「晉王」,與其做朱全忠的「臣下」,還不如「季父拜姪」,當李存勗的「王叔」為好。此不過是後來李存勗為殺李克寧,欲加重其罪狀而編造的藉口而已。

李存勗在平定內難後不久,便展開了一系列顯示自己卓越軍事才能的戰役,其中第一場就是著名的夾寨之戰。

如上所述,潞州從中和四年(西元884年)以來,一直是晉、汴爭奪的焦點,二十年間數易其手。天祐元年(西元904年)朱全忠殺害唐昭宗,潞州守將丁會「不忍相從」而棄汴投晉,潞州落入李克用之手。朱全忠當然不甘心,決意重新奪回這一策略要地,在西元907年代唐稱帝後,於是年五月遣大將康懷貞率十萬大軍向潞州發起進攻。

當時鎮守潞州的是昭義節度使李嗣昭和副使李嗣弼。康懷貞數次向潞州發起進攻,但潞州城防守嚴密,半個月不能攻克。於是康懷貞在潞州城北築起一道壁壘,並挖成一條彎曲、

第八章　李亞子之路：李存勗繼承晉王之位

狀如蚰蜒的壕溝，將潞州城團團圍住，使之與外界隔絕。朱全忠以康懷貞久而無功，以另一位大將李思安代之。李思安又繞著壁壘再築一道城牆，稱之為「夾寨」或「夾城」，對內防止潞州晉軍突圍，對外抗拒太原來的援兵。

潞州告急，李克用以蕃漢都指揮使周德威為行營都指揮使，率領李嗣本、李存璋、史建瑭、李嗣源等一眾大將前往救援。雙方多次交戰，誰都不能取勝，戰爭陷入了曠日持久的膠著狀態。朱全忠又以李思安久戰無功，損兵折將，以劉知俊代之。而就在關鍵時刻，李克用病故。朱全忠起先是懷疑李克用詐死，親自到澤州準備迎梁軍歸鎮；繼而當證實李克用確死無疑後，又以李存勗年少嗣位，未經戰事，以為潞州必可取，遂留兵繼續圍攻，自己回到開封。

李存勗與諸將謀劃說：「上黨（即潞州），河東之藩蔽，無上黨，是無河東也。且朱溫所憚者獨先王（即李克用）耳，聞吾新立，以為童子未閑軍旅，必有驕怠之心。若簡精兵倍道趣之，出其不意，破之必矣。取威定霸，在此一舉，不可失也！」於是在天祐五年（西元908年）四月二十四日，親率大軍自太原南下，抵達潞州北部的黃碾（今中國山西長治潞城西北）安營紮寨。

五月初一，李存勗率親軍埋伏在潞州城北三十里的三垂岡下。天遂人願，次日早晨，大霧瀰漫，晉軍乘機發起進攻，直搗梁軍所築夾城。梁軍絕沒有料到晉軍來襲，將士尚在睡夢之

中,軍中一片驚慌混亂。李存勗命令李嗣源、周德威、李存審三道齊進,梁軍大敗,招討使符道昭被殺,喪命和逃亡的將士數以萬計,丟棄的糧草堆積如山。朱全忠聞己軍大敗後,於是發出「生子當如李亞子」的感嘆。這就是歷史上有名的「夾寨之戰」。李克用在臨終之前曾對李存勗說:「潞州之圍不解,我死不瞑目。這下可以瞑目了。」

　　夾寨之戰是晉、梁雙方實力消長的一個轉捩點。李存勗既在戰鬥中顯示出卓越的軍事才能,又在內部樹立起絕對的威望。他回到晉陽後,休兵行賞,命州縣舉薦賢才,懲黜貪腐,減輕田賦,撫卹孤寡,申雪冤案,禁止姦盜,於是境內大治。他又整頓軍紀,訓練將士,使晉軍的作戰能力進一步提高,史稱李存勗之所以能夠兼山東,取河南,滅後梁,就是士卒精銳故也。之後,李存勗與朱全忠父子鏖兵十多年,終於在西元923年滅掉了後梁,實現了乃父「一矢滅朱溫」的遺願。

　　李存勗在夾寨之戰中,還有另外一個收穫,那就是得到了梁將符道昭的妻子侯氏,宮中謂之「夾寨夫人」。之後李存勗四處征戰,常以侯氏隨軍,一度寵冠諸宮,後被封為汧國夫人,李存勗即帝位後,冊封為昭儀。

二、三垂岡上〈百年歌〉

　　三垂岡位於今中國山西長治潞城區西南二十里地,亦名三

第八章　李亞子之路：李存勗繼承晉王之位

垂山，綿延九里，被稱為「上黨之纏護」。據介紹，三垂岡有主峰三座，因山形而得名，當地人分別稱之為大岡山、二岡山、三岡山。三座山頭分別向三個方向延伸，南臨潞州，即今中國山西長治一帶；西指晉、絳，即今中國山西侯馬、絳縣一帶；東向邢、洺，即今中國河北邢臺、永年一帶。唐中宗時，臨淄王李隆基（即唐玄宗）曾被貶為潞州別駕，在潞州待過幾年，因此岡上有唐玄宗的「原廟」，也就是正廟以外立的宗廟。

三垂岡本來並不怎麼知名，只因李克用、李存勗父子的一段故事而聞名天下。

天祐五年（即梁開平二年，西元 908 年）夾寨之戰中，李存勗在三垂岡下伏兵擊敗了梁軍的包圍，取得了關鍵性的一次勝利。而在此二十年前，李克用破孟方立於邢州，還軍上黨，曾在三垂岡上玄宗時所建祠廟前置酒慶賀，令伶人演唱〈百年歌〉。據說此歌為西晉詩人陸機所寫的組詩，共十首，每十歲為一首，歌唱人的一生從幼年到老年的景況與悲歡。當唱到衰老之際時，歌聲淒涼悲愴，座上之人的心情都感到壓抑低落。時李存勗在李克用身旁，年方五歲，李克用捋著鬍鬚指著兒子對眾人說：「吾行（即吾輩）老矣，此奇兒也，後二十年，其能代我戰於此乎！」李克用破孟方立於邢州，事在唐昭宗光啟四年（即文德元年，西元 888 年），至是剛好二十年，李存勗破梁軍於此，也是一樁奇事。

後人圍繞三垂岡之戰，寫下一些膾炙人口的詩賦佳作。其

二、三垂岡上〈百年歌〉

中以清代兩位文人劉翰的〈李克用置酒三垂岡賦〉和嚴遂成的〈三垂岡〉詩最為有名,前者為魯迅〈從百草園到三味書屋〉所提及,後者曾為中國政治家手書。

劉翰〈李克用置酒三垂岡賦〉全文如下:

漳水風寒,潞城雲紫;浩氣橫飛,雄獅直指。與諸君痛飲,血戰餘生;命樂部長歌,心驚不已。灑神京之清淚,藩鎮無君;席部落之餘威,沙陀有子。俯視六州三部,鬚眉更屬何人;懸知萬歲千秋,魂魄猶應戀此。

方李克用之克邢州也,大敵既破,我軍言旋;霓旌漸遠,露布紛傳。雖賊滿中原,飲至之儀已廢;而師歸故里,凱歌之樂方宣。更無圍驛連車,醉教水沃;除是臨江橫槊,著我鞭先。

有三垂岡者,一城孤倚,四戰無常;遠連夾寨,近接渠鄉。於是敞瓊席,啟瑤觴。舉烽命酹,振衣遠望。快馬健兒,是何意態!平沙落日,無限悲涼。聽百年之歌曲,玩五歲之雛郎。空憐報國無期,慕麒麟於漢代;未免譽兒有癖,傲豚犬於梁王。座上酒龍,膝前人驥;磊塊勘澆,箕裘可寄。目空十國群雄,心念廿年後事。玉如意指揮倜儻,一座皆驚;金叵羅傾倒淋漓,千杯未醉。無端長嘯,劉元海同此豐神;未敢明言,周文王已先位置。

勝地長留,厥言非偶。問後日之墨衰,果當年之黃口。壯猶乍展,誓掃欃槍;陳跡重尋,依然陵阜。悵麻衣之如雪,木主來無;皎玉樹以臨風,山靈識否?峰巒無恙,還當陟彼高岡;

第八章　李亞子之路：李存勗繼承晉王之位

梧檟空存，豈忍宜言飲酒。離鳳音清，鼎龍髯去。先君之願克償，佳兒之功益著。臨風惆悵，何處魂招；大霧迷漫，定知神助。生子當如是，孫仲謀尚有降書；殺人莫敢前，朱全忠聞而失箸。三百年殘山剩水，留作少年角逐之場；五千人卷甲偃旗，重經老子婆娑之處。

世有好古幽人，耽吟健者；時載酒而題詩，試登高而望野。雲霾沛郡，莫尋漢祖高臺；日照許都，空拾魏王片瓦。回憶一門豪傑，韻事如新；劇憐五季干戈，憂懷欲寫。茫茫百感，問英雄今安在哉！了了小時，豈帝王自有真也。

魯迅說他「疑心是非常好的文章，因為讀到這裡，他（先生）總是微笑，而且將頭仰起，搖著，向後面拗過去，拗過去」。的確，劉翰雖然算不上是清代第一流的文人，但其所作的這篇三垂岡的賦文，卻也氣勢恢弘，場面壯闊，囊括史事，融貫古今，寫出了李克用父子的英雄氣概，不愧為歷代詠戰史詩中的佳作。

嚴遂成〈三垂岡〉詩如下：

英雄立刻起沙陀，奈此朱梁跋扈何。
隻手難扶唐社稷，連城且擁晉山河。
風雲帳下奇兒在，鼓角燈前老淚多。
蕭瑟三垂岡畔路，至今人唱〈百年歌〉。

同樣寫出了李克用父子的英雄氣概。

1964年12月29日，一名中國政治家在讀史時，突然想起一首後唐莊宗李存勗三垂岡戰役的詩，但記不清作者是誰，就留了字條給祕書，說：「近讀五代史後唐莊宗傳三垂岡戰役，記起年輕時曾讀過一首詠史詩，忘記了是何代何人所作。請你查一查，告我為盼！」為了便於查對，他還憑記憶書寫了詩的原文，又在詩後註明：「詩歌頌李克用父子」。這就是我們現在所看到的手書〈三垂岡〉一詩。其書法大氣磅礴，筆墨雄健，揮灑自如，靈動秀美。詩中除將「連城且擁晉山河」的「且」誤作為「猶」，以及將「蕭瑟三垂岡畔路」的「畔」誤作為「下」外，全詩其他各字準確無誤。由此可見，嚴詩及三垂岡戰役讓他留下的印象是何等深刻。而他的書法更為李克用父子甚至嚴遂成都增添了不少的光彩。

三、一箭討滅劉仁恭

前面提到，李克用在彌留之際，曾以三支箭付其子存勗，其中一箭即是討伐劉仁恭，李克用說：「汝不先下幽州，河南未可圖也。」對劉仁恭的討伐，實際上在李克用時期就開始了。

劉仁恭原為盧龍節度使李全忠手下的一員低階軍將。史稱他「幼多智機」，李全忠在攻打易定節度使王處存時，包圍易州城（今中國河北易縣）累月，不能攻下，後被劉仁恭挖道地攻陷，從此獲得了「劉窟頭」的綽號。他又喜歡吹牛，對人講曾夢

第八章　李亞子之路：李存勗繼承晉王之位

見大佛幡出於指端，又說自己在四十九歲時當做節度使。這些話洩露出去，引起時任節度使李匡威的反感，便不再讓他掌典牙軍，出為瀛州景城（在今中國河北滄州西）縣令。正好此時瀛州發生軍亂，殺害刺史，劉仁恭招募了一千白丁討平亂軍，李匡威欣賞其才能，令其率兵屯戍蔚州（今中國河北蔚縣）。後李匡威兄弟內訌，其弟匡籌奪取帥位，幽州城中大亂。蔚州戍軍擁立劉仁恭為帥，欲攻打幽州城。行至居庸關，為幽州牙兵所敗，劉仁恭遂攜家小投奔太原。李克用當時正想吞併幽州，但苦於不熟悉幽州內情，所以對於劉仁恭的到來非常高興，遇之甚厚，任命其為壽陽鎮將。劉仁恭也跟隨李克用參加了幾場戰役，表現頗為不凡。

劉仁恭屢次透過蓋寓向李克用獻計獻策，言幽州可取之狀，並且誇下海口說，只要給他一萬人馬，即可指日攻取幽州。李克用當時正在圍攻邢州李存孝，就分出數千名軍士給他，結果屢戰屢敗。到乾寧元年（西元894年）十一月，李克用親率大軍攻打盧龍，連下數軍州，進兵幽州城。十二月，李匡籌棄幽州城而遁，李克用即表薦劉仁恭為盧龍節度使。

李克用扶植劉仁恭，主要目的當然是為了將盧龍鎮變成自己的附庸，從兵力、財力上對河東有所資助。然而劉仁恭利用李克用奪得盧龍帥位後，便忘恩負義，不再聽從李克用的號令。乾寧三年（西元896年），魏博與河東關係惡化，李克用向盧龍徵兵，劉仁恭藉口防備契丹，不發一兵一卒。次年七月，

三、一箭討滅劉仁恭

李克用再次向劉仁恭徵兵,數月之間,使節往來不絕於路,劉仁恭不但不發兵,還對李克用惡語相加。李克用派使者前往譴責,劉仁恭大罵李克用,拘押使者,並將所有駐守在幽州地區的河東戍兵扣押,然後又用重金誘降河東將領叛歸於他。李克用大怒,八月,親率大軍討伐劉仁恭。結果木瓜澗(在今中國河北淶源東南四十里)一役,河東軍大敗,李克用本人也差點當了劉仁恭的俘虜。《資治通鑑》卷二六一乾寧四年九月記載此次戰役說:

> 丁丑,李克用至安塞軍(在今中國河北蔚縣東),辛巳,攻之。幽州將單可及引騎兵至,克用方飲酒,前鋒曰:「賊至矣。」克用醉,曰:「仁恭何在?」對曰:「但見可及輩。」克用瞋目曰:「可及輩何足為敵!」亟命擊之。是日大霧,不辨人物,幽州將楊師侃伏兵於木瓜澗,河東兵大敗,失亡太半。會大風雨震電,幽州兵解去。克用醒而後知敗,責大將李存信等曰:「吾以醉廢事,汝曹何不力爭!」

這也是李克用戰爭生涯中的一件趣事。

木瓜澗戰役後,劉仁恭一面向唐朝廷奏稱自己大破李克用,請自為統帥以討河東,昭宗不許;一面又向朱全忠通報此事,朱全忠即奏加劉仁恭與平章事;同時又遣使向李克用表示歉意,陳說自己背叛李克用後心理上不安之意。李克用當時正忙於對付朱全忠的進攻,軍勢也開始下降,自顧不暇,便暫時放棄了對盧龍的報復行動。

第八章　李亞子之路：李存勗繼承晉王之位

劉仁恭利用李克用和朱全忠的衝突，依違於二者之間，從中撈取好處，擴大勢力。光化元年（西元898年）三月，他派遣長子劉守文襲破滄州（今中國河北滄州），遂兼有滄、景、德三州之地，兵鋒益盛，每戰多捷，自以為老天相助，遂有吞噬河朔之志。結果遭到朱全忠和魏博聯軍的幾次重創，「垂翅不振者累年」。

劉仁恭在遭到汴、魏聯軍的幾次重大打擊後，「乃卑辭厚禮乞師於晉」，李克用出於對付朱全忠的策略考慮，遣兵予以支援，劉仁恭得以繼續在幽州苟安數年。天祐三年（西元906年）七月，朱全忠在準備代唐前夕，再次向劉仁恭發起一場大規模的軍事進攻。由於長期戰爭，兵力銳減，劉仁恭竟命令境內男子年十五以上七十歲以下者，全部自備糧食和武器參軍，軍人臉上刺「定霸都」三字，士人則在臂上刺「一心事主」四字，以防止其逃亡。史稱盧龍境內除婦女和幼童外，幾乎沒有不被刺字的人。被圍困的滄州更是慘不忍睹，甚至出現了吃土吃人的慘相。

劉仁恭再次向李克用求援，前後派出使者有百餘次，李克用恨其反覆無常，不肯發兵。其子李存勗站在策略的高度，勸其聯合劉仁恭以對抗朱全忠。說：「現在天下之形勢，歸朱溫者十之七八，雖強大如魏博、成德、義武者，也莫不附之。自黃河以北，能成為朱溫心腹之患的，也只有我們與盧龍而已。現在盧龍被朱溫圍困，我們不與其合力抗拒，並不符合我們的利

三、一箭討滅劉仁恭

益。想要打天下,不能顧念小仇小怨,這是我們再興的時機,千萬不能錯過啊!」

李克用聽從了兒子的建議,與將佐謀劃召集幽州兵一起攻潞州,說:「於彼可以解圍,於我可以拓境。」乃接受劉仁恭和議,召集幽州兵。劉仁恭這次沒有拒絕,發兵三萬到晉陽。李克用採取圍魏救趙的策略,遣周德威、李嗣昭率兵與盧龍兵一起攻打潞州,以緩解朱全忠對盧龍的壓力。恰巧潞州守將丁會因朱全忠殺害唐昭宗而棄汴投晉,朱全忠急於稱帝,再加上得知潞州失守,便結束這次對盧龍的進攻,劉仁恭又躲過一劫。

不過,劉仁恭這次回到幽州,一下子變得昏庸,他在幽州西邊的大安山(今中國北京房山西北)修建宮殿,廣蓄美女,整日醉心於聲色之中,又招來僧人道士煉長生不老之藥,妄想萬壽無疆。他的愛妾與兒子劉守光通姦事洩,他將劉守光責打一頓,趕了出去。天祐四年(西元907年)四月朱全忠軍隊再次進攻時,劉守光趁機領兵進入幽州城,派人將劉仁恭從大安山抓回並囚禁。劉守文從滄州起兵討伐大逆不道的兄弟,最後被心狠手辣的劉守光殺死,盧龍鎮遂落入劉守光之手。

李存勗繼襲晉王位後,主要忙於整頓內政及與後梁之間的戰爭,對盧龍採取和平共處的策略。劉守光則大耍兩面手法,一面派使者向朱全忠上表,表示要為其掃除并州的敵寇,同時又寫信給李存勗,說要和他一起滅掉偽梁。李存勗為了讓劉守光妄自尊大,得意忘形,以加速其滅亡,於是在天祐八年(西元

第八章　李亞子之路：李存勗繼承晉王之位

911年）六月與成德王鎔、義武王處直、昭義李嗣昭、振武周德威、天德宋瑤共六鎮節度使共同奉上表冊，推尊劉守光為尚書令、尚父。尚父本來是指周朝時期的呂望，即姜子牙，後世用以尊禮大臣的稱號。

劉守光卻不醒悟，認為六鎮的確懼怕自己，更加驕橫，便向後梁太祖朱全忠上表陳述說：「晉王等人推尊臣下，臣下蒙受陛下厚恩，不敢接受。我私下考慮，適當的做法，莫如陛下授予我河北都統的職位，這樣并州、鎮州就不足為患了。」梁太祖也知道劉守光的狂妄愚蠢，於是任命其為河北道採訪使。

同年八月，劉守光自稱大燕皇帝，改年號曰應天，此時距離他的死期已經為時不遠了。李存勗派太原少尹李承勳去幽州觀察虛實，劉守光怒李承勳不向他稱臣，將其下獄，這為李存勗的進攻提供了理由。

天祐八年（後梁開平四年，西元911年）十二月，李存勗派遣大將周德威出飛狐道，會同鎮、定之師討伐盧龍。劉守光遣部將單廷珪率精兵萬人出戰，在龍頭岡與周德威相遇。單廷珪對劉守光誇海口說今天一定生擒周楊五來獻，楊五是周德威的小名。開戰之後，單廷珪在陣前看到周德威，就單槍匹馬追了過來，槍尖刺到周德威的後背，周德威側身躲過，奮力揮樋反擊，單廷珪墜下馬，被晉軍活捉。單廷珪是盧龍驍將，燕人失去了他，士氣大衰。

周德威攻圍幽州歷年，盧龍屬郡皆被攻下，劉守光獨守幽

三、一箭討滅劉仁恭

州城一隅之地。他向後梁求援,又北誘契丹,但均無結果。天祐十年(西元913年)十月,劉守光派遣使者向周德威乞降,說等晉王到來即出城投降。十一月二十三日,晉王李存勗至幽州城下,與劉守光折斷弓箭為誓,許其不死。劉守光答應次日出降,但此時已不是由他說了算的時候,李存勗下令諸軍攻城,次日城破,劉仁恭、劉守光父子均被抓獲。

李存勗既俘獲劉仁恭父子,凱旋班師晉陽,他命掌書記王緘起草露布(即布告)宣告天下,王緘不知「露布」的含義,便將字寫在一塊布上,命人拉著前行。胡三省云:「魏晉以來,每戰勝則書捷狀,建之漆竿,使天下皆知之,謂之露布。露布者,暴白其事而布告天下,未嘗書之於布而使人曳(即拖、拉)之也。」這也是五代文人不知書的一則笑話。

李存勗在幽州時,曾答應劉仁恭父子不殺他們。但一進入河東的地盤便變卦。他用白絹捆綁著劉仁恭父子,於晉陽城內遊街示眾,祭祀南宮七廟,禮畢,將劉守光及其部下李小喜等以及他的兩個妻子全部斬首。

劉守光在被殺之前,曾向李存勗哀求道:「我善於騎射,大王您想成就王霸功業,為什麼不留下我,讓我為您效力呢?」李存勗不予理睬,令節度副使盧汝弼及其弟存霸押送劉仁恭一行至代州李克用墳前,先刺其心血祭奠李克用,接著誅之於雁門山下。

《五代史闕文》云:李存勗及討劉仁恭,「命幕吏以少牢告

第八章 李亞子之路：李存勗繼承晉王之位

廟，請一矢，盛以錦囊，使親將負之以為前驅。凱旋之日，隨俘馘納矢於太廟」。「少牢」，就是在祭祀時只用羊、豕（豬）二牲；「俘馘」，即俘虜的頭顱或左耳。李存勗是否按照此儀式行事，已不得而知，不過他終於完成了乃父徹底消滅劉仁恭的遺願，李克用在九泉之下，也可以得到安慰了。

第九章
復唐夢破滅：
李存勗的最終覆亡

第九章　復唐夢破滅：李存勗的最終覆亡

一、李存勗建唐滅後梁

　　李存勗在夾寨大勝之後，就展開滅梁的過程，他與後梁隔河對峙十五年，經歷了大小無數次戰爭，其中最重要的有以下幾大戰役。

(一) 柏鄉之戰

　　晉、梁之爭首先圍繞著河朔藩鎮展開。李存勗在消滅盧龍劉仁恭的同時，也爭取到成德和義武鎮的歸附。成德和義武雖然臣屬於後梁，但與河東也有一些往來，由此引起朱全忠的猜疑與不滿。梁開平四年（西元 910 年）十一月，朱全忠以抵禦劉守光為名，遣軍三千進駐深州、冀州，企圖消滅成德和義武的勢力。隨後，又命部將王景仁、韓勍、李思安等率兵四萬，向邢州北部的柏鄉（今中國河北柏鄉）進軍。

　　成德節度使王鎔、義武節度使王處直先後遣使向河東求援，表示願意與之結盟反梁，並推舉李存勗做盟主。河東將佐都說王鎔長期臣服朱溫，雙方又是姻親關係，這一定是詐欺。李存勗力排眾議，先派周德威率兵從井陘關出發赴趙州，接著親率大軍救援。如同當年勸說其父李克用救援劉仁恭一樣，李存勗又一次從策略角度出發，與成德結成統一戰線，以對付最主要的敵人朱梁。

　　是年十二月，李存勗進軍至距離柏鄉五里處的野河（今中國

滏陽河支流）北岸，與梁軍隔河對峙。他命大將周德威率領三百胡人組成的精騎到梁軍營前挑戰，把梁軍誘至柏鄉城南的曠野，利用地形優勢，以逸待勞。梁軍意欲速戰，李存勗採納周德威的意見按兵不動。直到次年正月，梁軍疲憊不堪，李存勗與周德威兩面夾攻，大破梁軍，俘獲梁軍將校以上兩百多人，斬首兩萬，梁軍伏屍數十里，其精銳禁軍全軍覆沒，王景仁、韓勍、李思安僅率數十騎連夜逃歸。這就是歷史上有名的「柏鄉之戰」。

值得注意的是，在柏鄉之戰中，河東的「胡騎」發揮很重要的作用，如「晉王進軍，距柏鄉三十里，遣周德威等以胡騎迫梁營挑戰」、「復進，距柏鄉五里，營於野河之北，又遣胡騎迫梁營馳射，且詬之」、「梁兵不出，周德威使胡騎環營馳射而詬之」等等。河東軍之所以勇猛善戰，很重要的一個原因就在於其擁有一大批代北「胡兵」、「胡將」。

柏鄉大捷後，李存勗繼續向河北地區進攻，並於梁乾化三年（西元 913 年）攻克幽州，俘獲劉仁恭、劉守光父子。而在這期間，朱梁朝廷內部則發生連續變亂，梁乾化二年（西元 912 年），梁太祖朱全忠被其次子朱友珪所弒，接著，朱友貞又殺朱友珪，是為梁末帝。之後，李存勗與後梁的爭奪，便是與朱友貞展開的。

第九章　復唐夢破滅：李存勗的最終覆亡

（二）故元城之戰

梁乾化五年（西元 915 年），臣屬於梁的魏博節度使楊師厚病卒，梁末帝趁機將魏博分為兩鎮，以削弱其勢力，結果引發兵變。變兵囚禁新任節度使賀德倫，請降於晉，李存勗乘機率大軍自今中國山西左權東南部的黃澤嶺東下，進占魏州。他收編魏博牙兵為親軍，並兼領魏博節度使。隨後又攻取德州、澶州。是年七月，李存勗進兵至莘縣（今中國山東莘縣），與梁將劉鄩隔黃河對峙。

劉鄩是梁朝名將，知李存勗兵強，閉壁不出。梁末帝多次催促劉鄩出戰。梁貞明二年（西元 916 年）二月，李存勗聲言回師太原，引誘劉鄩出戰。劉鄩果然中計，欲趁機奪回魏州，行至故元城（在今中國河北大名東北），遭到李存勗、李嗣源、李存審的三面夾擊，全軍潰敗，劉鄩帶領數十名騎兵突圍逃走，其餘七萬梁兵幾乎全部被殺死或淹死。接著，李存勗又連下衛、洺、相、邢、滄、貝等州，河北地區除黎陽（治今中國河南浚縣東）一地外，全部被晉軍占領。

不過，李存勗對河北地區的控制並不牢固。次年，原盧龍降將盧文進叛晉降附契丹，並引契丹軍南下。契丹國主耶律阿保機親率號稱五十萬大軍（顯然是無限誇大）入侵幽州。幽州守將周德威孤軍堅守，同時遣使回太原求援。李存勗命令李存審、李嗣源、閻寶三將統領七萬步騎北上救援。是年八月，李嗣源率援軍抵達幽州城外，大敗契丹軍，解除了幽州之圍。這

一戰,晉軍俘斬契丹軍數以萬計,繳獲牛羊、輜重無數,也算是部分實現了李克用「一矢擊契丹」的遺言。

盧龍事態平息後幾年,成德和義武又相繼發生變亂。梁貞明七年(西元921年)二月,成德軍將張文禮煽動軍士譁變,殺節度使王鎔。李存勗當時正在與梁軍鏖戰,無暇顧及,遂暫授張文禮為成德兵馬留後,以安撫之。但到同年八月,便命大將閻寶和史建瑭率軍征討。張文禮驚懼而死,其子張處瑾接掌軍事,繼續負隅頑抗。而義武節度使王處直也背叛李存勗,勾結耶律阿保機,引契丹軍南下,被義子王都囚禁,王都不久被契丹兵圍困在定州(今中國河北定州)。

李存勗親率五千鐵騎北上救援王都,於次年正月先後在新城(今中國河北高碑店)、望都(今中國河北望都)大敗二倍於己的契丹軍,解除了定州之圍。又乘勝追擊契丹軍至幽州,獲阿保機之子耶律牙里果。但晉軍在鎮州戰場上卻連連失利,損兵折將。先是大將史建瑭中流矢而卒;接著主帥李嗣昭亦中流矢而卒;閻寶攻城受挫,羞憤病逝;繼任主帥李存進亦戰死。先後損失四員大將。而梁軍則乘虛反撲,攻克衛州、新鄉等地,重新奪回重鎮相州(今中國河南安陽)。是年九月,鎮州終因久被圍困,糧盡力窮,被李存審攻破。李存勗又兼領成德節度使。

李嗣昭是繼李存孝之後河東最重要的將領,他的戰歿不僅使李存勗失去一員得力戰將,也導致了昭義鎮的動亂。

第九章　復唐夢破滅：李存勗的最終覆亡

（三）胡柳陂之戰

在此期間，河南戰場打得最慘烈的一場戰役，是梁貞明四年（西元918年）發生在胡柳陂的一場戰役。胡柳陂，一說位於今中國山東鄄城西北部，一說在今中國河南范縣西南部，還有一說在今中國河南濮陽東南部，其實這三種說法都指向了一處。

這年八月，李存勗調發河東、魏博、盧龍、橫海、義武等鎮以及奚、契丹、室韋（達靼）、吐谷渾諸部齊集魏州，準備直搗開封，一舉滅梁。晉軍駐紮在麻家渡（在今中國河南范縣西南濮城西北），與梁將賀瓌、謝彥章部隔黃河對峙百餘日。

十二月，李存勗由麻家渡渡過黃河，二十三日，進駐胡柳陂，設柵為營。時梁將謝彥章被賀瓌所殺，李存勗認為這是滅梁的絕佳機會，產生輕敵僥倖心理。部將周德威建議以逸待勞，用騎兵騷擾梁軍，使其不得休息，然後趁其疲乏之際，一舉殲滅。李存勗拒絕採納這一意見，自率親軍攻打梁軍戰陣，與梁軍展開血戰。晉軍先勝後敗，周德威父子戰死，李存勗被迫登上一座土山自保。

戰爭後來出現了戲劇性的反轉。當時，包圍李存勗的梁軍多是步卒，立足未穩。李存勗部下閻寶、李嗣昭、李建及等建議以騎兵突擊，李存勗採納，最終反敗為勝，擊潰梁軍。

此戰晉、梁雙方都損失了約三分之二的士卒，晉軍雖乘勝奪取了濮陽，但也因傷亡慘重，無力再攻開封，只好撤歸河北。周德威是與李存孝、李嗣昭齊名的河東勇將，他的陣亡，也是

李存勗的一大損失。史稱李存勗聞周德威父子死訊後，深深自責，「哭之慟，曰：『喪吾良將，是吾罪也。』」

(四) 德勝南城爭奪戰

胡柳陂之戰後，梁貞明五年（西元 919 年）正月，李存勗令大將李存審在德勝渡口（在今中國河南濮陽東南五里處）隔著黃河修築南北兩座城堡，作為進攻後梁的據點。當年四月，晉、梁雙方便在這裡展開一場激烈的水上搏鬥：

當時，梁將賀瓌欲攻打德勝南城，遂用竹索將十多艘艨艟戰艦（一種狹長的戰船）連在一起，蒙上牛皮，再在上面設置矮牆和戰柵，如同城牆一樣，橫排在黃河中流，用來切斷黃河北岸晉軍的援兵。李存勗親自率軍前往救援德勝南城，卻被梁軍艨艟阻擋在河北，無法進軍。於是在軍營門前堆放大量黃金絹帛，招募能擊破艨艟的將士。雖說重賞之下必有勇夫，但大家都不知該怎麼辦。關鍵時刻，李建及請求拚死與梁軍決戰，從銀槍效節軍中挑選出敢死之士三百人，身穿鎧甲，手持利斧，乘船向艨艟衝去。

快要接近艨艟時，梁軍飛箭像雨點般密集射來，李建及派持斧的兵士衝入艨艟之間，砍斷連接的竹索，又用木製的酒罈載上柴草，澆上油點燃，從上游順流放下。接著用鉅艦載滿兵士，擂鼓吶喊，衝向梁軍。艨艟被斷開之後，順流漂下，上面的梁軍士兵被燒死、淹死近半，晉軍這才得以渡過黃河，解除

第九章　復唐夢破滅：李存勗的最終覆亡

梁軍對德勝南城的包圍。

梁龍德三年（西元 923 年）四月，李存勗在基本平定了河北的動亂後，於魏州（今中國河北大名）稱帝，沿用唐國號，改元同光，追贈朱邪執宜、朱邪赤心（李國昌）、李克用三代為皇帝，與唐高祖、太宗、懿宗、昭宗並列為七廟，以表示自己是唐朝的合法繼承人，史稱為「後唐」，李存勗即後唐莊宗。

李存勗建立後唐後，仍面臨著非常嚴峻的形勢：契丹不斷侵擾幽州，兵鋒直逼河北；李嗣昭之子潞州守將李繼韜叛附後梁；梁將董璋急攻澤州，意圖吞併昭義鎮，直接威脅到太原的安全。李存勗為扭轉局面，決定趁梁軍東面防守空虛之機，出兵奇襲後梁軍事重鎮鄆州（治今中國山東東平），以切斷梁軍右翼。於是在同光元年（西元 923 年）閏四月，命李嗣源率步騎兵五千，連夜冒雨渡過黃河，一舉襲破鄆州。梁末帝聞鄆州失守，急忙派遣大將王彥章率軍阻止唐軍西進。王彥章是後梁有名的大將，號稱「王鐵槍」。李存勗則命大將朱守殷嚴守魏州通向汴州的重要渡口德勝城，自率親軍進屯澶州（今中國河南濮陽西），也就是後來宋遼簽訂「澶淵之盟」的地方。

德勝南城最終還是被王彥章攻破，這也是五代時一個頗有意思的經典戰例。《資治通鑑》卷二七二同光元年五月載：

梁主（即梁末帝朱友貞）召問王彥章以破敵之期，彥章對曰：「三日。」左右皆失笑。彥章出，兩日，馳至滑州。辛酉，置酒大會，陰遣人具舟於楊村；夜，命甲士六百，皆持巨斧，

載冶者（即從事冶煉鑄造的人），具韛炭（即鼓風囊和木炭），乘流而下。會飲尚未散，彥章陽（即假裝）起更衣，引精兵數千循河南岸趨德勝。天微雨，朱守殷不為備，舟中兵舉鎖燒斷之，因以巨斧斬浮橋，而彥章引兵急擊南城。浮橋斷，南城遂破，斬首數千級。時受命適三日矣。

於是，梁、唐兩軍最後的決戰在楊劉城展開。

（五）楊劉城決戰

楊劉城位於德勝城的下游，其具體地理位置，一說在今中國山東東阿東北的楊柳村，一說在今中國山東莘縣與河南南樂的交界處，為今中國徒駭河隔河相望的楊寨村和劉寨村的統稱，兩地相距大約一百公里。但無論在哪裡，它是當時黃河下游的一個渡口重鎮。元和十三年（西元818年），唐朝廷討伐淄青節度使（治鄆州）李師道時，就是從楊劉渡黃河；乾寧三年（西元896年）朱全忠攻鄆州，也是從楊劉渡河；乾化元年（西元911年）李存勖攻魏博，朱全忠也是派葛從周自楊劉渡河救援；貞明元年（西元915年）李存勖至魏州，梁末帝也遣牛存節屯楊劉以備之。這一切都說明楊劉鎮在黃河南北之間，尤其是河北與鄆州之間交通的重要地位。

早在梁貞明三年（西元917年）十二月，李存勖就趁黃河結冰，渡河從後梁手中奪取了楊劉城，之後楊劉城便一直在李存勖的控制之下，李存勖派部將李周率兵把守。

第九章　復唐夢破滅：李存勗的最終覆亡

　　王彥章攻克德勝南城後，便試圖奪回楊劉城，阻斷河北唐軍與鄆州的聯絡，然後收復鄆州。於是拆下德勝南城房屋的木材扎成木筏，順河東下。而李存勗也命令朱守殷放棄德勝北城，拆下房屋的木材扎成木筏，裝載軍需器械浮河而下，協助李周固守楊劉城。於是再次發生戲劇性的一幕：兩軍一在南，一在北，各自沿著黃河一側順流而下，河道轉彎處相遇，便廝殺一陣，各有勝負，及到達楊劉，士卒僅剩下一半。

　　王彥章進抵楊劉城下後，與後梁另一名大將段凝合軍十萬攻打楊劉，晝夜不息，並以鉅艦九艘橫亙於河津，阻擋河北唐軍的增援。但唐將李周防守嚴密，王彥章屢攻不克，只好退屯楊劉城南，築壘連營，以阻擊唐軍渡河。

　　六月，李存勗親臨楊劉，一面命唐軍出營挑戰，牽制梁軍兵力，一面命謀臣郭崇韜領兵奔赴博州（治今中國山東聊城東北），於馬家河渡過黃河，在黃河東岸修築新城，以接應鄆州唐軍。王彥章轉而率軍急攻博州新城，還用十餘艘鉅艦置於黃河中流配合作戰。郭崇韜據城堅守，李存勗亦率軍自楊劉增援郭崇韜，王彥章只好退保鄒家口。李存勗與駐守鄆州的李嗣源恢復了聯絡。七月，王彥章復攻楊劉，再次被唐軍擊敗，遂撤師西歸，不久便被召回開封，段凝接任主帥。

　　八月，梁末帝朱友貞部署從四路發起反擊：命段凝攻澶州，董璋攻太原，霍彥威攻鎮州，王彥章攻鄆州，打算在十月向後唐發動總攻。但因兵力分散，造成汴州防守空虛。他還命梁軍

掘開滑州（治今中國河南滑縣）南面的黃河大堤，以阻止唐軍進攻都城開封，但同時卻也將梁軍主力阻隔在決河以北。九月，梁將康延孝投降後唐，將後梁軍情盡數告知李存勖，建議唐軍乘虛襲取開封。李嗣源則在鄆州附近大敗王彥章，俘獲梁軍將校三百餘人，迫使梁軍退保中都（今中國山東汶上）。

十月，李存勖自楊劉渡河，進抵鄆州，並以李嗣源為前鋒，攻破中都，俘獲王彥章。王彥章一向看不起李存勖，稱其為「鬥雞小兒」。至是，李存勖問其服不服氣，王彥章只能對以「天命已去，無足言者」，拒絕投降被殺。

是月初九，李嗣源進攻開封城，梁末帝朱友貞自殺，梁將王瓚開城投降。李存勖於同日抵達開封。段凝率五萬大軍經滑州回至封丘，聞開封已失，率眾乞降，後梁正式滅亡。段凝後被李存勖賜姓名李紹欽，成為李存勖頗為信任的重臣。

十二月，李存勖將後唐京師從開封遷至洛陽，以太原為北京，恢復長安為西京，一如李唐舊制。同時又因魏州是其建唐稱帝之地，升為東京興唐府。

二、後唐擊滅前蜀國

唐朝從黃巢起義失敗以後，藩鎮割據、軍閥混戰的形勢越演越烈，最終分裂為五代十國。李存勖既然以李唐王朝的正統繼承者自居，也就夢想著恢復唐王朝大一統的政治局面。於是

第九章　復唐夢破滅：李存勗的最終覆亡

在內部稍作安頓之後，便開始了統一全國的軍事行動，他把進攻的矛頭首先對準了前蜀。

前蜀是由原唐西川節度使王建所建立的。西元907年朱全忠滅唐建梁後，王建曾勸李克用稱帝，「各王一方」，李克用不從，於是王建便在成都稱帝，建國號蜀，史稱前蜀，成為十國當中的一國。王建即前蜀高祖。

李存勗在滅梁後，威震天下，岐、楚、吳越、閩、荊南等割據政權紛紛入貢稱藩，前蜀卻不肯臣服。李存勗便有意對其用兵。據宋人周羽翀編撰的《三楚新錄》記載，李存勗滅梁後，召荊南（亦稱南平）國主高季興入朝，對他說：「今天下負固（即依恃險阻）不服者，唯吳與蜀耳。朕今欲先有事於蜀，而蜀地險阻，尤難之。江南才隔荊南一水耳，朕欲先征之，卿以為如何？」高季興擔心脣亡齒寒，乃勸李存勗先伐蜀，說：「臣聞蜀國地富民饒，獲之可建大利，江南國貧，地狹民少，得之恐無益。臣願陛下釋吳先蜀。」李存勗聽高季興如是說，更加堅定其伐蜀的信心。

前蜀在高祖王建統治的十多年間，國力尚屬強盛，他勵精圖治，注重農桑，興修水利，實行「與民休息」的政策；還積極擴張疆土，使蜀國的疆域發展到了包括今中國四川大部、重慶、甘肅東南部、陝西南部、湖北西部的眾多地區。但西元918年王建去世，其子後主王衍繼位，不理政事，軍國大政全部交與權臣宦官，他本人則過著奢侈淫逸的生活。

者（同「這」）邊走，那邊走，只是尋花柳。那邊走，者邊走，莫厭金盃酒。

這是王衍所作的〈醉妝詞〉，非常直白，也是他本人生活的真實寫照。再看《資治通鑑》對王衍奢靡生活以及朝廷腐敗的一段描寫：王衍奢侈縱慾無度，每日與太后、太妃到顯貴大臣之家遊玩宴飲，或到附近各郡的名山遊覽，飲酒賦詩，所花費的錢財不計其數。太后和太妃也都公然賣官鬻爵，出售刺史、縣令、錄事參軍等官職，每當有一個官位空缺，就有好幾個人爭著來買，最後交納財物最多的便得到這個官職，一派烏煙瘴氣。因此，有識之士都預料蜀國滅亡的日子不遠了。

同光二年（西元 924 年）四月，李存勗派客省使李嚴出使前蜀，趁機刺探蜀中虛實。李嚴大力讚頌莊宗的威德，說他有統一天下的志向。前蜀大臣宋光葆也看出李存勗的野心，上書說：「晉王有侵擾中國的意圖，應當選拔將領，訓練兵士，駐守邊境，積蓄糧草，修造戰艦加以備之。」王衍這才在兩國邊界派駐了一些兵力進行防守，並在今中國陝西鳳縣鳳州鎮東北六十里處建築了一座威武城。

李嚴歸國後，極力主張伐蜀，稱蜀國已有亡國之象，君臣上下專以奢侈荒淫相比高下，大兵一臨，立刻土崩瓦解。這更堅定李存勗出兵滅蜀的決心。

同年八月，李存勗又派遣使者李彥稠入川，表示要與蜀國修好，以此麻痺王衍。王衍信以為真，派翰林學士歐陽彬為唐

第九章　復唐夢破滅：李存勗的最終覆亡

蜀通好使，回訪後唐。又以兩國修好，進行了一系列的愚蠢之舉：撤除威武城戍兵；召關宏業等二十四軍返回成都，撤除武定、武興招討劉潛等三十七軍；撤銷天雄軍招討，命令王承騫等二十九軍返回成都；撤除金州戍守軍隊，命令王承勳等七軍返回成都。原先的邊界守備基本廢除。

不需要任何理由，同光三年（西元925年）九月，李存勗以其子魏王繼岌為主帥、樞密使郭崇韜為副帥、李紹琛為前鋒，統領六萬大軍，征討前蜀。李繼岌少不更事，軍務皆由副帥郭崇韜決斷。另以高季興為東南面行營都招討使，率荊南兵攻取夔（治今中國重慶奉節）、忠（治今中國重慶忠縣）、萬（治今中國重慶萬州）諸州以策應，說若能攻下，這幾州就歸你。

李紹琛即康延孝。李存勗當權後，效法乃父的手法，也收養義子並廣為部下軍將及部落酋長賜姓名，試圖以此手段加強他們對以自己為核心的沙陀政權的認同感和凝聚力。如元行欽賜姓名李紹榮、段凝賜姓名李紹欽、房知溫賜姓名李紹英、王晏球賜姓名李紹虔、朱全忠之甥袁象先賜姓名李紹安、康延孝賜姓名李紹琛、米君立賜姓名李紹能、霍彥威賜姓名李紹真、吐谷渾首領白承福賜姓名李紹魯、奚族首領掃剌賜姓名李紹威等等。然而李存勗此舉並未能達到多少實效，隨著其本人死於亂兵之下，這些「義子」們也都紛紛改回本姓名，四分五裂。這是後話。

後唐軍進軍十分順利，李紹琛（康延孝）輕而易舉攻克前蜀軍事要地威武城，接著，唐軍又兵不血刃拿下了鳳州（治今中國

二、後唐擊滅前蜀國

陝西鳳縣)、興州(治今中國陝西略陽)等地,繳獲大批糧草,解決了困擾軍隊的糧食問題。而此時王衍仍率領數萬軍隊四處巡遊作樂,到達利州(治今中國四川廣元)時,威武城敗兵來告,王衍始相信唐軍來犯,急忙組織三萬兵馬迎戰,卻被唐軍擊潰於三泉(治今中國陝西寧強西南)。前蜀各藩鎮紛紛投降,王衍倉皇逃回成都,並截斷位於今中國四川廣元西南嘉陵江、白龍江合流處的桔柏渡浮橋,以阻遏後唐軍隊。

後唐軍晝夜兼行,十一月初九,到達利州,前蜀守將林思諤棄城西逃,後又遣使請降。李紹琛(康延孝)修復桔柏渡浮橋。李繼岌率大軍向前蜀腹地推進,前蜀武信節度使兼中書令王宗壽以遂、合、渝、瀘、昌五州,宋光葆以梓、綿、劍、龍、普五州,武定節度使王承肇以洋、蓬、壁三州,山南節度使兼侍中王宗威以梁、開、通、渠、麟五州,階州刺史王承岳以階州,全部投降了後唐。其餘州縣,也都望風歸附。

而就在此期間,前蜀中書令王宗弼發動政變,囚禁蜀主王衍、后妃及諸王,自稱西川兵馬留後。他以王衍的名義邀請李嚴入成都城,商談投降事宜。李嚴迅速進入成都,撫慰官吏、百姓,命蜀軍撤去成都的軍事防備。十一月二十六日,李繼岌率大軍進抵成都。王衍率百官出城拜降,前蜀滅亡。後唐從出兵到攻下前蜀,總共用了七十天,取得十個節度使方鎮,六十四州,二百四十九縣,三萬兵卒,鎧甲兵器、錢糧、金銀、繒帛錦緞等物總數以千萬計。

第九章　復唐夢破滅：李存勗的最終覆亡

李存勗下詔徵王衍入朝，據《新五代史‧前蜀世家》記載，其詔令有云：「固當列土而封，必不薄人於險，三辰在上，一言不欺！」意思是我一定分封土地給你，絕不會在你有難之時薄待於你，日、月、星辰在上可以作證，一言既出，絕不騙人！同光四年（西元926年）正月，李繼岌派李繼曮、李嚴押送王衍及其宗族、百官數千人前往洛陽，當行至長安西部的秦川驛時，伶人景進向李存勗進言說：「魏王（李繼岌）尚未回來，康延孝剛被平定，西南方面還沒安定。王衍親族同黨不少，聽說天子準備東征，恐會發生變亂，不如除掉他們。」李存勗予以採納，派宦官向延嗣去誅殺王衍一行。李存勗在詔書中云：「王衍一行，並從殺戮。」樞密使宦官張居翰將「一行」改為「一家」，於是百官及千餘隨行人員免於一死。後唐明宗李嗣源即位後，王衍族人陝州行軍司馬王宗壽請求將王衍及兄弟等十八人葬於長安南三趙村，並追贈王衍為順正公。

王衍作為亡國之君，在治理國家上一塌糊塗，但與歷史上許多亡國君主一樣，他卻有一定的文才，歐陽脩就評價其「頗知學問，能為浮豔之辭」。據說〈甘州曲〉、〈醉妝詞〉這些詞牌就是由他所創的。

當前蜀國滅亡的消息傳到南平時，高季興正在用餐，驚嚇之下，掉了湯匙筷子，說這是老夫當時勸其伐蜀的過錯。謀士梁震說：「此不足憂也。唐主得蜀後一定會更加驕傲自大，很快就會滅亡的，焉知蜀國滅亡不是中國之福呢？」

三、莊宗之死與朱邪李氏的覆滅

史稱王衍的母親徐氏在臨死前曾高呼道：「我兒舉國降順，皇帝許以不死，而今卻行殺戮。其言而無信，必遭報應。」或許是應驗了徐氏的詛咒，就在王衍一族被處死後不久，唐莊宗李存勗也被亂兵所殺，朱邪李氏幾近滅族。

李存勗的覆滅實際上從王衍一家被殺前就已開始了。

李存勗滅梁後，寵信宦官和伶人。宦官制度是中國古代社會的一個變態。作為個體，宦官中當然也不乏一些忠正之士，但作為群體或一種制度，它是長在社會上的一顆毒瘤，造成許多負面影響甚至禍害。如歷史上的東漢、唐代和明代都曾遭受過嚴重的「宦官之禍」。朱全忠在唐末曾清理過宦官勢力，後梁建立後，基本廢除了宦官制度，就連一貫由宦官把持的為皇室服務的內諸司使，也都更換成士人。但李存勗建立後唐，為了標榜自己是李唐王朝的正統繼承者，將唐朝一些沒落腐朽的東西也全面繼承。他下令諸道搜求唐朝時的舊宦官，得數百人，送往京師洛陽，使後唐朝廷的宦官人數增加到一千多人，宦官制度得到全面恢復。

而李存勗又酷愛演戲，史稱「帝（即莊宗李存勗）幼善音律，故伶人多有寵，常侍左右。帝或時自敷粉墨，與優人共戲於庭，以悅劉夫人，優名謂之『李天下』」。伶人在皇帝的呵護縱容下，隨意出入宮禁，侮弄朝臣，大臣們敢怒不敢言。也有的

第九章　復唐夢破滅：李存勗的最終覆亡

朝臣為了求得恩賞和提拔，依附伶人，四方藩鎮將領也爭著賄賂、結交他們。尤其是伶人景進，甚至到達干涉朝政的地步，「自將相大臣皆憚之」。「戲子誤國」，後唐莊宗朝無疑是歷史上最典型的案例。李存勗的覆滅，就與宦官和伶人有著很大的關係。

李存勗命魏王李繼岌和郭崇韜任正、副統帥征蜀，以宦官李從襲為監軍。郭崇韜一向與宦官不和，李從襲便不斷在魏王面前對其詆毀。前蜀滅亡後，郭崇韜留在成都處理善後事宜。宦官向延嗣從成都回朝，向莊宗和劉皇后進讒言，誣陷郭崇韜收受賄賂，滯蜀不歸，有謀反之意。李存勗便對郭崇韜產生懷疑，又派宦官馬彥珪趕赴成都，觀察郭崇韜的動靜，說如發現其的確拖延不歸、跋扈專橫，就讓馬彥珪和魏王將其除掉。而劉皇后更擅自下令，命魏王直接殺掉郭崇韜。李繼岌聽從了母后的話，於同光四年（西元926年）正月將郭崇韜殺死。更為離譜的是，河中節度使李繼麟（即朱友謙）因拒絕伶人和宦官的索賄，伶人景進就說他與郭崇韜勾結謀反，而李存勗之弟、睦王存乂也因為是郭崇韜的女婿，相繼被殺。

郭崇韜是後唐功臣，與朱友謙、李嗣源三人都曾被莊宗賜予免死鐵券，卻未能免死。李嗣源也被謠言波及，因朱守殷和宦官馬紹宏搭救才得以倖免。郭崇韜的被殺，導致後唐王朝內部的大分裂，一時上下離心，謠言四起，政局陷入混亂不堪的局面。而在平蜀戰役中立下「汗馬之勞，力摧強敵」的李紹琛

(即康延孝),因郭崇韜及朱友謙皆無罪被族誅不寒而慄,再加上他本來就有節度西川的野心,其部下又多是朱友謙的舊部,於是在回師途中又轉向成都,自稱西川節度使,發動叛亂。魏王繼岌雖最後平定了康延孝的叛亂,卻也耽擱了回師洛陽的行程。

而直接導致唐莊宗李存勗覆亡的更大變亂此時也在魏博鎮發生。

魏博牙兵從晚唐以來就以凶悍驕橫聞名於世,所謂「長安天子,魏府牙軍」。雖然從朱全忠到李存勗,一再削弱魏博牙兵的勢力,李存勗甚至將魏博牙軍銀槍效節都近八千人收編為親軍,但其「兵驕則逐帥,帥強則叛上」的本性並無改變。同光四年(西元 926 年)二月,魏博指揮使楊仁晟率部下由駐戍地瓦橋關(在今中國河北雄縣西南)返回魏州(即後唐鄴都,今中國河北大名),因鄴都空虛,朝廷害怕這支部隊到達後會發生動亂,便下令讓楊仁晟部暫駐貝州(治今中國河北清河)。此舉引起思家心切的士卒們的不滿,他們趁機擁戴效節指揮使趙在禮占據鄴都作亂。受此牽連和影響,邢州、滄州也相繼發生兵變,河北大亂。

李存勗派假子歸德軍節度使李紹榮(即元行欽)前往討伐亂軍,卻連連失利。於是群臣推舉時任成德節度使、蕃漢內外馬步軍總管的李嗣源前去平叛。李存勗對李嗣源雖存有一定戒備,但因一時更為合適的人選,也就不得已令其率侍衛親軍去平叛。

第九章　復唐夢破滅：李存勗的最終覆亡

　　李嗣源率軍行至鄴都城下，軍士譁變，與鄴都叛兵合流，一起擁戴李嗣源為主。史稱李嗣源最初本無反意，是被逼無奈，在五代諸帝多由軍士擁立的政治背景下，這應該是事實。然而一旦被推上了這個位子，便沒有了回頭的餘地，軍士不會答應，皇帝也不會答應，正如石敬瑭所說：「安有上將與叛卒入賊城，而他日得保無恙乎！」於是李嗣源也只好順著反叛的道路走下去了。他將駐防瓦橋的齊州防禦使李紹虔（即王晏球）、泰寧節度使李紹欽（即段凝）、貝州刺史李紹英（即房知溫）、北京右廂馬軍都指揮使安審通等通通招致麾下，其養子李從珂、部下王建立也分別率部眾從橫水柵和鎮州日夜兼程奔赴過來，形成了與莊宗對抗的態勢。

　　三月，李存勗自洛陽出發，親自率軍東征，欲坐鎮汴州（即開封）指揮平叛。但李嗣源的女婿石敬瑭已搶先占據汴州城。李存勗已知局面無法挽回，行至萬勝鎮（在今中國河南中牟西北）後，便又倉皇返回洛陽。沿途士卒逃散過半，從洛陽出發時，扈從軍隊有兩萬五千人，行至汜水關（又稱虎牢關，在今中國河南滎陽西北），軍士已經失去一萬多人。

　　李存勗把一切希望都寄託在魏王李繼岌的身上。本來，李繼岌在殺了郭崇韜後，令任圜留守成都，等新任西川節度使孟知祥到來，自己親率征蜀大軍班師。然而歸途中由於康延孝叛變，李繼岌又組織平叛，直到三月初六抓獲康延孝，才日夜兼程引兵東歸。

三、莊宗之死與朱邪李氏的覆滅

四月初一,李存勗決定前往氾水關與李繼岌會合,聯兵進剿李嗣源。他令扈從軍士在洛陽宮門外等候,自己在內殿進食。親軍從馬直軍指揮使郭從謙,是李存勗從伶人中提拔出來的將領,素以叔父禮待郭崇韜,又是李存乂的假子,對郭崇韜被殺非常不滿,遂發動叛亂,率部下攻入興教門。李存勗親率衛兵出戰,將亂兵趕出門外。而此時自幼在李存勗身邊為童僕,被認為是「心腹」的蕃漢馬步使朱守殷正率兵在城外北邙樹林中歇息,莊宗派人令其前來救駕,朱守殷卻坐視不管。亂兵最終焚毀興教門,李存勗被流矢射中,死於洛陽絳霄殿,時年四十二歲。伶人善友將樂器覆蓋在他的身上,縱火焚屍。一代英雄,最後竟落得如此下場。

對於唐莊宗李存勗的迅速覆滅,人們從各個方面總結原因,有說是由於寵信宦官、伶官,有說是由於後宮亂政,也有說是由於李存勗的全盤漢化等等。其實李存勗雖然具有傑出的軍事才能,卻沒有良好的政治才能,所謂馬上得天下,不能馬上治天下。五代的中央王朝,說穿了就是一個個擴大的藩鎮,唐末藩鎮的種種惡習,在朝廷中繼續蔓延,節度使要維護牙兵集團的利益,否則就會被殺、被逐。同樣地,作為皇帝的李存勗,也需要維護禁軍,尤其是當年一起打天下的代北軍人集團的利益。而李存勗滅梁後,卻只顧自己享樂,營造宮殿,充足後庭,勞民傷財,完全不顧及軍士的利益,「軍士之家乏食,婦女掇蔬於野」,甚至到了飢寒交迫的境地。直到最後時刻,才想到

第九章　復唐夢破滅：李存勗的最終覆亡

要「優給軍人」，賞賜錢物。但為時已晚，軍士皆揹著賞賜的物品罵道：「吾妻子兒女已被餓死，要這些東西有何用！」最後眾叛親離，死於非命，悲哉！哀哉！李嗣源到達罌子谷（在今中國河南滎陽汜水鎮廖峪村西黃河南岸），聽到莊宗死去的消息，放聲痛哭，對隨行將領說：

「皇上一向深得將士擁戴，都是受一群小人的矇蔽和迷惑，才走到這個地步啊！」痛哭之後，於四月初三進入洛陽，從灰燼中撿取莊宗的骨灰入殮。

宰相豆盧革率領文武百官上表，勸李嗣源即皇帝位，李嗣源三拒之後終於答應，這也是古代帝王易代慣行的禮儀。四月二十日，李嗣源於李存勗的靈柩前即皇帝位，是為後唐明宗。

李嗣源之所以遲遲沒有即帝位，按照他自己的說法是要等待魏王李繼岌的歸來，等國家有了新的君主，莊宗的陵墓修完下葬後，他就回到自己的藩鎮，為國家捍衛北疆。又說自己本來是奉皇上的詔令去討伐叛賊的，不幸的是部屬叛亂離散，想親自到朝廷說明情況，又被李紹榮（即元行欽）所阻隔，被逼無奈，以至於此，並無做皇帝的野心，所以當時只是稱「監國」，在新君主到來之前代管朝政。

但李嗣源的這番話真假難辨。

當時後唐的主力部隊是由李繼岌率領的征蜀軍，此時正在回朝途中，李嗣源並不知虛實，他擔心征蜀軍回來事態變化，

三、莊宗之死與朱邪李氏的覆滅

遂任命女婿石敬瑭為陝州留後、義子李從珂為河中留後加以防備。直到李繼岌軍至渭南,被迫自縊而死,征蜀大軍在副使任圜的率領下歸附自己,李嗣源感覺沒有後顧之憂,才在莊宗的靈柩前即帝位。

七月,李嗣源將李存勗葬於今中國河南新鄭境內,陵墓曰雍陵,上廟號莊宗,追諡為光聖神閔孝皇帝。如今,李存勗的雍陵已淹沒在三門峽水庫之中。

李嗣源入主洛陽後,無情的殺戮李克用的子孫,《新五代史‧唐太祖家人傳》云:「當莊宗遇弒時,太祖子孫在者十有一人,明宗入立,其四人見殺,其餘皆不知所終,太祖之後遂絕。」這子孫「十有一人」中,包括李存勗的五個兒子繼岌、繼嵩、繼潼、繼蟾、繼嶢以及六個弟弟存美、存霸、存禮、存渥、存確、存紀。

當然,「太祖之後遂絕」未必是事實,如宋人陶谷《清異錄》云:

後唐福慶公主下降孟知祥,長興四年,明宗晏駕,唐亂,莊宗諸兒削髮為苾芻,間道走蜀。時知祥彰(即顯露出)稱帝,為公主厚待猶子。

「苾芻」指削髮為僧的男子,即唐莊宗有子(太祖之後)削髮為僧逃到蜀地。陶谷卒於宋太祖開寶三年(西元970年),享年六十八歲,則其生於唐昭宗天覆三年(西元903年),歷仕後

第九章　復唐夢破滅：李存勗的最終覆亡

唐、後晉、後漢和後周，長興四年（西元 933 年）時他已三十一歲，其所言後唐事，可信程度是很高的。

但無論如何，李存勗的覆滅，象徵著朱邪氏自沙陀金山以來一直作為沙陀核心首腦時代的結束，代之的李嗣源、石敬瑭、劉知遠相繼成為沙陀政權亦即代北集團的核心首腦人物。

四、劣跡斑斑劉皇后

沒有女人的社會，便不是一個完整的社會，儘管從父系社會以來，權力基本掌握在男性的手中（女皇武則天及慈禧等個別皇太后除外）。在歐陽脩《新五代史》中，沙陀三王朝被列傳的后妃計有十三人。當然，實際人數絕不止這些，如《五代會要》卷一〈內職〉所列的沙陀三王朝皇后以外的貴妃、淑妃、昭儀、夫人、內人等就不下六七十人。

在《新五代史》后妃列傳中，唐莊宗李存勗的皇后劉氏是著墨較多的一個，其之所以得到如此待遇，並不是因為劉氏的賢淑聰慧或治理後宮有方，剛好相反，她是被作為反面教材批判的，歐陽脩所謂「宦、女之禍」中的「女禍」，主要就是針對劉皇后的，而孫光憲《北夢瑣言》則將其與歷史上的褒姒、妲己相提並論。

從史籍記載的情況來看，劉皇后的劣跡主要表現在以下幾個方面：

四、劣跡斑斑劉皇后

其一是喪失人倫，不認親父。

劉氏為魏州成安（今中國河北大名東北）人，家世貧寒，其父以行醫占卜為業。劉氏五六歲時被李克用部將劉建豐擄掠，帶回晉陽，初為李克用夫人曹氏的侍女，成人後被曹氏賜予兒子李存勗，成為李存勗眾多妃嬪中的一員。

當時在李存勗後宮專寵的，是在夾寨戰役中獲得的梁將符道昭之妻侯氏，李存勗征戰四方時，常令侯氏在身邊相伴，宮中呼為「夾寨夫人」。不過，劉氏很快為李存勗生下第一個兒子，母以子貴，劉氏也由此得到李存勗的寵愛。史稱李存勗「自下魏博、戰河上十餘年，獨以劉氏從。劉氏多智，善迎意承旨，其他嬪御莫得進見」。

李存勗在魏州即帝位後，劉氏與李存勗的正室韓氏爭奪皇后位置，互比出身高低。恰在此時，一位自稱是劉氏父親的老人求見，李存勗讓劉建豐前來辨認，劉建豐說正是劉氏之父。劉氏卻矢口否認，說：「臣妾當年離開家鄉的時候，父親已經不幸死於亂軍之中了，記得當時我還曾抱著父親的屍首痛哭，這是哪裡來的鄉下老頭，到此喬裝行騙！」於是讓人在宮門口鞭打了老人一頓，將其趕走。人品之差，令人不齒。李存勗對此事心知肚明。一天，他裝扮成一個老者，揹著用來占卜的蓍草袋子和治病藥箱，還讓兒子繼岌戴頂破草帽跟在後邊，就像當年劉氏父親行醫占卜的樣子。劉氏正在午睡，繼岌悄悄走近她的床前，大聲說：「劉老頭尋訪女兒來了。」劉氏驚醒之後，見

第九章　復唐夢破滅：李存勗的最終覆亡

是兒子和丈夫喬裝改扮來戲弄自己，不由大怒，拿起板子就打繼岌。李存勗本來就喜歡和善於演戲，此亦為其最為精彩的一幕戲。

劉皇后的劣跡之二，是小氣斂財，不顧國家。

劉氏最終透過宦官說動宰相豆盧革和樞密使郭崇韜，迎合莊宗旨意，如願以償當上了皇后。然而這個皇后不僅未能為皇帝分憂解愁，反而專以斂財為務。當初在魏州時就讓人經商販賣物品，打著中宮的名義出售以獲利。立為皇后以後，凡地方藩鎮貢獻的錢物，都分為兩份，一份送皇帝，一份送皇后，於是宮中賄賂貨物堆積如山。河南尹張全義家中鉅富，劉氏便認其做義父。張全義受寵若驚，當然送給劉皇后大批貢品以謝恩。劉氏拒認親父而認張全義做義父，充分展現了其嫌貧愛富、勢利小人的醜惡面目。

劉氏斂來的鉅額財物，除用作抄寫佛經布施尼姑外，不肯拿出一點以解國家急需。同光四年（西元 926 年）三月，魏州兵變已經發生，守衛皇宮的將士缺乏糧餉，連家人都要餓死了，宰相請求拿出一點內庫，也就是皇家私人倉庫的錢財賞賜將士，李存勗也已答應。但劉皇后堅決不肯，說：「吾夫婦君臨萬國，雖是憑藉武功，亦由天命。命既在天，人如我何！」宰相又在便殿論說，劉氏便拿出日常使用的兩個銀盆，又將皇子滿喜等三人領出來，讓宰相賣了錢犒賞將士，真是叫人哭笑不得。李存勗死後，劉皇后攜帶大批金銀珠寶，夥同申王李存渥出奔

四、劣跡斑斑劉皇后

太原,並在路上與李存渥通姦。到達太原後,劉皇后出家為尼避禍,但終究未能逃脫審判。當年四月,李嗣源即帝位後,派人抓捕並賜死劉皇后。劉皇后辛苦恣睢、斂財一生,最終還是落得個空!

劉皇后的劣跡之三,是下令殺死了郭崇韜。

劉氏能升上皇后的位子,郭崇韜其實發揮很大的作用。

然而劉皇后不僅沒有領情,反而恩將仇報,與宦官合謀,親自下令,命其子魏王李繼岌殺死了郭崇韜。《資治通鑑》同光三年閏十二月和天成元年正月分別對此事記載道:

(孟)知祥發洛陽。帝(即後唐莊宗)尋復遣衣甲庫使馬彥珪馳詣成都觀(郭)崇韜去就,如奉詔班師則已,若有遷延跋扈之狀,則與繼岌圖之。彥珪見皇后,說之曰:「臣見向延嗣言蜀中事勢憂在朝夕,今上當斷不斷,夫成敗之機,間不容髮,安能緩急稟命於三千里外乎!」皇后復言於帝,帝曰:「傳聞之言,未知虛實,豈可遽爾果決?」皇后不得請,退,自為教與繼岌,令殺崇韜。知祥行至石壕,彥珪夜叩門宣詔,促知祥赴鎮,知祥竊嘆曰:「亂將作矣!」乃晝夜兼行。

魏王繼岌將發成都,令任圜權知留事,以俟孟知祥。諸軍部署已定,是日,馬彥珪至,以皇后教示繼岌,繼岌曰:「大軍垂發,彼無釁端,安可為此負心事!公輩勿復言。且主上無敕,獨以皇后教殺招討使,可乎?」李從襲等泣曰:「既有此跡,萬一崇韜聞之,中途為變,益不可救矣。」相與巧陳利害,繼岌

第九章　復唐夢破滅：李存勗的最終覆亡

不得已從之。甲子旦，從襲以繼岌之命召崇韜計事，繼岌登樓避之。崇韜方升階，繼岌從者李環撾碎其首，並殺其子廷誨、廷信。

雖然，李存勗對郭崇韜有所猜忌，但只是令孟知祥前往觀察，如發現其有異常後，再行殺戮。如此，郭崇韜尚有一線生機。而劉皇后不問青紅皂白，就令其子殺死郭崇韜，由此引發一系列變亂，並最終導致唐莊宗李存勗的覆滅。

最後需指出的是，沙陀王朝中的一些后妃出身低微，如唐莊宗劉皇后、明宗魏皇后、王淑妃、漢高祖李皇后等。此外，李克用劉太妃、曹皇后；唐末帝劉皇后，其出身門第大概也不高。這種情況的出現，一方面是由於沙陀三王朝的皇室除李克用、李存勗一系出自沙陀貴族外，其餘如唐明宗李嗣源、晉高祖石敬瑭、漢高祖劉知遠都出自沙陀平民，他們的婚姻主要在社會中下層進行，因此在他們發跡以前的原配夫人大都出身門第不高。而另一方面，則與當時的社會風氣以及沙陀人的婚姻習俗有關。唐末以來的戰亂，使唐王朝建立起的等級制度受到嚴重打擊，李克用、李存勗父子雖然以維護唐王朝的統治為號召，並以李唐王朝的正統繼承者自居，李存勗甚至以唐朝士族作為擇相的先決條件，但在他們本人，則並不把門第看得多麼重要。出身低微的劉皇后「甚有色，莊宗見而悅之」，後立為皇后；王淑妃為邠州餅家女，有美色，號「花見羞」。少賣給後梁故將劉鄩為侍兒。劉鄩卒，安重誨遂舉薦給明宗而納之。李嗣

四、劣跡斑斑劉皇后

源此時雖未稱帝,卻也已有不錯的地位。因為是以姿色取人,所以許多后妃都曾是他人之妻,如李克用陳夫人、張氏,唐莊宗侯昭儀,唐明宗魏皇后、王淑妃等。甚至晉出帝石重貴娶叔母馮氏為妻並立為皇后,這也反映了沙陀人在婚姻上遺留的收繼婚習俗殘餘。

第九章　復唐夢破滅：李存勗的最終覆亡

第十章
五代小康：
後唐明宗李嗣源的治國理念

第十章　五代小康：後唐明宗李嗣源的治國理念

一、唐明宗的「小康」社會

李嗣源接手的，是李存勗留下的五代諸王朝中版圖最大而政治又很爛的一個國家。如何治理這個大而爛的國家，的確是擺在李嗣源面前的一個難題。王禹偁《五代史闕文》載，李嗣源即位後，每天夜間在宮中焚香向天禱告，說：「某蕃人也，遇世亂，為眾推戴，事不獲已。願上天早生聖人，與百姓為主。」歐陽脩《新五代史》和司馬光《資治通鑑》都採用此則故事，只是將「某蕃人」改作「某胡人」。說每夜祈禱，有點誇張，不過李嗣源大概的確有過如此舉動，這也說明他當皇帝真的感到很累，不像後來趙匡胤「杯酒釋兵權」時所說的「然天子亦大艱難，殊不若為節度使之樂」那句假話。

不過，經過數年的治理，唐明宗朝竟然開創一個五代的「小康」局面，《新五代史・唐明宗紀》說：

嗚呼，自古治世少而亂世多！三代之王有天下者，皆數百年，其可道者，數君而已，況於後世邪！況於五代邪！予聞長老為予言：「明宗雖出夷狄，而為人純質，寬仁愛人。」於五代之君，有足稱也。……其即位時，春秋已高，不邇聲色，不樂遊畋。在位七年，於五代之君，最為長世，兵革粗息，年屢豐登，生民實賴以休息。

薛居正《舊五代史》和司馬光《資治通鑑》對李嗣源的評價也都不低，所謂「小康」局面，最早就是在《舊五代史・唐明宗

一、唐明宗的「小康」社會

紀》中提出的。

「小康」一詞，在先秦典籍《詩經》、《禮記》中即已出現，一種解釋是：小康是儒家理想中的所謂政教清明、人民富裕安樂的社會局面，或許多群眾所享有的介於溫飽和富裕之間的比較殷實的生活狀態，是儒家理想中的人人友愛互助，家家安居樂業，沒有差異，沒有戰爭的所謂「大同」世界的初級階段。當然，古代的「小康」社會尤其是後唐明宗朝的「小康」社會，與我們現在已經全面建成的小康社會，無論在內涵上還是標準上，都是不能同日而語的。

後唐明宗李嗣源雖然在前面已多次提及，不過對其本人的基本情況，還需簡要介紹。

李嗣源是李克用的養子，也是舊小說中李克用的十三太保之一。他的父親名霓，代北胡人，無姓氏，為朱邪赤心（李國昌）部將。李嗣源於唐僖宗乾符三年（西元 876 年）出生在應州金城縣（今中國山西應縣），本名邈佶烈，也算是一個「官將世家」。他最初跟隨李國昌，後隨李克用，並賜姓名李嗣源。所以，當其即帝位後，部分大臣認為後唐運數已盡，應該重新建立一個新的國號。李嗣源斷然拒絕，說：「我十三歲開始跟隨獻祖（即李國昌），獻祖以我為宗屬，對待我如同兒子一樣。我又跟隨武皇（即李克用）近三十年，跟隨先帝（即李存勗）近二十年，籌謀劃策，攻城略地，沒有不參加的。武皇的基業就是我的基業，先帝的天下就是我的天下，哪有一家人而不同國的道

第十章　五代小康：後唐明宗李嗣源的治國理念

理呢？」遂繼續以「唐」為國號，只是將莊宗的同光年號改為天成，這也是新君即位後的慣例。於是，李嗣源也就成為後唐王朝的第二位皇帝──後唐明宗。

按照歐陽脩的說法，後唐明宗朝之所以在五代亂世中被稱為「小康」，主要表現在李嗣源「不邇聲色，不樂遊畋」，在位七年中，「兵革粗息，年屢豐登，生民實賴以休息」。這個標準其實很低。不過按照當今流行的「沒有比較就沒有傷害」來考量，相比於五代其他君主，李嗣源也是當之無愧可以勝任這個評價的了。

自唐朝安史之亂以來，到後唐明宗李嗣源即位的一百七十多年間（西元755～926年），一直是戰亂不斷：先是長達八年的安史之亂戰爭，接著是唐朝廷與藩鎮以及藩鎮之間的連綿戰爭，然後是唐末農民戰爭以及以朱全忠、李克用為中心展開的軍閥爭霸戰爭，再來是晉王李存勗與河北藩鎮、後梁王朝彼此間的戰爭，最後又是後唐平前蜀、魏博亂軍與後唐王朝的戰爭。尤其是從黃巢起義以來的四十多年間，可以說，老百姓根本無法過上幾天安寧的日子。

事實上，在李嗣源時期，雖然沒有發生像李克用、李存勗時期那樣長年累月的大規模戰爭，但小的戰亂甚至比較大的戰事也是接連不斷。比如就在李嗣源剛即位的天成元年（西元926年）六月，汴州軍將張諫等就試圖叛亂，將士以下三千人被族誅；七月，滑州軍士數百人作亂，夷（殺盡）其族；天成二年（西

元927年）二月，後唐出動蕃漢馬步軍四萬人征伐南平王高季興，至五月休兵；同年三月，戍守盧臺的魏博兵三千五百人譁變，李嗣源下令將他們以及留在魏州的家屬萬餘人全部處斬；天成三年（西元928年）四月，義武節度使王都聯合契丹反叛，直至次年二月，官軍攻破定州，王都全族自焚而亡；長興元年（西元930年），西川節度使孟知祥和東川節度使董璋有割據傾向，李嗣源又對東、西兩川用兵，直到長興四年（西元933年）封孟知祥為蜀王，承認孟知祥獨立為止。因此，所謂「兵革粗息」，也只是相對而已，後唐明宗朝並沒有出現一個國泰民安的太平社會。

在政治上，明宗朝雖然革除一些莊宗朝的弊政，但遠遠沒有達到「清明」的程度。因此，要說李嗣源與五代其他十幾位君主最大的不同，大概就在於他比較注重和關心民生疾苦，所謂「小康」社會，也主要是針對普通百姓而言的。

李嗣源即位的第二年也就是天成二年，這一年糧食豐收。十二月的一天，李嗣源在元德殿接見宰臣，在談論到民事時，宰相馮道奏說：「莊宗末年，不撫卹軍民，迷惑於聲色音樂，致使民怨國亂。陛下自即位以來，眾望所歸，年景豐收，這也是敦行王化的結果。更需要居安思危。」李嗣源深以為是。

一日，李嗣源問馮道：「如今天下豐收，百姓是否富足？」馮道回答道：「穀貴餓農，穀賤傷農，這是常理。」接著馮道吟誦了唐代詩人聶夷中的一首〈傷田家〉詩：

第十章　五代小康：後唐明宗李嗣源的治國理念

二月賣新絲，五月糶秋谷，

醫得眼下瘡，剜卻心頭肉。

我願君王心，化作光明燭，

不照綺羅筵，偏照逃亡屋。

李嗣源便命侍臣將此詩錄下，經常誦讀，以警示自己。長興二年（西元931年）九月，李嗣源敕令把內廷五坊豢養的鷹隼（泛指凶狠之鳥）全部放回山林，並且下令以後朝廷內外都不得再進獻這些鳥。宰相馮道讚譽說：「陛下的仁愛可以說是波及於禽獸了。」李嗣源解釋道：「也不是這麼回事。朕從前曾隨武皇帝打獵，當時正值秋季，禾稼剛剛成熟，有的野獸逃入田中，武皇派人騎著馬去獵取，等到抓住野獸，禾稼也已經被糟蹋得所剩無幾了。想到打獵有害無益，所以我不做那種事情。」

這幾則事例反映了李嗣源對於民生疾苦的關心，所以在他的一些施政措施中，也展現出了不少以民為本的觀念精神。

孔謙是後唐莊宗寵信的一位大臣，由於他善於斂財，從物質上支持李存勗對朱梁王朝長年用兵，從而被賜予「豐財贍國功臣」之號。然而孔謙在滿足國家和皇帝需求的同時，自己也撈得缽滿盆滿，招致民怨沸騰。李嗣源在「監國」數日後，便將這位「侵剝萬端，奸欺百變，遂使生靈塗炭，軍士飢寒」的財神爺處死，沒收其田宅，廢除其所制定的各種苛斂於民的法令。

晚唐五代以來，戰亂頻仍，人口急遽下降，而從中央到地

一、唐明宗的「小康」社會

方,都在招兵買馬,盡最大可能擴充兵力,這一方面吸走大量的勞動力,另一方面將沉重的經濟負擔全部壓到日益減少的納稅人頭上。為增加財富來源,以養活皇室及各級官員、軍隊,各級政府都不顧百姓死活,巧立名目,橫徵暴斂。後唐莊宗朝的「損耗」,就是其中的一種。所謂「損耗」,就是在徵收夏、秋兩稅時,官府為補償在運送或倉儲過程中的損耗,於正稅之外每鬥再加徵一升,將之轉嫁到百姓頭上。對此,李嗣源在正式即帝位後就宣布廢除,只徵收正稅。之後,又多次頒發免去全國或部分地區百姓的賦稅徭役以及限制高利貸盤剝等詔令。

從晚唐以來,地方藩鎮節帥為了討好朝廷,得到升遷,都不時向朝廷進貢錢物,稱作「羨餘」。不言而喻,羊毛出在羊身上,所謂「羨餘」的錢物,都來自對百姓的盤剝。對此,李嗣源在一號詔令中也做出了以下規定:節度使、防禦使等高官除在正旦(正月初一)、冬至、端午以及皇上的生日這四個節日可以向朝廷貢獻少量錢物以表達情意外,其餘時間都不許進奉,不許盤剝百姓,刺史以下的官員則在任何時間都不允許向朝廷貢獻財物。

後唐莊宗豢養了一大批宦官、伶人及後宮佳麗,形成一支龐大的宮廷隊伍,他們不僅干政亂政,而且耗費巨大,增加了國家的財政困難。李嗣源大幅度精簡此等人員,規定宮中根據需求留宦官三十名、宮女一百人、教坊樂工一百人、鷹坊二十人、御廚五十人,其餘人員全部裁撤。其中遣散的宮女中,有

第十章　五代小康：後唐明宗李嗣源的治國理念

一位姓柴的宮女，後來嫁給郭威，也就成為後周的柴皇后。而裁撤的數百名宦官或竄匿山林、或落髮為僧，而逃到晉陽的七十多人，都被明宗姪李從溫殺死了。在這之前，李嗣源還下令罷黜由宦官充任的諸道監軍使，命諸道盡殺之。當然，李嗣源後來也曾重用過一些宦官，如孟漢瓊等。

自古以來，貪官汙吏是造成百姓貧困和社會衝突的重要因素之一，史稱「明宗皇帝尤惡貪貨」，因此對貪官汙吏的處置不留絲毫情面。他除了「監國」期間立即處死了「侵剝萬端」的租庸使孔謙外，即位後又懲處一批貪官：鄧州留後陶玘、掌書記王唯吉因在稅外科配被貶官流放，亳州刺史李鄴因貪贓罪被賜死、判官樂文紀發配祁州，登州刺史孫元因無依據隨意向百姓徵收錢物被罷官等等。

對於貪官汙吏們的官官相護、說情求情，李嗣源也一概不給情面，《北夢瑣言》記載如下兩個案例：

一件是汴州一名掌管倉庫的官吏因貪贓被查處，案件涉及史彥珣。史彥珣是功臣舊將之子，官數代，又是駙馬石敬瑭的親戚。於是大臣王建立等為其求情，希望能免史彥珣一死。李嗣源說：「王法無私，豈能因為是親戚而徇情！」下令將史彥珣在內的涉案官吏全部處斬。

另外一件是掌管國庫的一位供奉官丁延徽，善於巴結權貴，後因監倉自盜而被下獄，依法當死。侍衛使張從賓等許多朝中權貴為其求情，李嗣源說：「丁延徽拿著我的俸祿，反而偷

盜我的財物,論罪當死!別說是你們,就算是蘇秦復生,也不能說服我替他減刑!」最終將丁延徽處死。

在李嗣源的強勢打壓下,官員的貪腐之風得到一定的扭轉,朝廷的政治生態環境得到改善。

許多事實表明,李嗣源是一個好殺的君主,如他對於莊宗李存勗的兄弟子姪,亦即他的義父李克用後人的無情殺戮;對他曾經倚賴過的重臣任圜、安重誨的殺戮;以及將魏博三千五百名譁變士兵和他們的家屬萬餘人全部處斬等。不過對於普通平民百姓,他卻表現出了「仁慈」的一面。

天成三年(西元928年)正月曾發生過這樣一件事:

當月十七日,巡檢軍使渾公兒奏稱有百姓二人以竹竿練習戰鬥,李嗣源令石敬瑭前往處置,石敬瑭不問青紅皂白,便將二人殺死。後來經安重誨考核,其實是兩名孩童在玩遊戲。李嗣源對此深感愧疚,「方覺失刑,循揣再三,愧惕非一」,專門下一道詔旨進行自責,並「減常膳十日,以謝幽冤」。石敬瑭被罰一月俸祿,渾公兒杖二十,配流登州。小兒家屬賜絹五十匹、粟麥各百石,令如法埋葬,作為補償。並且下令今後無論是在朝廷,還是諸道州府,凡有極刑,必須仔細裁斷核查,不得輕率處理。在五代那樣視人命為草芥的社會背景下,李嗣源能做出這樣的舉動,這大概就是歐陽脩所說的「寬仁愛人」吧!

李嗣源在位的七年間,天公也作美,風調雨順,「年屢豐

第十章　五代小康：後唐明宗李嗣源的治國理念

登」。李嗣源即位的第二年即天成二年（西元927年）十二月，蔚州刺史周令武任滿歸朝，李嗣源問起北邊之事，周令武奏道：

「山北甚安，諸蕃不相侵擾。雁門已北，東西數千里，鬥粟不過十錢。」盛唐玄宗時期，當時的米價是每鬥十三文，青、齊間（今中國山東青州至濟南一帶）賤至一斗穀五文錢。米價的便宜，表明糧食豐收。如果周令武的話可信的話，的確是「年穀豐登」了。

後唐明宗李嗣源在長興四年（西元933年）五月初九突發傷寒疾病，之後身體就每況愈下，時好時壞。十一月十六日再次發病，期間發生了秦王從榮叛亂，驚嚇之下，於二十六日去世，享年六十七歲。次年四月二十七日葬於徽陵（位於今中國河南洛陽孟津區送莊鎮送莊村東南），諡號聖德和武欽孝皇帝，廟號明宗。

二、明宗朝的三位大臣

後唐明宗李嗣源被舊史說成是被迫繼承莊宗的天下，即便如此，他在擔任禁軍將領和地方節帥期間，也組建起一個勢力集團，網羅了諸如高行周、王仁鎬、李彥珣、王清、張延朗、梁文矩、范延光、郭璘、王繼弘、張延播等一大批親信部下，到其即位後，這些人都得到了提拔和重用。明宗「小康」社會的取得，離不開團隊的配合合作。而在李嗣源所重用的大臣中，任圜、安重誨、馮道尤值得一提。

(一) 任圜

　　任圜在前面已有所提及,他的父親任茂宏在唐末避亂遷居太原,有子五人,都得到李克用的賞識,其中任圜最為出色,李克用以宗女嫁之,所以也算是皇親國戚。之後,任圜曾擔任李嗣昭昭義鎮觀察支使等職務。李嗣昭在征討成德鎮時陣亡後,任圜代總昭義軍,處理軍務,頗得好評。胡柳陂戰役中,任圜立有戰功,受到李存勗的褒獎,說:「儒士亦破體邪?仁者之勇,何其壯也!」所謂「破體」,即超出了常態,意思是說任圜的勇敢超出儒士性格形象。同光三年(西元925年)後唐伐蜀時,任圜奉命從征,在郭崇韜幕下參贊軍機。蜀國滅亡後,隨之發生一系列事變:郭崇韜被殺、康延孝反叛、李繼岌自殺,任圜最終率領征蜀軍東歸,從而消除明宗的後顧之憂。

　　李嗣源即位後,一方面為了嘉獎任圜率領征蜀軍歸己之功,另一方面也欣賞其才能,拜他為同中書門下平章事,兼判三司,也就是宰相兼財政部長。史稱是時明宗新誅孔謙,任圜掌管大權,為政清廉,選拔任用才能之士,杜絕僥倖之徒,「期年(一年)之間,府庫充足,軍民皆足,朝綱粗立」,天下便之。同僚孔循嫉恨任圜,罵道:「天下事一則任圜,二則任圜,圜乃何人!」可見其在朝中的地位。所以明宗朝「小康」社會的取得,應該有任圜的一份功勞。

　　可惜任圜在相位上的時間並不長,由於性格原因,他與樞密使安重誨常常在朝堂上因為一點事情爭得面紅耳赤,各執己

第十章　五代小康：後唐明宗李嗣源的治國理念

見，互不相讓。如安重誨提出要任用崔協為宰相，任圜堅決反對，說崔協是「沒字碑」（時人將虛有儀表而不通文墨的人稱為「沒字碑」），不宜為相。官員的差旅費，以往都是由戶部報帳，安重誨提出由內庫即皇宮的府庫中報帳，任圜不同意，與安重誨在明宗面前爭執。

一日，李嗣源退朝回宮，宮人（即王淑妃）問剛才與安重誨爭論的人是誰？李嗣源說是宰相。宮人奏道：「妾在長安，見宰相奏事，未嘗如此，蓋輕大家（即皇帝）耳！」李嗣源本來就懷疑宰相看輕自己，宮人的一番話無疑是火上澆油，於是對任圜逐漸冷淡。任圜也感受到安重誨不能容己，便請求罷職，辭官退居於磁州（今中國河北磁縣）。恰在此時發生了朱守殷的叛亂事件，安重誨藉機誣陷任圜與朱守殷通謀，密遣供奉官王鎬赴磁州假傳聖旨，賜其自盡。任圜從容受命，與族人暢飲而死。李嗣源曲從安重誨，知而不問，下詔說任圜在與朱守殷的書信中，有怨望之意云云。

（二）安重誨

在明宗朝最受寵信和重用的大臣，是樞密使安重誨。

安重誨為應州（今中國山西應縣）胡人，也就是昭武九姓胡人，與明宗李嗣源同鄉里。其父安福遷為李克用部將。安重誨自少年起就跟隨李嗣源南征北戰，李嗣源任安國（邢州）節度使時，以其為中門使。中門使是當時藩鎮設置的一種官職，等於

二、明宗朝的三位大臣

朝廷的樞密使,當節度使升為天子後,中門使也就順理成章地變成樞密使。所以當唐莊宗李存勗即位後,郭崇韜由中門使升任樞密使;李嗣源即位後,安重誨也由中門使升任樞密使。

據說安重誨跟隨李嗣源長達三十年,就私人感情而言,李嗣源與安重誨的感情要遠比與任圜深厚得多,所以在任圜與安重誨的爭鬥中,李嗣源無疑是傾向於安重誨一邊的。長興元年(西元930年)八月,有告密者說安重誨有異志,大將安從進、藥彥稠二人「以宗族保之」。李嗣源遂召安重誨予以慰撫,君臣相對而泣,說明了他們的私人關係是多麼親密。

樞密使在五代是「權侔(即等同)宰相」的要職,有時甚至權力超越宰相。安重誨任樞密使近五年,作為明宗李嗣源的股肱重臣,他具有一定的政治才能,懂得一點安邦濟世的道理,輔佐明宗也是忠心耿耿,盡心盡職,明宗統治最盛的時期,也正是安重誨掌權的那幾年。所以明宗朝「小康」局面的取得,也有安重誨的一份貢獻。

但在中國歷史上,權臣與皇帝的關係最難處理。安重誨一旦控制朝政後,也滋生了專橫跋扈、恣意妄行的作風,威懾百官,欺上瞞下,甚至連李嗣源本人也要畏他三分。《新五代史‧安重誨傳》在講到安重誨的驕橫時說:

重誨自為中門使,已見親信,而以佐命功臣,處機密之任,事無大小,皆以參決,其勢傾動天下。雖其盡忠勞心,時

第十章　五代小康：後唐明宗李嗣源的治國理念

有補益，而恃功矜寵，威福自出，旁無賢人君子之助，其獨見之慮，禍釁所生，至於臣主俱傷，幾滅其族。

其中提到「明宗不得已」而曲從安重誨之事有三處：

第一次是在天成元年（西元 926 年）七月，安重誨外出，路經御史臺，殿直（皇帝侍從官）馬延無意中冒犯他，安重誨當即拔劍將馬延斬於御史臺門前，而後奏請明宗下詔處分，說馬延冒犯朝廷重臣，罪該當死，李嗣源不得已而從之。

第二次就是安重誨誣陷任圜與朱守殷通謀叛亂，並私自將其處死。安重誨自覺理虧，恐遭到天下的譴責，便奏請明宗下一份處死任圜的詔令，李嗣源不得已從之，詔中說任圜「不遵禮分，潛附（朱）守殷」云云。

第三次則涉及李嗣源養子李從珂。當時李從珂任河中節度使，安重誨說李從珂非李氏子，後必為國家禍患，便想方設法要將其除掉。他以樞密院的名義下令給河中牙將楊彥溫，讓其趁李從珂外出之際，關閉城門拒絕其入內，然後以李從珂「失鎮」為由治其罪。李嗣源頗疑此事，欲究其原委，安重誨便遣禁軍將領藥彥稠、西京留守索自通殺楊彥溫滅口，然後說李從珂失守河中，應治其罪。李嗣源氣憤地說：「公欲如何處置，我即從公。」也是不得已。

安重誨必欲除去潞王的真正原因，其實也並非僅僅因為「從珂非李氏子」。安重誨與李從珂同時在鎮州李嗣源部下時，因酒

二、明宗朝的三位大臣

桌上事,李從珂要打安重誨的頭,安重誨逃走,只擊中了頭上的梳子。李從珂過後雖向其道歉,但安重誨始終不予原諒,所以其決意要除掉李從珂,也有公報私仇之嫌。

安重誨雖為昭武九姓胡人出身,卻是漢化非常深,不懂胡語。前磁州刺史康福通曉胡語,李嗣源在退朝後,往往把康福召至便殿,問以時事,康福便用胡語回答。安重誨厭惡康福用胡語與明宗交談,告誡他說:「你若敢在皇上面前亂說,我一定會殺了你。」康福害怕,請求外任。安重誨以靈州遠在胡境,擔任節帥者大多遭到殺害,便任命康福為朔方、河西節度使。康福去見李嗣源,哭著想辭掉這件差使。李嗣源讓安重誨幫康福重新換一個藩鎮,安重誨不肯,說詔命已下,難以更改。李嗣源沒有辦法,只好對康福安慰一番,並派萬人重兵護送他赴任。

康福在河西任上,還有一則有趣的故事,《舊五代史・康福傳》載:

(康福)在天水日,嘗有疾,幕客謁問,福擁衾而坐。客有退者,謂同列曰:「錦衾爛兮!」福聞之,遽召言者,怒視曰:「吾雖生於塞下,乃唐人也,何得以為爛奚(按即奚族)!」因叱出之,由是諸客不敢措辭。

「錦衾爛兮」,是形容織錦的花被鮮豔美麗,語出《詩・唐風・葛生》,衾即被子。康福不懂其中含義,誤以為是幕客在譏笑他的出身。康福常自言其為沙陀種,這裡又說自己「乃唐人也」。這段小插曲,反映了昭武九姓胡人在沙陀化的過程中,又

第十章　五代小康：後唐明宗李嗣源的治國理念

隨著沙陀人的漢化而漢化，在心理上對漢族的認同。

安重誨與明宗李嗣源之間的衝突越來越尖銳。李嗣源「常疑宰相輕己」，事實證明，樞密使若大權在握，往往也會侵犯他的權力，因此，安重誨已漸不能為李嗣源所容。安重誨顯然也了解到這一點，便接連請辭，最後以太子太師致仕（退休），居住在河中（今中國山西永濟）。但為時已晚，不久，李嗣源任命李從璋為河中節度使，派重兵包圍安府，然後將安重誨夫婦亂棒打死。時在長興二年（西元931年）閏五月。

李嗣源最後幫安重誨定的罪名是「以其絕錢鏐，致孟知祥、董璋反，及議伐吳」。雖然安重誨做這幾件事的目的是「欲內為社稷之計，而外制諸侯之強」，孟知祥、董璋背叛的責任也不在安重誨，「二人皆有異志，重誨每事裁抑，務欲制其奸心」，剛好是安重誨要「裁抑」他們的野心。但李嗣源既然不甘受安重誨的箝制，必欲除之，欲加之罪，何患無辭！

（三）馮道

明宗朝頗受倚重並得到善終的一位大臣，就是號稱五代「不倒翁」的馮道。

馮道是一位在古今都頗有爭議的人物。他為瀛州（治今中國河北河間）人，好學能文，先在幽州節度使劉守光幕下供職，後歸太原，李存勗署為掌書記。歷仕後唐、後晉、遼、後漢、後周五朝，後唐莊宗和明宗、後晉高祖、後漢高祖、遼太宗、後周

太祖等十帝,被歐陽脩罵為「無廉恥者」。其云:「當是時,天下大亂,戎夷交侵,生民之命,急於倒懸,道方自號『長樂老』,著書數百言,陳己更事四姓及契丹所得階勳官爵以為榮。」亦曾被司馬光斥為「奸臣之尤」,說他不管是華夏還是夷狄之君,都「迎謁勸進」、「竊位素餐」。

不過在五代時期,馮道卻有著很高的聲望,按照歐陽脩的說法,「當世(即五代)之士無賢愚,皆仰道為元老,而喜為之稱譽」。而李嗣源對馮道的評價也是非常高,說他本性純樸節儉,往日在德勝寨(即李存勗與後梁對峙時)住一座茅棚,與僕人同吃一鍋飯,睡覺就在一捆茅草上,內心安然自若。因父親去世到家鄉守喪,自己耕種砍柴採摘,與農夫們住在一起,絲毫不以貴賤為意,這是真正的士大夫,把馮道當作當時的道德楷模。

馮道之所以能得到李嗣源如此高的評價,除了其個人品行外,主要是因為他們有著相同的「以民為本」的治國理念,前面提到李嗣源愛惜百姓、關心民生疾苦的幾件事中,就都與馮道有關。此外,還有兩件事也值得一提。

天成、長興年間,天下連年豐收,朝廷無事。一次議事後,馮道對明宗進言說:「臣以前在太原時,曾奉命前往中山,路過井陘天險時,擔心馬匹失足,都會緊緊地抓住韁繩。但等到達平地後,就不再小心抓牢控制,結果被馬顛覆下來,差點摔傷。臣所說的這件事情雖小,但可用來說明大的道理。希望

第十章 五代小康：後唐明宗李嗣源的治國理念

陛下不要因為清平安閒，年景豐收，就放縱享樂，應該更加兢兢業業、小心謹慎才是。」這件事不知是馮道杜撰出來開導明宗的，還是確有其事，不過李嗣源深以為然。

還有一次，李嗣源得到一個玉杯，上面寫著「傳國寶萬歲杯」幾個字樣，便拿給馮道觀看。馮道說：「這是前朝的有形之寶。王者有無形之寶，仁義便是帝王之寶，因此有『大寶曰位，何以守位曰仁』的說法。」馮道的這句話，出自三國時文學家李康的〈運命論〉，原話是：「天地之大德曰生，聖人之大寶曰位，何以守位曰仁，何以正人曰義。」李嗣源武夫出身，不了解其中意思。馮道走後，又問侍臣，這才知道馮道是說守住皇位要靠仁義。

李嗣源不識字，但喜歡聽儒者論道，馮道即是論道的主要儒者之一，馮道能夠深入淺出地透過一些小事情來說明大道理，李嗣源也能聽得懂，所以稱其為「真士大夫也」。如果說儒家仁人愛民的治國理念對明宗朝「小康」局面的出現產生一定影響的話，那麼馮道在其中是發揮正向的作用。

在後唐明宗時期，與馮道和安重誨相關聯的還有一項制度上的創新，這就是端明殿學士的設立。《資治通鑑》天成元年五月載：

帝目不知書，四方奏事皆令安重誨讀之，重誨亦不能盡通，乃奏稱：「臣徒以忠實之心事陛下，得典樞機，今事粗能曉知，至於古事，非臣所及，願仿前朝（指唐朝）侍講、侍讀，

近代（指後梁）直崇政、樞密院，選文學之臣與之共事，以備應對。」乃置端明殿學士，乙亥，以翰林學士馮道、趙鳳為之。

據《五代會要・端明殿學士》及《新五代史・趙鳳傳》，端明殿學士是由孔循「獻議」或其「教重誨」而設置的，但原因則與《資治通鑑》所記相同，與李嗣源不知書和安重誨不曉古書文義有關。端明殿學士位在翰林學士之上，此職一直延續到宋代。

第十章　五代小康：後唐明宗李嗣源的治國理念

第十一章
小康之後的崩解：
後唐王朝的衰敗

第十一章　小康之後的崩解：後唐王朝的衰敗

一、後唐政壇鬥爭的犧牲品 ── 唐閔帝

唐明宗李嗣源雖然在國家的治理上取得「小康」的局面，然而他在「小家」的治理上卻是失敗的，在他去世前後，發生一系列的變亂，「小康」局面也就此終止。

據歐陽脩《新五代史》，後唐明宗有四個兒子，分別為從璟、從榮、從厚、從益。長子從璟在鄴都兵變時被元行欽所殺。從榮、從厚、從益於明宗即帝位後分別封為秦王、宋王和許王。從榮、從厚都曾擔任節度使的職務，從榮還掌握禁軍兵權。此外，李嗣源與李克用、李存勗一樣，也有許多養子，如元行欽，最初本為李嗣源的養子，後被李存勗所奪，並賜名李紹榮。李嗣源的其他養子有李從溫、李金全、張彥超等。當然，最有名的是李從珂，從小就跟隨明宗征戰四方，屢立戰功，歷任西京留守、鳳翔節度使等職，封潞王，明宗將其當親子一樣。

秦王李從榮作為明宗的次子，又手握兵權，本來最有可能繼承皇位，明宗也著意培養他，在他身上下了不少功夫。然而李從榮操之過急，在長興四年（西元933年）十一月明宗病重期間就想搶奪帝位，帶領一千人的軍隊強闖宮門，結果兵敗被殺。明宗緊急派宦官孟漢瓊召鎮守鄴都（即魏州，今中國河北大名）的宋王李從厚回京。十一月二十六日，明宗去世，而李從厚則在三日後方抵達洛陽，於十二月初一即皇帝位，是為後唐閔

帝,改長興四年為應順元年。

李從厚雖然是在明宗的指定下繼承皇位,但他本人並無爭奪皇位的意願,這一方面是由於其性格寬柔懦弱,不願與強勢跋扈的同母兄從榮相爭;另一方面則是明宗一直囑意秦王從榮接班,因此閔帝的繼位,可以說是一個意外。正如他後來對康義誠和朱弘昭、馮贇等人所說:「先帝辭世之際,朕正在外邊戍守藩鎮,當時由誰來繼承大位,只在於你們取捨而已,朕實在沒有爭皇帝的心思。」而選他做皇帝的人,就是朱弘昭、馮贇以及宦官孟漢瓊和王淑妃等人。

朱弘昭和馮贇都是太原人,也都是李嗣源的舊人,李嗣源在藩時就在其手下供職。明宗即位後,朱弘昭歷任宣徽使,鳳翔、襄陽節度使等職,長興四年(西元933年)入為樞密使;馮贇則歷任客省使、忠武軍節度使、三司使等職,與朱弘昭同時任為樞密使。樞密使在五代除後梁外,是最具實權的官員,秦王從榮就是被朱弘昭和馮贇以及康義誠、孟漢瓊等同謀而殺的。之後,他們又擁立閔帝李從厚即位。

李從厚雖然也曾歷任河南尹以及汴州、河東、鎮州、鄴都諸鎮節帥,並擔任過禁軍統帥「判六軍諸衛事」,卻始終未能建立一個自己的權力班底,就連其最信任的親信宋令詢,也因「朱、馮用事,不欲閔帝舊臣在左右」,出為磁州刺史。所以,當時朝政實際上被朱弘昭和馮贇等人掌控,閔帝不過點頭而已,正如其本人所言:「諸公以社稷大計見告,朕何敢違?」當

第十一章　小康之後的崩解：後唐王朝的衰敗

然，朝廷的命令，還是得以皇帝的名義釋出下去。

「一朝權在手，便把令來行」。朱弘昭素來猜忌潞王李從珂，為削弱李從珂的勢力，先是罷免其子李重吉禁軍將領控鶴指揮使的軍職，出為亳州（治今中國安徽亳州譙城區）團練使，接著下令將李從珂由鳳翔改鎮河東，同時將河東節度使石敬瑭改鎮成德，成德節度使范延光改鎮天雄（即魏博），而將閔帝的堂兄弟李從璋調任鳳翔，接替李從珂的職務，將節度使來一個大輪換，這也是唐末五代朝廷為防止地方藩鎮形成割據勢力的一貫手法。李從厚本來與潞王「兄弟之間，必無榛梗」，即沒有隔閡，但對於朱弘昭等人的決定，又何敢違抗？只好點頭同意。

李從珂當然也了解朝廷的用意，故拒絕接受命令，同時向周邊藩鎮發出檄文，稱朱弘昭等人趁明宗皇帝病危之際，殺長立少，專制朝權，離間骨肉，動搖藩鎮，社稷恐要傾覆。說自己有心入朝清君側之惡，但以一己之力不能辦到，因此懇請鄰藩助一臂之力。於是朝廷派西都（即長安，今中國西安）留守王思同為主帥、前靜難節度使藥彥稠為副帥，萇從簡、尹暉、楊思權等為偏將，與興元節度使張虔釗等共六節鎮前往鳳翔（今中國陝西鳳翔）征討。

本來，官軍最初的進展是很順利的。三月十五日，諸道之兵會集到鳳翔城下。鳳翔不屬於軍事大鎮，城垣低矮，塹壕淺薄，守備器材也不足，官軍當日便攻克東、西城關。次日繼續攻城，李從珂登上城頭哭訴說：「我從十幾歲起就跟隨先帝，歷

經百戰，出生入死，滿身創傷，打下今日的天下，這些都是你們親眼所見。現在朝廷信任讒佞之臣，猜忌骨肉，我犯了什麼罪而要誅殺我？」李從珂的這番哭訴，並非虛言妄語，李存勗就曾對李嗣源、李從珂說過：「復唐社稷，卿父子之功也！」前來征討的官軍本來有不少就是李從珂原本的部下，因此許多圍城將士被他的痛哭聲所打動。

於是形勢急轉直下，偏將楊思權因勢大呼道：「大相公是我們的君主。」便率領軍隊解甲向李從珂投降，從西門進入鳳翔城。王思同尚不知道西邊發生的情況，仍在督促士兵從東邊登城。尹暉又大喊道：「城西的官軍已經入城接受賞賜了。」於是城東的士兵也都繳械投降。王思同、藥彥稠等見部下投降的投降，逃散的逃散，也就與其他幾個節度使一起撤退。

李從珂把城中所有將吏士民的財物蒐集起來，犒勞官軍，甚至連鍋釜等器皿都估價賞賜給軍隊。更為滑稽可笑的是，楊思權在倒戈時，曾寫了一張紙條遞給李從珂，說：「希望大王攻克京城後，派我當節度使，而不要只給我一個防禦使、團練使的職務。」李從珂便寫了個「楊思權可任邠寧節度使」的字條給他。李從珂後來也的確沒有食言，即位後授楊思權為靜難軍（邠寧）節度使。

王思同等失敗的消息傳到洛陽後，朝廷上下一片震驚。李從厚束手無策，將康義誠和朱弘昭、馮贇等人召來責問道：

「這次興兵討伐鳳翔之初，你們都說亂寇很容易討平。現在

第十一章　小康之後的崩解：後唐王朝的衰敗

事情到了這個地步，有什麼辦法可以扭轉禍局呢？朕打算親自前去迎接潞王，把皇位讓給他，如果不能免去罪罰，也心甘情願。」

朱弘昭、馮贇不敢附和。康義誠說：「朝廷軍隊潰散，是由於主將指揮失策。現在侍衛部隊還有很多，臣請親自率兵去扼守衝要之地，召集離散以圖後效，請陛下不要過於憂慮！」李從厚又想派使臣召石敬瑭率兵前去抗拒李從珂，康義誠堅決請求自己去。閔帝不得已，便把將士召集起來慰問動員一番，吩咐了府庫全部財物犒勞軍隊，並且許諾平定鳳翔之亂後，每人再加賞錢二百緡，如果府庫不足，便用宮中錦帛珍玩變價補充。而軍士更加驕橫，肆無忌憚，揣著賞賜的物品，在路上張揚說：「到了鳳翔，再要一份！」

而就在此時，潞王李從珂的軍隊已經在殺向洛陽的路上。李從珂在楊思權、尹暉投降後，立即整頓旗鼓，率大軍自鳳翔東進。一路斬關納降，勢如破竹，連下長安、華州（今中國陝西渭南）、閿鄉（現淹沒在三門峽水庫中）、靈寶（今中國河南靈寶），殺王思同，收藥彥稠入獄。二十七日到達陝州（今中國河南三門峽），距離洛陽已經不到三百里。康義誠及其所率的侍衛禁軍本來就無心應戰，都相繼投降。李從珂在陝州稍作停留，釋出公告安撫洛陽文武士庶，說除了朱弘昭、馮贇兩家不得赦免外，其餘人等都不要有憂慮懷疑。

李從厚聽說潞王到達陝州，康義誠軍隊投降，憂愁害怕，

不知如何是好,急忙召朱弘昭前來商量對策。朱弘昭以為閔帝急切召見,是要加罪於他,便投井自盡。京城巡檢使安從進聽說朱弘昭死訊後,便到馮贇的府第殺了他,並滅其家族,然後把朱弘昭、馮贇的首級送給潞王請功。

李從厚想逃奔魏州,讓宦官孟漢瓊先去安置,孟漢瓊卻騎馬直奔陝州向李從珂投降,被李從珂處死。李從厚率帳下親兵百餘騎出玄武門倉皇向魏州逃去,途中遇到河東節度使石敬瑭,石敬瑭見李從厚大勢已去,便盡殺其隨從,將他軟禁在衛州(今中國河南衛輝)。

四月初三,李從珂率大軍進入洛陽城,入宮拜謁明宗夫人曹太后。初四,以曹太后的名義下詔廢閔帝李從厚為鄂王,令李從珂監國。初六,立李從珂為皇帝,是為後唐末帝,改應順元年為清泰元年。初九,末帝李從珂派人將李從厚殺死,李從珂最終還是把朝廷討伐自己的帳算到李從厚的頭上。李從厚從長興四年(西元933年)十二月初一即皇帝位,到次年四月初四被廢,做了四個月零三天的皇帝。

宋令詢聽說閔帝遇害後,「大慟半日,自經而卒」。石敬瑭即位後,追諡李從厚為閔皇帝(或作「愍皇帝」),並將其與明宗子秦王從榮和末帝子李重吉一起葬於後唐明宗徽陵之中。據說石敬瑭曾為未能搭救閔帝而長期心懷愧疚。

司馬光《資治通鑑》對後唐閔帝李從厚評論說:「閔帝性仁厚,於兄弟敦睦,雖遭秦王忌疾,閔帝坦懷待之,卒免於患。

第十一章　小康之後的崩解：後唐王朝的衰敗

及嗣位，於潞王亦無嫌，而朱弘昭、孟漢瓊之徒橫生猜間，閔帝不能違，以致禍敗焉。」悲哉！哀哉！

二、短暫統一後的分裂
——孟知祥割據建後蜀

後唐莊宗同光三年（西元 926 年）的征蜀戰爭，雖然迅速取得了軍事上的勝利，但事實上後唐王朝並未能真正將蜀地納入自己的直接統治之下，隨著莊宗李存勖的覆滅，新任西川節度使孟知祥便逐步走向割據之路，後唐王朝在蜀地行使數年羈縻統治後，到應順元年（西元 934 年）正月，孟知祥正式稱帝，建立後蜀，成為五代十國當中的一國。

孟知祥為唐末邢洺節度使孟方立和昭義節度使孟遷的姪子。其父孟道，為官不顯。孟知祥早年曾任李克用河東左教練使，並娶後唐瓊華長公主為妻。李存勖嗣晉王位後，任孟知祥為河東中門使、馬步軍都虞候。後唐建立，任北京留守、太原尹。瓊華長公主一作「福慶長公主」，《新五代史》和《十國春秋》等史籍記載其為李克用之弟李克讓之女，《五代會要》及出土的〈大唐福慶長公主墓誌〉則說其為李克用的長女，莊宗李存勖之姊，與李存勖同為曹太后所生。

孟知祥與郭崇韜關係甚好，郭崇韜在同光三年（西元 925 年）出征前蜀前，曾向唐莊宗推薦孟知祥，作為平蜀後鎮守西

川的第一人選。前蜀滅亡,莊宗便任其為成都尹、劍南西川節度使。史稱孟知祥接到任命後,趕赴洛陽陛辭。莊宗設盛宴款待,與孟知祥語及平生,言談甚歡。他對孟知祥說,聽說郭崇韜有異心,你到成都後,幫我把他殺了。孟知祥稱郭崇韜是國家有功之臣,殺不得。並說等我到成都後觀察一下,如果他沒有異心便將其送回朝廷。當然,孟知祥最終未能保住郭崇韜,當他抵達成都時,郭崇韜已被魏王李繼岌殺掉。

孟知祥在入蜀上任時,從河東帶去一大幫親信元從,僅據《九國志》的記載,就有以下敘述:

張公鐸,太原樂平人,孟知祥為北京(太原)留守,錄為親從,及鎮成都,補為牙校。

龐福成,河東太谷人,善騎射,聚眾剽掠鄉里。孟知祥為北都留守,率眾歸附,從入蜀,補牙內指揮使。

高彥儔,太原人,善騎射,孟知祥留守太原,召為軍校,從入成都,授親衛指揮使。

李廷珪,太原人,七歲時隸於孟知祥帳下使喚,從入蜀,任為牙軍指揮使。

王彥銖,太原人。事孟知祥於太原,後從入蜀。

李奉虔,太原人,即李克用養子李存賢之子,曾任幽州衙內都指揮使,孟知祥鎮蜀,懇請從行,補廳直左押衙。

安思謙,并州人,事孟知祥於太原,從入蜀,補為軍校。

第十一章　小康之後的崩解：後唐王朝的衰敗

申貴，潞州人，唐明宗天成中歸於孟知祥，補定遠都頭。

入蜀後，任決勝耀武指揮使。

武漳，太原文水人，任太原牙前兵馬使，後隨魏王李繼岌入蜀，留成都。孟知祥入蜀後，奉命迎瓊華長公主至成都，歷任節度使等職。

此外，見於《宋史》及《十國春秋》的還有伊審徵之父伊延璟，并州人，隨孟知祥入蜀，孟知祥稱帝，以女嫁之；韓保正之父韓昭運，潞州長子人，從孟知祥入蜀，孟知祥稱帝，任為珍州刺史；沙延祚，太原人，孟知祥義勝都頭，曾在長興初擊敗唐兵於龍州。

孟知祥稱帝建後蜀後，相繼前來投靠的還有：

張虔釗，遼州榆林人，歷事李克用、李存勖、李嗣源，任諸鎮節度使。李從珂起兵入洛，率部投後蜀。

孫漢韶，太原人，李克用養子李存進之子，孟知祥留守太原時，署為部下。明宗時歷任諸鎮節度使。李從珂入洛，率部投後蜀。

何重建，其先回鶻人，生於太原，後晉時任諸鎮節度使。契丹滅晉，率部投後蜀。

上述都是後來成為後蜀的重要人物，從而被史書列傳的，至於那些沒有在史上留名而入蜀的河東將士，一定還有不少。所以，孟知祥建立的後蜀國，是以代北集團中的河東人為核心

二、短暫統一後的分裂—孟知祥割據建後蜀

和骨幹而建立的一個政權。

據《資治通鑑》記載,孟知祥從天成元年(西元 926 年)七月也就是唐明宗李嗣源即位三個月之後,就「陰有據蜀之志」。他一方面加強軍事力量,從七月到九月兩個月的時間裡,就設置了左右牙、左右衝山、左右驍衛、左右寧遠、左右牢城、義寧、左右飛棹兵等數十營的軍隊,總數達到十萬左右,分別駐紮於成都府及西川節度使管內各地,形成一套由牙城到羅城(外城)、成都府、西川節度使、長江沿岸各州縣──由內到外、由近及遠、水陸並備的嚴密防禦體系。

蜀地號稱「天府之國」,後唐滅前蜀後,李繼岌、郭崇韜向蜀中富民徵得六百萬(一說五百萬)緡犒軍錢(一緡為一千文),其中除賞給兵士之外,還剩餘二百萬緡。及任圜擔任後唐三司使,主管中央財政。他知曉蜀地富饒,便派遣鹽鐵判官趙季良前往成都,兼任三川都制置轉運使,試圖將蜀中賦稅轉運給朝廷。孟知祥說:「府庫中的財物為別人所積,可以交給朝廷;而州縣上交的租稅,是用來供給本鎮十萬士兵所需,絕不可以上交。」趙季良只好運走府庫中的財物,不敢再提轉運賦稅之事。後來,孟知祥上奏朝廷留下趙季良擔任西川節度副使,稱帝後,被委以宰相職務,成為後蜀的重臣。孟知祥又設場徵收入境鹽稅,每年得錢七萬緡。同時斷絕對峽路軍的糧草供應,從物質上為割據作準備。

孟知祥企圖割據西蜀的野心,最早被樞密使安重誨所察覺。

第十一章　小康之後的崩解：後唐王朝的衰敗

就在安重誨尋找對策時，客省使李嚴請求出任西川都監，並誇下海口說自己一定能夠控制孟知祥，安重誨便以該職命之。李嚴的母親對他說：「你往日率先提出滅蜀謀畫，現在再去蜀中，必定會以死來回報蜀人啊！」事實也確如李母所料，李嚴最終做了孟知祥的刀下之鬼。

李嚴到達成都，孟知祥對他說：「你往日奉命出使蜀主王衍，回去後建議朝廷伐蜀，結果導致蜀國滅亡。現在你又來這裡，蜀人非常害怕。況且現在天下都廢掉了監軍，獨有你還來監視我的軍隊，這是為什麼？」連數李嚴五宗罪狀，叫人殺了他，然後向朝廷上奏，誣告李嚴假傳皇上口諭，要代替他的職務，又擅自許諾優賞將士，他只好將李嚴殺了。朝廷當然知道其中的虛實，但也無可奈何，不僅未能治孟知祥的專殺之罪，反而派客省使李仁矩前去撫諭孟知祥及蜀中官吏百姓，並且聽任孟知祥派人前往晉陽迎接妻子瓊華長公主和兒子孟仁贊至成都。

後唐平前蜀後，將蜀地劃分為東、西二川。東川節度使董璋頗為跋扈，常常抗拒朝廷。天成四年（西元929年）十月，後唐朝廷劃出蜀地的閬州（治今中國四川閬中）、果州（治今中國四川南充），單獨成立保寧軍，並向遂州（治今中國四川遂寧）增兵，而且傳言又要劃出綿州（治今中國四川綿陽東）、龍州（治今中國四川綿陽平武東南），建立新的節鎮，以此來分化、削弱東、西川二鎮，遂州、綿州、龍州都是東川的支郡（屬

二、短暫統一後的分裂—孟知祥割據建後蜀

州)。於是，孟知祥和董璋結盟，共同對抗朝廷。

長興元年（西元930年）九月，董璋率兵攻打閬州，孟知祥也派出將領攻打遂州。後唐朝廷派天雄節度使石敬瑭率軍前往平叛，沒有戰績。安重誨請求親自前去督戰，遭到誣陷，被殺。石敬瑭軍糧草不濟，只好撤退。孟知祥趁機派遣將領相繼攻陷忠州（治今中國重慶忠縣）、萬州（治今中國重慶萬州）、雲安監（今中國四川雲陽）等地，擴大自己的地盤。後來孟知祥想向朝廷上表謝罪，但遭董璋拒絕，雙方關係惡化。長興三年（西元932年），董璋向孟知祥發動進攻，孟知祥親率大軍迎戰，在漢州彌牟鎮（今中國四川新都北）大敗董璋，董璋被部下殺死，孟知祥於是據有東、西兩川之地。

長興四年（西元933年）二月，唐明宗任命孟知祥為東、西川節度使，並封為蜀王。同年十二月，明宗李嗣源去世，此時後唐朝廷內亂，孟知祥便乘機正式稱帝，改元明德，國號蜀，史稱後蜀，時在後唐清泰元年（西元934年）閏正月。同年七月，孟知祥病逝，終年六十一歲。遺詔太子孟仁贊改名孟昶，即帝位，趙季良、趙廷隱等大臣輔政。十二月，孟知祥葬於和陵，廟號高祖。和陵位於今中國成都市北郊約七公里的磨盤山南麓，為孟知祥與福慶長公主的夫婦合葬墓，與位於成都市區的前蜀高祖王建墓永陵，均列為重點文物保護單位。

最後還值得一提的是，在2010年成都市龍泉驛區十陵鎮青龍村道路施工中，發現了趙廷隱的陵墓，據專家介紹，這是

繼前蜀王建墓、後蜀孟知祥墓後，四川五代墓葬考古的第三大發現。墓中所出土的陶質伎樂俑和由彩繪伎樂俑組成的完整樂隊，被認為是考古界的兩大發現。趙廷隱亦是隨孟知祥入川的，歷任左廂馬步軍都指揮使、保寧軍節度使等職。後主孟昶即位後，官至中書令，封宋王，是後蜀國的重臣。

三、運去英雄不自由
——李從珂及後唐王朝的滅亡

五代社會一直處於中央朝廷與地方藩鎮的博弈之中，而且地方藩鎮往往是最終的勝利者，它們擊敗中央，建立新的朝廷；而新朝廷建立之後，又開始與地方藩鎮的博弈，最後又被藩鎮推翻，建立又一個新的朝廷。新朝廷有時沿襲舊朝廷的國號，李嗣源、李從珂是也；有時建立新的王朝，石敬瑭、劉知遠是也。當然，石敬瑭又藉助了契丹外力。

李從珂雖然從李從厚手裡奪得後唐王朝的天下，但他的日子並不好過。

李從珂本姓王，出生於鎮州平山（今中國河北平山）民家，自幼喪父，與母親魏氏相依為命。唐昭宗乾寧二年（西元895年），李嗣源作為李克用的騎將，率軍攻取平山，俘虜魏氏母子，魏氏頗有幾分姿色，李嗣源便將其納為妾室。

李嗣源納魏氏時，其子年十餘歲，李嗣源便將其收為養

三、運去英雄不自由─李從珂及後唐王朝的滅亡

子,取名李從珂。當時李嗣源任低階軍校,收入不高,家人衣食不足,李從珂便去扛石灰、收馬糞,換錢補貼家用,所以當樞密使安重誨要除掉李從珂時,明宗含淚回顧這一段往事,保住李從珂的一條性命。後來,李從珂跟隨義父南征北戰,以驍勇敢戰著稱,晉王李存勗曾稱讚他說:「阿三不唯與我同齒(即同齡),敢戰亦相類。」李從珂小名「二十三」(一作「阿三」),故李存勗如是稱。所以,如果說以對後唐王朝貢獻的大小來決定皇位繼承人的話,在李嗣源諸子中,李從珂無疑是最有資格的一個。

與閔帝李從厚一樣,李從珂自己大概未曾有過爭奪皇位的奢望,正如他自我表白的那樣:「予之此行(即進兵洛陽),事非獲已」。不過與李從厚不同的是,他在即位後沒有受制於人,而是做了一位大權在握、名副其實的「皇帝」。

李從珂自唐明宗天成初出任河中節度使以來,就組建起一個核心班底。史稱末帝起於鳳翔,與共事者五人:節度判官韓昭胤,掌書記李專美,牙將宋審虔,客將房暠以及孔目官劉延朗,「事無大小,皆此五人謀之」。他們都是在李從珂鎮守河中時進入幕府、之後又一直跟隨在其身邊的舊人,李從珂就是帶著這個核心班底入主洛陽的。而當其即帝位後,便立即把他們安排到各個重要部門:韓昭胤為端明殿學士;李專美為樞密院直學士;宋審虔為皇城使;房暠為宣徽北院使;劉延朗為樞密莊宅使。不久,韓昭胤、房暠升遷為樞密使,劉延朗為樞密副

第十一章　小康之後的崩解：後唐王朝的衰敗

使，宋審虔為侍衛步軍都指揮使，而當初響應李從珂檄文的隴州防禦使相里金的判官薛文遇，亦被任為樞密院直學士。由是「審虔將兵，專美、文遇主謀議，而昭胤、昪及延朗掌機密」。當然，為籠絡人心，李從珂也沒有忘記對原朝廷官員和諸道節度使、刺史等文武臣僚相繼加官晉爵。

李從珂在應順元年（即清泰元年，西元934年）四月進入洛陽後所做的第一件大事，就是大肆搜刮民財獎賞軍士。

當初，李從珂從鳳翔出發時，答應進入洛陽後每個士兵獎賞一百緡錢，預計需要五十萬緡。但洛陽國庫的錢財已經被閔帝賞賜軍士殆盡，無奈之下，只好搜刮京城百姓。然而十幾天過後，也只得到十幾萬，遠遠不夠所需之數。李從珂發怒，把掌管財政的三司使王玫等幾名官員都抓進了監獄，繼續不分晝夜催逼，監獄都被抓來的人填滿了，甚至有人被逼得上吊、投井自殺。最後連太后、太妃所用的器皿、服飾、簪環等物全部搜刮出來，也才又湊出二十萬緡，仍不夠獎賞。這時，李專美建議根據現有的財物平均分給將士，說國家的存亡不光在於優厚的賞賜，也在於修正法令制度，建立綱常倫理秩序，何必一定要履行業初的諾言呢？李從珂這才停止搜刮。但貪得無厭的士兵們很不滿意，編造歌謠說：「除去菩薩，扶立生鐵。」意思是說閔帝李從厚仁慈軟弱如菩薩，而末帝李從珂嚴厲堅強如生鐵，感覺有點後悔了。這可以說是李從珂在位兩年多最大的一個汙點和暴政。

三、運去英雄不自由─李從珂及後唐王朝的滅亡

不過,唐末帝李從珂接下來的一些施政措施,卻也頗有幾分明宗時的遺風,如他幾次下詔大赦天下,釋放囚犯;下詔蠲免長興四年(西元933年)十二月以前天下百姓所欠的殘稅三百三十八萬,「貧民大悅」;又下詔放免振武、新州、河東西北邊經契丹蹂踐過之地區三年的兩稅差配等等。他也曾試圖整頓吏治。太常丞史在德上書抨擊朝廷及地方文武官員的貪腐行為和不作為,對一些不合理的制度提出意見,由此惹怒宰相盧文紀、補闕劉濤等一批官員,一致要求嚴懲史在德。李從珂對翰林學士馬胤孫說:「我剛剛登極治理國家,應該開放言論,如果官員中因為提出不同意見而被定罪,以後還有誰再敢說話?」於是下詔說:「過去魏徵請求太宗獎賞皇甫德參,現在劉濤等人卻要我處罰史在德。史在德只是想為國盡忠,怎麼可以責罰他呢?」他甚至還下令讓軍隊護送前來入貢貿易的回鶻商人使者。只是由於統治時間較短,又受到地方藩鎮,尤其是河東節度使石敬瑭的牽制,所以也就沒有太多的作為。

石敬瑭與李從珂的淵源頗深,二人都是久經沙場的戰將,一個是唐明宗李嗣源的女婿,一個是義子,都是明宗倚重的對象。但二人關係並不融洽,一直明爭暗鬥,互不服氣。李從珂即帝位後,石敬瑭不得不入京朝見,並參加明宗的葬禮。明宗葬禮舉行完畢,也不敢提回歸河東的事,怕引起李從珂的猜疑。當時石敬瑭長期患病,身體瘦弱,其妻魏國公主(即明宗之女)和曹太后多次在李從珂面前為其說情。李從珂見石敬瑭骨瘦

第十一章　小康之後的崩解：後唐王朝的衰敗

如柴，大概是難成大事，便放下心來，順水推舟賣個人情，說：「石郎不僅是與我關係密切的親戚，還是從小和我一起經歷過艱難困苦的人。現在我做了天子，除了石郎還有誰可以依託呢？」於是繼續任命石敬瑭為河東節度使，放虎歸山。

石敬瑭回到太原後，便處心積慮地從兵力、財力、人力諸方面做好自保甚至奪取皇位的準備。李從珂後來也覺察到石敬瑭的野心。當時石敬瑭兼任北面招討使一職，清泰二年（西元935年）七月，李從珂派武寧節度使張敬達為北面招討副使，屯駐代州（今中國山西代縣），以牽制並監視石敬瑭的行動。

次年即清泰三年正月二十三日是末帝李從珂的生日，也就是所謂的「千秋節」，石敬瑭的妻子晉國長公主從太原前來祝壽。上壽祝賀完畢後，就要告辭回晉陽。李從珂乘著酒意說：

「為何不多留些日子，難道急著趕回去幫助石郎造反嗎？」雖是醉話，卻也道出其對石敬瑭已經忍無可忍的真實心情。

李從珂下決心要除掉石敬瑭。清泰三年（西元936年）五月，調石敬瑭鎮天平（治鄆州，今中國山東東平）。石敬瑭拒絕調任，同時上表指責李從珂即位非法，應立即將皇位讓給許王李從益。李從珂大怒，撕毀奏表，削去石敬瑭官爵，任命張敬達為主帥，楊光遠等人為副帥，率大軍前往討伐。

石敬瑭派人向契丹求救，契丹國主（即遼太宗）耶律德光答應在八月分傾國赴援。

三、運去英雄不自由—李從珂及後唐王朝的滅亡

張敬達修築長堤圍攻太原城,但是進展非常不順利,不僅太原城久攻不下,而且所構築的戰陣工事遭積水沖泡,也長期不能合圍。九月,耶律德光親率五萬騎兵,號稱三十萬,自雁門關西部要隘揚武谷(在今中國山西原平西北)南下,一路無阻,抵達太原。石敬瑭與契丹聯兵在團柏谷(在今中國山西祁縣)與後唐軍隊展開激戰,唐軍失利,死傷萬餘人,太原之圍遂解。接著,石敬瑭與契丹連軍構築長圍,反而將後唐軍隊牢牢地圍困在晉安寨(在今中國太原南部)。

李從珂急忙調兵遣將,派禁軍將領彰聖都指揮使符彥饒率洛陽步騎兵屯守河陽;詔天雄(魏博)節度使范延光率兵兩萬,由邢州青山口趕赴太原東部的榆次;盧龍節度使、東北面招討使趙德鈞率幽州兵由飛狐道從背後出擊契丹軍;耀州防禦使潘環集合西路戍兵由晉、絳兩乳嶺(在今中國山西鄉寧西南三十五公里)出慈州、隰州,共救晉安寨,並下詔說要親征。後又派趙德鈞之子忠武節度使趙延壽率兵兩萬赴潞州、右神武統軍康思立率扈從騎兵赴團柏谷救援,以趙德鈞為諸道行營都統(總指揮)。但手握重兵的趙德鈞也想讓契丹支持自己做中原之主,故意拖延不進,擁兵觀望,不去救援張敬達。

晉安寨長期被困,與外界失去了聯絡。糧草匱乏,只好削木屑淘馬糞中的草筋來餵馬,馬匹互相啖咬,尾巴和頸鬃都禿了,死了就由將士分而食之。最後,大將楊光遠殺張敬達,向契丹投降。石敬瑭隨即率軍南下,從河陽(今中國河南孟州)

第十一章　小康之後的崩解：後唐王朝的衰敗

渡過黃河，向洛陽逼近。此時的李從珂已無半點抵抗意志和決心，晝夜飲酒悲歌，坐等滅亡。

清泰三年（西元936年）閏十一月二十六日，唐末帝李從珂帶著傳國玉璽，與曹太后、劉皇后以及兒子李重美等人登上玄武樓自焚而死，終年五十一歲，後唐滅亡。李從珂死後無諡號及廟號，史家稱之為末帝或廢帝，傳國玉璽亦在此時遺失，不知所終。天福二年（西元937年）二月，後晉高祖石敬瑭命人收殮李從珂的遺骨，葬於唐明宗李嗣源徽陵以南。

史稱當石敬瑭和契丹聯兵與張敬達對決時，大臣中曾有人勸李從珂北上親征，李從珂說：「卿勿言，石郎使我心膽墜地！」想一想當年的李從珂在胡柳陂之戰、德勝城爭奪戰以及唐軍奔襲鄆州之戰中的表現，是何等的英勇威風，與此時的涕淚沾巾、膽顫心驚簡直判若兩人。

《舊五代史》史臣對此評論道：「是知時之來也，雕虎可以生風；運之去也，應龍不免為醢。」「應龍」是古代神話中的一種強龍；「醢」是古代一種酷刑，即把人殺死後剁成肉醬。意思是說，時運來了，即使是雕刻的老虎都能生風，時運去了，縱然是強龍也免不了成為砧板之肉。也正如唐代詩人羅隱〈籌筆驛〉一詩中所描述的：「時來天地皆同力，運去英雄不自由」。

第十二章
興衰皆契丹：
後晉王朝的命運走向

第十二章　興衰皆契丹：後晉王朝的命運走向

一、「兒皇帝」石敬瑭與幽雲十六州

在五代乃至中國歷史上所有帝王中，後晉高祖石敬瑭無疑是最為後人所詬病的一個。因為他向契丹稱臣稱兒，又割讓幽雲十六州與契丹，從而留下千古罵名。

石敬瑭的族屬，一般認為是融入沙陀的昭武九姓胡人。他的父親名臬捩雞，似乎沒有姓氏。史稱他的四代祖名璟，唐元和中與沙陀軍都督朱耶氏自靈武入附。所以我們將他建立的後晉，也歸結到沙陀王朝。至於其自稱本春秋時衛國大夫石碏、西漢丞相石奮之後，無非是攀附古代名人的託詞。

石敬瑭於唐昭宗景福元年（西元892年）出生於太原汾陽里，母親何氏，當是一位昭武九姓胡人。石敬瑭自幼沉默寡言，喜讀兵書，崇拜戰國時趙國名將李牧和漢代名將周亞夫。李嗣源任代州刺史時，對他很是器重，將女兒許配給他。之後，石敬瑭便跟隨李嗣源轉戰各地。後梁貞明二年（西元916年），在李存勗與後梁大將劉鄩對陣交戰時，晉軍初戰不利，石敬瑭曾率十幾名親軍掩護李存勗後撤，事後得到李存勗的大力稱讚，說：「將門出將，其言不謬。」史稱後唐「滅梁室，致莊宗一統，集明宗大勳，帝（即石敬瑭）與唐末帝（即李從珂）功居最」。不過在後唐莊宗朝，石敬瑭的官位一直不顯，史稱是因其「不好矜伐（即誇耀）故也」。

唐明宗李嗣源即位後，石敬瑭憑藉著自己的軍事、政治才

能以及與明宗的翁婿關係,官位青雲直上,賜號「竭忠建策興復功臣」,先後擔任陝州、宣武、天雄(魏博)、河陽等鎮節度使,並一直兼任六軍諸衛副使、侍衛親軍馬步軍都指揮使等職務,這是後唐握有實權的禁軍統帥。

長興三年(西元932年)十一月,朝廷以北方契丹、吐渾、突厥犯邊,需派一名大將統帥邊軍防禦。石敬瑭主動請纓,願意北上,唐明宗遂命他為太原尹、北京留守、河東節度使,並兼任大同(治雲州,今中國山西大同)、振武(治朔州,今中國山西朔州)、彰國(治應州,今中國山西應縣)、威塞(治新州,今中國河北涿鹿)等地軍隊蕃漢馬步軍總管,回到了後唐王朝的發祥之地。

據說石敬瑭在離別宴會上,捧杯為明宗祝壽,說:「我雖然微小怯懦,但想到邊陲大事,豈能不竭力盡忠?只是要遠離京都,長久見不到皇上,不能隨時向您請安申報。」明宗為之動容落淚,後來果然再未與石敬瑭相見。

末帝李從珂即位後,石敬瑭迫於形勢,不得不前往洛陽朝見,但當參加完明宗的葬禮後,便透過妻子魏國公主和曹太后的一再疏通斡旋,重新回到河東太原任職。

太原是石敬瑭的出生地,這裡有他的宗族、親屬、故舊,因此他在這裡具有比在他鄉更大的號召力。後晉末年,劉知遠在太原起兵時,其妻李氏就曾說過:「自晉高祖建義,及國家興運,雖出於天意,亦土地人民福力同致耳。」指出石敬瑭和劉知

第十二章　興衰皆契丹：後晉王朝的命運走向

遠的興起都與河東的「土地人民」有著非常大的關係。

事實上，石敬瑭在長興三年（西元932年）首次出任河東節度使時，就是帶著他過去的元隨故舊如劉知遠、李延韜、周環（一作周瓌）、景延廣、王延超、李守貞、王饒、劉繼勳、王繼弘等一干人前往太原上任的，這也是唐末五代時期的慣例。到河東以後，他又創置新軍，招募如武行德、李萬超等一批驍勇之士，建立起一支牙兵隊伍。此外，在他身邊還聚集了一批幕職官如節度判官趙瑩、掌書記桑維翰、節度推官竇貞固、觀察判官薛融、從事段希堯等，組成了一個文人智囊集團，這是石敬瑭文、武統治的核心班底。石敬瑭即位後，給予他們很高的待遇，「霸府舊僚，皆至達官」。尤其是桑維翰和劉知遠二人，是石敬瑭的文、武兩大領班。

石敬瑭當然也覺察到唐末帝李從珂對他的猜忌，所以再度回到太原後，便積極著手從財力物力上做好自保甚至取代後唐朝廷的準備。他與盧龍節度使趙德鈞一起，以防禦契丹為名，接連不斷地向朝廷請求「益兵運糧」，趙德鈞也妄圖割據一方甚至成為「中原之主」。石敬瑭還奏請將河南地區懷州和孟州的租稅輸送到自己管轄下的忻州、代州。李從珂則先後下詔向河東有積蓄的人家徵借菽粟以充軍；令鎮州輸納五萬匹絹購買軍糧，然後出車一千五百輛運抵代州；又詔令魏博開市購糧，運往河東。當時因水旱災害，百姓飢餓，石敬瑭派人督催繳納，致使崤山以東的百姓流離失散，民怨沸騰。最後，石敬瑭又將其在

洛陽及諸道任職時累積的財貨全部收攏送到晉陽。石敬瑭的所作所為，已經是司馬昭之心，路人皆知了。

清泰二年（西元935年）六月，石敬瑭率大軍屯駐忻州，朝廷派使臣為其軍頒發夏衣，軍士四次歡呼萬歲。「萬歲」只能用在皇帝的身上，石敬瑭對此深感恐懼，便命都押牙劉知遠斬殺帶頭呼喊的挾馬都將李暉等三十六人以平息事態。但李從珂聽說此事後，大為不悅，立即以張敬達為北面行營副總管，率兵屯代州，「以減敬瑭之權」。接下來便是石敬瑭招契丹為援擊敗後唐官軍，這些前面已經提及，此不再贅述。

清泰三年（即後晉天福元年，西元936年）十一月，遼太宗耶律德光在柳林（今中國太原小店區劉家堡鄉西柳林村）冊封石敬瑭為皇帝。因河東和晉陽是春秋古晉國之地，遂建國號為「晉」，史稱「後晉」，改元天福，石敬瑭也就是後晉高祖。石敬瑭起初以洛陽為都城，桑維翰奏稱：「大梁北控燕、趙，南通江、淮，水陸都會，資用富饒。」於是天福二年（西元937年）四月，遷都大梁（今中國河南開封）。

需指出的是，《資治通鑑》是將石敬瑭向契丹稱兒、稱臣、割讓盧龍一道及雁門關以北土地，放在天福元年七月「石敬瑭遣間使求救於契丹」時一起敘述的，即石敬瑭獲得契丹的支持，是以此為先決條件的。但在新、舊《五代史》中，耶律德光與石敬瑭「約為父子」或「論父子之義」，是在九月契丹南下破後唐官軍之後；而石敬瑭「願以雁門已北及幽州之地為戎王（即耶律德

第十二章　興衰皆契丹：後晉王朝的命運走向

光）壽，仍約歲輸帛三十萬，戎王許之」，是在十一月耶律德光冊封石敬瑭為皇帝之後。《五代會要》更將「結為父子」、「歲輸絹十三萬匹」（「十三萬」應為「三十萬」之誤）、「割雁門已北及幽州所屬縣並隸番界」均記在天福元年十一月。雖然，石敬瑭向契丹稱兒、稱臣、割讓土地是既成事實，但畢竟與以此為先決條件獲得契丹的支持而當上皇帝稍有些差異。

還需指出的是，石敬瑭從與後唐朝廷對抗，到向契丹稱兒、稱臣、割讓幽雲十六州，都有一個「智囊團」在出謀劃策。如當初唐末帝要移石敬瑭去鎮天平，石敬瑭拿不定主意，向幕僚徵求意見，劉知遠就說：「明公久將兵，得士卒心，今據形勝之地，士馬精強，若稱兵傳檄，帝業可成，奈何以一紙製書自投虎口乎！」而當石敬瑭欲「外告鄰方，北構強敵」，結契丹為援，與後唐朝廷相對抗時，徵求僚屬意見，「掌書記桑維翰、都押衙劉知遠贊成密計」。只是據說對於石敬瑭向契丹稱兒割地，劉知遠不贊成，說：「向契丹稱臣可以，認其做父則太過分；用重金賄賂足可以使其出兵，不必割讓土地，恐怕將來會成為中國大患，到時後悔也來不及。」

如確有此事，倒是頗有見地（主要是割地一事）。不過劉知遠後來卻也榮幸地被耶律德光稱「兒」。

至於桑維翰，則不僅主張石敬瑭拒絕移鎮天平，而且說：

「契丹素與明宗約為兄弟，今部落近在雲州、應州，公誠能推心屈節事之，萬一有急，朝呼夕至，何患無成。」可以說是石

敬瑭向契丹稱臣、稱兒、割地的始作俑者。後來，聽說盧龍節度使趙德鈞亦厚賂契丹，欲倚仗契丹做中原之主時，桑維翰又被石敬瑭派去見遼太宗耶律德光，跪在耶律德光的帳前，從早到晚，涕泣不起，苦苦哀求。耶律德光最終被桑維翰的「赤誠之心」所打動，拒絕了趙德鈞的請求，立石敬瑭為帝。並說桑維翰對石敬瑭忠心不二，應該做宰相，石敬瑭即以桑維翰為中書侍郎、同平章事。而就是這樣一個桑維翰，後來卻得到了宋太祖趙匡胤的讚賞，說連趙普都不如他。

幽雲十六州包括幽（治今中國北京）、薊（今中國天津薊州）、瀛（今中國河北河間）、莫（今中國河北任丘）、涿（今中國河北涿州）、檀（今中國北京密雲）、順（今中國北京順義）、新（今中國河北涿鹿）、媯（原屬中國北京懷來，今被官廳水庫所淹沒）、儒（今中國北京延慶）、武（今中國河北宣化）、蔚（今中國河北蔚縣）、雲（今中國山西大同）、應（今中國山西應縣）、寰（今中國山西朔州東馬邑鎮）、朔（今中國山西朔州）等十六州。後來幽州改稱燕京，所以又稱「燕雲十六州」，包括了今中國河北大部和北京、天津以及山西北部的大片地區。

幽雲十六州的北部是燕山和太行山兩大山脈，地勢險峻複雜，形成一道天然的軍事防線，是古代中原王朝防禦北方游牧民族鐵騎南下的重要屏障，長城北京至山西一段即位於這條線上；而十六州的南部，則氣候溫和，降水充足，適合農業生產，自古以來就是物產豐富、農業發達、人口稠密之地，在中國北

第十二章　興衰皆契丹：後晉王朝的命運走向

方占有重要地位。因此，十六州的得失，無論是對於遼朝還是中原王朝，都是至關重要的。宋人葉隆禮在《契丹國志》中所謂：「幽、燕諸州，蓋天造地設以分番、漢之限，誠一夫當關，萬夫莫前也。」只是葉氏沒有提到「幽、燕諸州」在「番、漢」之爭中，尤其是遼朝一方重要的經濟地位。

從石敬瑭割讓幽雲十六州與契丹後，後周和北宋都曾試圖收復，但均告失敗，於是幽雲十六州也就成為中原王朝三百年的一個心結，直到元朝建立，再次實現了南北的統一，這個心結才不復存在。

石敬瑭在位六年，在五代諸帝中，也算是統治時間較長的一位。拋開其向契丹稱臣、稱兒、割讓幽雲十六州而留下千古罵名這一點不說，在治理國家方面，一依後唐明宗朝舊制，卻也取得了一些成效。

後晉建國時所面臨的形勢，按照司馬光的話說，是「藩鎮多未服從，或雖服從，反仄不安；兵火之餘，府庫殫竭，民間困窮；而契丹徵求無厭」。石敬瑭採納桑維翰的建議，「推誠棄怨以撫藩鎮，卑辭厚禮以奉契丹，訓卒繕兵以修武備，務農桑以實倉廩，通商賈以豐貨財」。於是在「數年之間，中國稍安」。應該說，這是一個可以與後唐明宗「小康」社會相媲美的社會局面。

歐陽脩《新五代史》對於石敬瑭本人沒有留下任何評論，只是在其本紀中記載了若干史事。薛居正《舊五代史》則對石敬瑭

的評價頗高，說其在稱帝以後，「旰食宵衣，禮賢從諫，慕黃、老之教，樂清淨之風，以絁（一種粗絲綢）為衣，以麻為履，故能保其社稷，高朗令終」。並說「倘使非由外援之力（即不藉助契丹之力），自副皇天之命，以茲睿德，惠彼蒸民，雖未足以方駕（即比肩、媲美）前王，亦可謂仁慈恭儉之主也。」

所謂「旰食宵衣」，出自南北朝時陳朝徐陵的〈陳文帝哀策文〉，意即天色很晚才吃飯，天不亮就起床更衣，形容勤於政事；而「高朗令終」，出自《詩經‧大雅‧既醉》，意為高風亮節，得以善終。說石敬瑭「旰食宵衣」尚可，而「高朗令終」，則是莫大的滑稽和笑話，實際上石敬瑭是在一種憂鬱恐懼的狀態中死去的。

薛居正生於五代，歷仕後晉、後漢、後周、北宋四朝。

《舊五代史》成書於宋太祖開寶七年（西元 974 年）；歐陽脩生於宋真宗景德四年（西元 1007 年），《新五代史》成書於宋仁宗皇祐五年（西元 1053 年）。薛居正（包括他的修史團隊）與歐陽脩其實屬於五代和宋朝兩個不同時代的人。五代人對於石敬瑭向契丹稱臣、稱兒甚至割讓幽雲十六州，反應不會太強烈，晉出帝石重貴時，宰相李崧就說：「屈身以為社稷，何恥之有！」可以說是代表了大部分人的態度。而歐陽脩生活的宋朝中葉，隨著經濟、文化的空前繁榮發展，以及遼、西夏壓力的加大，傳統的華夷觀念也進一步加強。石敬瑭的向契丹「夷狄」稱兒、稱臣並割讓土地，這在歐陽脩看來，即使其把國家治理得

第十二章　興衰皆契丹：後晉王朝的命運走向

再好，也難以抵消其卑躬屈膝的罪責。雖然，站在今人的立場上，無論是後晉、宋朝還是遼朝、西夏，都是建立在中國這塊土地上的歷史政權，但在當時，畢竟屬於不同的國家。

石敬瑭於天福七年（西元 942 年）六月在鄴都（即魏州，今中國河北大名）去世，年五十一歲，諡號聖文章武明德孝皇帝，廟號高祖，死後葬於顯陵，在今中國河南宜陽西北石陵村西，現為重點文物保護單位。即使是歷史上的反面人物，至少對後人也有警示教育的價值。

二、「絕兩國之歡」—— 石重貴與契丹的抗爭

天福八年（西元 943 年）六月，後晉高祖石敬瑭死後，宰臣馮道與禁軍侍衛馬步都虞候景延廣擁立石敬瑭的姪子 —— 齊王石重貴即帝位，是為後晉出帝或少帝。次年，改元「開運」，顧名思義，就是展開新的國運。景延廣因擁立功而擅政用事，權傾朝野。

石重貴初即位時，在商討如何向契丹通報國喪的問題上，景延廣態度十分強硬，主張不用高祖時以下對上的奏表文體，而採用國與國之間平行的書信文體，在信中稱孫不稱臣，石重貴如是照辦。契丹國主耶律德光大怒，派遣使臣前來責問，並且質問他為什麼不事先稟告，就自作主張匆忙即了帝位。景延廣再次以強硬的措辭回覆契丹。

二、「絕兩國之歡」—石重貴與契丹的抗爭

晉高祖石敬瑭時,「通商賈以豐貨財」,後晉與契丹的貿易往來頻繁。契丹任命原河陽將喬榮為掌管貿易的回圖使,在契丹與後晉之間往返貿易,並在後晉都城大梁(今中國開封)設置邸店。景延廣說服石重貴把喬榮關進監牢,沒收其邸店中的全部貨物,並且凡是在後晉境內銷易的契丹商人,通通被殺,奪取貨物。這種不道行為遭到大臣們的紛紛反對,景延廣這才釋放了喬榮,讓其返回契丹。

喬榮向景延廣辭行,景延廣大話連篇地說:「回去告訴你的主子,先皇帝是由你們契丹國所立,因此向你們奉表稱臣。而當今中國皇帝是我們中國所立,之所以向你們北朝降低身分,是因為我們不敢忘記先帝與你們締結盟約的緣故。作為鄰邦而稱孫,已經足夠了,沒有再向你們稱臣的道理。你們北朝皇帝不要聽信趙延壽的欺騙引誘,輕視侮辱中原國家。中原國家的將士戰馬,是你親眼所見的。老頭子如果發怒,就來爭戰,孫兒自有十萬橫磨劍,足以相待。以後如果為孫兒打敗,被天下人笑話,不要後悔。」

喬榮因為喪失全部財產,擔心回到契丹後被治罪,並且想為日後留下證據,就說景延廣所說的內容太多,自己不能全部記下,希望用紙筆記錄下來。景延廣便命令小吏將自己所說的話記下來交給喬榮。喬榮回契丹後,將這一切全部報告耶律德光。這也是景延廣所辦的留人以把柄的一件蠢事。到後來契丹滅後晉,耶律德光責問景延廣道:「致使兩主不和,全是你做的

第十二章　興衰皆契丹：後晉王朝的命運走向

事。你所說的『十萬橫磨劍』在哪裡？」景延廣最初不服，喬榮把當初紙上所記的話拿給他看，這才承認，共十件事，每承認一件，就交給他一個籌碼，等到了第八個籌碼時，景延廣只能跪下求死了。

耶律德光決心要教訓一下這位不懂規矩的「孫兒」，再加上一心想取代石晉稱帝中原的遼幽州節度使趙延壽的極力鼓動，以及後晉叛將鄆州天平軍節度使楊光遠的勾引，便決意對後晉用兵。

契丹與後晉的戰爭，從後晉開運元年（契丹會同七年，西元944年）正月開始，至天福十二年（西元947年）正月契丹滅晉結束，雙方在三年的時間內，進行了連綿不斷大小無數次的戰役。其中最為激烈、扣人心弦的，是從開運元年閏十二月開始，至次年三月結束的那場持續三個多月的戰爭。

開運元年閏十二月，契丹再次大舉進攻後晉，前鋒趙延壽部到達邢州（今中國河北邢臺）附近。契丹國主耶律德光率大兵隨其後，建牙於元氏（今中國河北元氏）。後晉朝廷也派出最強陣營：天平節度使張從恩、鄴都留守馬全節、護國節度使安審琦會諸道兵屯邢州，武寧節度使趙在禮屯鄴都（在今中國河北大名東部）。之後，又相繼派右神武統軍張彥澤屯駐黎陽（今中國河南浚縣），西京留守景延廣從滑州（今中國河南滑縣東）引兵把守胡梁渡（在今中國滑縣東北黃河北岸），義成軍節度使皇甫遇領兵赴邢州。

二、「絕兩國之歡」—石重貴與契丹的抗爭

　　開運二年（西元945年）正月十五日，張從恩、馬全節、安審琦集結所有行營部隊數萬人，在相州（今中國河南安陽）安陽水南布陣。皇甫遇和濮州刺史慕容彥超率數千名騎兵前去偵查契丹軍的行蹤，行至鄴縣（今中國河北臨漳縣鄴城鎮），準備渡過漳水時，與契丹軍數萬人相遇。皇甫遇等邊戰邊退，退到榆林店（今中國河南安陽北）時，契丹更大一隊人馬出現。皇甫遇和慕容彥超商議說：「我們如果再後退，必定會全軍覆沒。」於是停止撤退，與契丹軍展開戰鬥。從午時（上午十一點到下午一點）一直到未時（下午一點到三點），交戰一百多個回合，雙方傷亡都十分慘重。皇甫遇所乘馬倒斃，隨從杜知敏將自己的馬讓給他，皇甫遇上馬再戰。過了許久，戰鬥稍微緩解，皇甫遇回頭尋找杜知敏，發現他已被契丹軍抓獲。便說：「杜知敏是義士，不能遺棄。」與慕容彥超躍馬再次殺入遼軍陣地，奪回杜知敏。

　　不久，契丹又一支人馬殺了過來，皇甫遇和慕容彥超都做好為國捐軀的準備，說：「我們堅決不能退卻，只能以死報效國家！」幸虧安審琦率兵前來救援，契丹軍撤退，皇甫遇等得以生還。皇甫遇和慕容彥超的英勇奮戰，鼓舞了後晉軍的士氣，也打擊了契丹軍的囂張氣焰。當時耶律德光駐紮在邯鄲，聽到這一消息後，連夜向北撤退，一路撤到鼓城（今中國河北晉州）。

　　晉出帝石重貴聽說契丹軍北撤，一面命令北面行營都招討使杜重威（史書多因避出帝諱而作「杜威」）率領本道兵馬會同馬全節等部北上追擊，同時前往滑州，準備親征。

第十二章　興衰皆契丹：後晉王朝的命運走向

　　晉軍最初的進軍比較順利，相繼奪回被契丹占領的泰州（今中國河北保定）、滿城（今中國保定滿城區）、遂城（今中國保定徐水區遂城鎮），俘虜契丹酋長沒剌及下屬兵士兩千人。而耶律德光見晉軍追來，便調轉馬頭，率八萬騎兵再次南下迎擊晉軍。

　　杜重威得知契丹軍再次南下後，心生恐懼，也轉而向南，自滿城退保泰州。三月二十二日，契丹大軍到達泰州，晉軍不做任何抵抗繼續向南撤退。退至陽城（今中國河北保定清苑區陽城鎮）時，被契丹軍追上，不得不與之展開戰鬥，並擊敗契丹軍，向北追趕了十餘里，契丹軍越過白溝逃去。

　　晉軍繼續整隊南撤，二十七日，到達陽城南十餘里的白團衛村，埋下鹿角安營紮寨。鹿角是一種守城工具，就是用削尖的木棒製成木柵欄，以防止軍營遭到敵軍騎兵的偷襲，因其形似鹿角故名。

　　契丹軍重重包圍了晉軍，並派兵截斷晉軍的運糧通道。這天夜晚，東北風大起，房屋倒塌，樹木折斷。士兵們口渴難耐，便在營地挖井取水，但每次總是在剛要出水時井卻崩塌，士卒們只好取上帶水的泥土，用布帛絞出水喝。等到天亮，風颳得更大。契丹國主耶律德光坐在奚車（奚人製作的車子）上，對部眾說：「晉朝就剩這些軍隊了，應該把他們全部擒獲，然後南下直取大梁。」於是命令精兵鐵鷂騎軍下馬拔除晉軍埋下的鹿角，進入晉軍營地，用短兵器攻擊晉軍，又順風縱火揚沙以助聲勢。

二、「絕兩國之歡」─石重貴與契丹的抗爭

晉軍到了背水一戰的地步,軍士們氣憤地高呼:「都招討使(即杜重威)為什麼不出兵而讓我們束手待斃?」眾將領也紛紛請求出戰。杜重威說要等風勢稍小一點再做定奪。馬步都監李守貞說:「現在敵眾我寡,但風沙瀰漫,敵軍無法了解我們的虛實,只要勇猛衝殺,就可獲勝。如果等到風沙停止,我們會死得一個不剩。」隨即呼喚各部隊一齊攻擊敵人!

有將領說契丹現在正在上風,應該等風向轉後再與他們交戰。藥元福對張彥澤說:「現在軍中飢渴交迫,如果要等到風向迴轉,我們都已成俘虜了。敵人認為我們不能逆風出戰,我們應該出其不意去攻擊他們,這就是兵法上所說的詭異之道。」符彥卿也說:「與其束手就擒,不如以身殉國!」於是與張彥澤、藥元福以及皇甫遇率領精騎衝出西門向契丹軍發起反擊,眾將領也相繼出動,契丹軍向後退卻了數百步。

這時風勢越來越猛,天昏地暗如同黑夜一般。符彥卿等率領一萬多名騎兵橫衝猛擊,喊殺聲震天動地,契丹軍大敗而走,勢如山崩。李守貞也命令步兵把鹿角全部拔掉出戰,與騎兵同時挺進,向北追殺二十餘里。契丹鐵鷂軍既已下馬,倉皇之間來不及再跨上馬背,拋棄的戰馬和鎧甲兵器遍地都是。這就是歷史上著名的「陽城之戰」。

這一仗,後晉取得最後的勝利。契丹軍退到陽城東南河邊,杜重威又派精騎攻擊,契丹兵紛紛渡河而去。耶律德光在北逃時也十分狼狽,一開始是乘坐奚車跑,晉軍追得很急,奚車行

第十二章　興衰皆契丹：後晉王朝的命運走向

駛緩慢，便趕快換一匹駱駝騎上，揮鞭急逃。眾將要求繼續追殺，杜重威這時卻說：「遇上強盜，不被殺死已是萬幸，難道還要拉住強盜要回被搶走的衣物錢袋嗎？」李守貞也說：「兩天以來，人馬極度乾渴，今天得到了水，人馬都喝多了，腿腳加重，難以追擊敵人，不如全軍而還。」於是退守定州（今中國河北定州）。二十九日，後晉各支部隊從定州班師。至四月十六日，石重貴從澶州出發返回大梁。

陽城戰役後晉由敗轉勝，雖然展現了晉軍將士英勇不屈的一面，但卻也帶有一定的僥倖性。尤其是主帥杜重威，已經表現出怯懦懼敵的苗頭。從後晉王朝的結局來看，這次勝利竟是其滅亡前的一次迴光返照。

三、契丹南下與後晉滅亡

陽城之戰晉軍的僥倖勝利，使晉出帝石重貴覺得契丹也不過如此，從此天下太平，驕奢心理日增。他開始大肆擴建宮殿，裝飾後庭，廣置器玩，其豪華壯麗，近來的幾個王朝都望塵莫及。而且與唐莊宗李存勗一樣，石重貴對於優伶也尤為鍾愛，賞賜無度。在國難當頭、百姓餓斃於道的時刻，還如此揮霍，其離滅亡的日子也就不遠了。

桑維翰曾勸諫石重貴說：「往日陛下親自率軍抵禦胡人入侵，戰士受重傷，賞賜不過為幾端綢緞。而今藝人們一談一

笑，往往就賜帛一束、錢一萬以及錦袍、銀帶等物，如果讓那些戰士看到，豈不怨恨？說：『我們冒著鋼刀白刃，絕筋斷骨，竟然不如戲子們一談一笑的功勞之大！』這樣一來，軍隊將會解體，陛下依靠誰來保衛國家社稷呢？」石重貴不聽。

而近兩年來，後晉國內的蝗災、旱災也非常嚴重，地方稅收收不到，國家財政出現枯竭，石重貴便派遣使臣三十六人分赴各道去搜刮民財，每人賜給他們一把尚方寶劍，授予生殺之權。使臣們率領一幫隨從吏卒，攜帶鎖鏈、刑具、刀槍棍棒闖入民宅，老百姓小孩大人無不驚慌恐懼，求生無路，求死無地。州縣官吏也藉機為非作歹，狼狽為奸。而且為了擴大兵源，石重貴下詔令天下按戶籍徵集鄉兵，每七戶人家出一名士兵並共同負擔這名士兵的兵器糧餉，定名為「武定軍」，總共得到七萬餘人。桑維翰已經預感「晉氏的宗廟得不到祭祀」，即國家要完了。

而在契丹方面，陽城之戰失利後，耶律德光將戰鬥不力的部將各杖數百，之後便一方面積極準備下一次的軍事行動，徵集諸道兵馬，檢閱訓練；另一方面，指令盧龍節度使趙延壽和瀛州刺史劉延祚放出風聲，說要歸降晉朝，作為誘餌，引後晉朝廷上鉤。果然，後晉君臣落入圈套，認為這是一個千載難逢的機遇，幻想著透過趙延壽和劉延祚，從敵人營壘內部打開缺口，收復幽、雲。

開運三年（西元946年）十月十四日，石重貴任命杜重威為

第十二章　興衰皆契丹：後晉王朝的命運走向

北面行營都招討使，李守貞為兵馬都監，安審琦、符彥卿、皇甫遇、梁漢璋、宋彥筠、王饒、薛懷讓等一干名將為各廂都指揮使、都排陳使，幾乎出動後晉朝廷所能調動的全部兵力，向北出發，接應趙延壽和劉延祚的降附，並下敕說：「專發大軍，往平點虜。先收瀛（州）、莫（州），安定關南，次復幽（州）、燕（京），蕩平塞北。」杜重威是石敬瑭的妹夫、石重貴的姑父，憑藉著皇親國戚的身分以及賄賂而得到重用。

然而晉軍不僅未能收瀛、莫，復幽、燕，安定關南，蕩平塞北，反而一步步走向了滅亡。

當杜重威和李守貞等到達瀛州準備接收劉延祚的投降時，發現城門大開，城內異常寂靜，便不敢貿然進入。後聽說契丹將領高謨翰早已率兵祕密出城，杜重威便派遣梁漢璋率二千名騎兵前往追擊。梁漢璋在南陽務（今中國河北肅寧東北）與契丹遭遇，結果寡不敵眾，導致全軍覆沒。杜重威等聽此消息後，便率兵南撤。最後，與張彥澤等人一起，撤退到滹沱河上的一座橋梁——中度橋，與契丹軍隔河對壘。

以當時後晉與契丹的兵力看，應該是實力相當。《遼史》說杜重威、李守貞、張彥澤等率所部二十萬眾投降，似有誇張；劉知遠說「契丹新降晉軍十萬」，大致可信。然而雙方並沒有發生大的戰役，只是奉國都指揮使王清請求率步兵二千為前鋒，奪取橋梁，開闢道路，讓杜重威率領各軍緊隨其後，開進恆州（即鎮州，今中國河北正定）。然而杜重威不僅沒有率大軍跟

三、契丹南下與後晉滅亡

進,而且當王清獨自率部在滹沱河北岸奮力作戰時,杜重威無視其多次求救,不派一兵一卒前去救。王清對部下說:「上將(指杜重威)手握兵權,坐觀我們被困而見死不救,必定有異圖,我們應該以死報國!」部眾被他的話所感動,無一人後退,直至全部戰死。

就在王清浴血奮戰的同時,杜重威和李守貞、宋彥筠則合計著向契丹投降。杜重威寫好了降表,然後在營帳周圍埋下伏兵,召集眾將署名。眾將驚愕害怕,沒有一個人提出反對意見。倒是士兵們在杜重威命令他們放下武器投降時,都抱頭痛哭,聲動原野。時在開運三年(西元946年)十二月初八。

繼杜重威投降之後,張彥澤也很快投降,並成為契丹滅晉的急先鋒。當時後晉朝廷的宿衛禁軍幾乎全部開赴前線行營,張彥澤不受任何阻擋,日夜兼程飛奔疾馳到了大梁,從封丘門破關衝入城內。禁軍將領李彥韜率領五百名禁軍前往迎敵,不能阻止。石重貴見大勢已去,便在宮中放起大火,提著寶劍驅趕著後宮十幾個人要跳入火中自焚,被親將薛超攔住。張彥澤傳進耶律德光給李太后的信以示撫慰,並召集桑維翰、景延廣前來。石重貴於是命令滅火,召翰林學士范質草擬降表,自稱「孫男臣重貴」,等待契丹國主的發落。之前的硬脾氣蕩然無存。

後漢天福十二年(遼大同元年,西元947年)正月初一,後晉文武百官在大梁城北遠遠地向石重貴辭別,然後改換象徵投降的白衣紗帽,迎接契丹國主耶律德光的到來。耶律德光頭戴

第十二章　興衰皆契丹：後晉王朝的命運走向

貂帽，身披貂裘，內裏鐵甲，立刻於高崗之上，命令百官起立，改換官服，進行一番安慰，然後進入大梁。耶律德光進入開封城門時，百姓都驚呼逃跑，便登上城樓，命翻譯告訴人們說：「我也是人，你們不要害怕，我一定要讓你們休養生息。我無心南來，是漢兵引我來的。」

二月初一，耶律德光在開封皇宮正殿登極，頭戴通天冠，身披絳紗袍，建國號大遼，改元大同，成為夷夏之主，耶律德光也就是遼太宗。並且依照契丹習俗，在大門前殺狗，在庭院中豎起長竿掛上羊皮驅邪厭勝，庭下設置大典樂器和儀仗衛隊。百官都來朝賀，耶律德光令漢人仍穿漢禮服，胡人穿胡服，立在文武兩班中間，胡漢分治。「大同」的年號，寓意頗深。

耶律德光只做了兩個月或不到兩個月的中原皇帝，由於中原人民的激烈反抗加之不適應中原的氣候，便帶著馮道、李崧、和凝、張礪等文武官員數千人，各軍將士數千人，宮女、宦官數百人北歸。耶律德光離開開封的時間，《資治通鑑》說是三月壬寅（十七日），《遼史》說是四月丙辰（初一）。途中他總結了中原之行的三個錯誤：一是縱兵掠芻粟，即所謂的「打草谷」；二是搜刮百姓私財；三是沒有及時派遣各個節度使返回藩鎮。並說若非汴州炎熱，水土難居，只需要一年，天下太平可致。然而耶律德光到四月二十一日或二十二日，便在欒城殺胡林（在今中國河北欒城西北）發病去世，他的天下大同的理想終究也只是一個夢。

三、契丹南下與後晉滅亡

司馬光《資治通鑑》記載，契丹連年入侵中原，致使後晉國家疲於奔命，邊疆百姓更是大量被屠殺。而契丹人民和牲畜也多因戰爭而死，國民對戰爭充滿厭惡痛苦情緒。戰爭對後晉和契丹雙方都造成了災難。述律太后對耶律德光說：

「假使讓漢人做胡人的君主，可以嗎？」耶律德光說：「不可。」太后說：「那麼你為什麼一定要當漢人的君主呢？」耶律德光說：「石氏負恩，不可容忍。」太后說：「你現在雖然得到中原的土地，也不能居住。萬一有了差錯，後悔已來不及。」

述律太后為遼太祖耶律阿保機的皇后，耶律德光之母，號稱鐵腕女人，李存勗曾以「叔母」事之。阿保機去世下葬時，她曾砍下自己的右臂，裝入棺木，作為陪葬。其對契丹與中原王朝如何相處，頗有一點獨到見解。而當耶律德光的靈柩運回契丹後，她沒有掉眼淚，說：「待諸部寧一如故，則葬汝矣。」耶律德光後葬於懷州，即今中國內蒙古巴林右旗崗根蘇木床金溝。

後晉滅國後，晉出帝石重貴及其後晉部分大臣官員的結局如下：

耶律德光進入開封後，封石重貴為負義侯，意為有負於契丹的恩義，令於黃龍府（今中國吉林農安）安置。石重貴便與李太后（石敬瑭之妻），安太妃（石重貴生母），馮皇后（石重貴之妻）以及弟重睿，子延煦、延寶一起向契丹北遷。但由於耶律德光去世，又將石重貴等遷往建州（治今中國遼寧朝陽西南）。從出土的墓誌等資料來看，石重貴卒於遼保寧六年（西元 974

第十二章　興衰皆契丹：後晉王朝的命運走向

年），終年六十一歲，最後的居住地在今中國遼寧朝陽波羅赤村附近，也就是傳說中的晉王城。

安太妃在去世前曾遺言：「焚骨為灰，南向揚之，庶幾遺魂得返中國也。」李太后也臨終遺言：「吾死，焚其骨送范陽佛寺，無使吾為邊地鬼也！」都還是情繫中原。

唆使石重貴與契丹決裂的景延廣，後晉滅亡前在河陽任職，耶律德光派兵去抓捕他，景延廣自知無處逃匿，就主動去見耶律德光，也就有了與喬榮對質一事。後耶律德光派軍士押景延廣歸契丹，行至陳橋鎮，景延廣趁看押人員不注意，扼喉自殺。

至於自始至終極力維護與契丹親和關係的桑維翰，張彥澤恐其被遼朝重用，派人將其勒死，然後用帶子套在他的脖子上，報告說是上吊自殺。耶律德光深感遺憾，說：「我無意殺桑維翰，他為什麼會這樣啊！」命人慰問並厚撫其家屬。

在陽城之戰中曾勇戰契丹的皇甫遇，並沒有參預杜重威的投降謀劃。但事後對親信說：「我身為將相，兵敗後不能去死，怎能再忍心去謀取君主呢！」斷喉自殺。

一路充當契丹滅晉急先鋒的張彥澤，由於殘暴無比，就連耶律德光也不能容忍，將其罪行向百官宣布，問道：「張彥澤該不該處死？」百官們異口同聲說：「該處死！」百姓也爭先恐後遞上狀牒申訴張彥澤的罪行。耶律德光將張彥澤等押往北市斬首。被張彥澤殺害的士大夫的子孫們都披麻戴孝、攜帶著喪杖

嚎哭怒罵，痛打張彥澤的屍首。市民們也爭著砸碎他的頭顱，取出腦髓，剁碎他的肉後分食掉。

直接葬送後晉天下的杜重威，則先後在遼朝以及後來建立的後漢王朝中任職，官至歸德軍節度使、檢校太傅、中書令。後漢乾祐元年（西元948年）正月，隱帝劉承祐即位，派人將其及全家殺掉。

最後還值得一提的是後晉易州刺史郭璘。當初契丹屢次進攻易州，郭璘都固守抗拒。耶律德光每過易州城下，便指著易州城感嘆道：「我能吞併天下，卻被此人所阻遏！」及至杜重威投降，耶律德光派通事（翻譯）耿崇美來易州誘降郭璘。郭璘部下投降，自己卻始終不屈，最後被耿崇美殺死。

第十二章　興衰皆契丹：後晉王朝的命運走向

第十三章
五代最短命王朝：
後漢的興衰成敗

第十三章　五代最短命王朝：後漢的興衰成敗

一、從太原到汴梁——劉知遠的「大漢」夢

就在石重貴與契丹抗爭、遼朝滅晉的過程中，另一支勢力又從太原崛起，這就是沙陀人在中原建立的第三個王朝，由劉知遠建立的後漢。

劉知遠於唐昭宗乾寧二年（西元 895 年）出生在太原，父親名琠，任李克用部將；母親安氏，當是一位昭武九姓胡人。沙陀人除朱邪氏一支被唐賜予李姓外，還有劉（知遠）、楊（光遠）、郭（從義）、瞿（稹）、張（彥超）、白（重贊）等姓氏，他們當屬於沙陀平民，也都得自於漢姓。

清人趙翼《廿二史劄記》中有一篇〈一軍中有五帝〉的札記，說李存勗為晉王時，與梁軍拒於河上垂十年，時李嗣源為大將，其養子李從珂、女婿石敬瑭均從征戰，而劉知遠當時亦為石敬瑭手下小校，故此一軍中出了後唐莊宗李存勗、明宗李嗣源、末帝李從珂和後晉高祖石敬瑭、後漢高祖劉知遠五位皇帝。趙翼稱「此古來未有之奇也」。這「一軍」，也就是由李克用組建的代北集團軍人系統。

劉知遠出生在太原，又兩度在河東任職——後唐明宗朝隨石敬瑭出任河東牙門都校，後晉高祖天福六年（西元 941 年）七月出任北京留守、河東節度使。太原同樣有他的宗族、親屬、故舊，他在這裡有比在他鄉更大的號召力，正如其妻李氏所說：「自晉高祖建義，及國家興運，雖出於天意，亦土地人民福力同

致耳。」而對於這土地和人民的「福力」，郭威說得更直白具體：「河東山河險固，風俗尚武，土多戰馬，靜則勤稼穡，動則習軍旅，此霸王之資也，何憂乎！」

劉知遠雖然忠於石敬瑭，但他並不買石重貴的帳。據說石敬瑭在病重時，曾寫下詔書召劉知遠入朝輔政，被石重貴壓下不發，劉知遠遂對石重貴心生怨恨。所以在開運年間契丹對後晉的進攻中，劉知遠始終持有一種隔岸觀火的態度。與此同時，則是以防備契丹為名，積極招募軍士，奏置興捷、武節等十餘軍；陽城之戰後，又大力招收潰散的後晉士兵，得數千人，於是河東的步兵、騎兵人數達到五萬。石重貴也看出劉知遠心懷異志，對親信大臣說：「太原根本不願意輔助朕，必定有異圖。如果他果真有當天子的福分，為什麼不趕快來當呢？」

在此期間，劉知遠還做了一件非常不光彩且非常殘忍的事，那就是屠殺吐谷渾首領白承福等五家。

吐谷渾從唐末被李克用擊敗後，散處於蔚州（治今中國河北蔚縣）界中。後唐莊宗時，置寧朔、奉化兩都督府，以其首領白承福為都督，並賜姓名李紹魯。石敬瑭割讓幽雲十六州與契丹後，部族皆隸屬於契丹。後吐谷渾苦於契丹的虐政，又受到後晉成德軍節度使安重榮的誘惑，遂背叛契丹，率車帳羊馬投晉。劉知遠說服吐谷渾部落歸附自己，置於太原東山及嵐州、石州之間，並表薦其首領白承福為大同節度使，收其精騎於麾下。說來劉知遠與吐谷渾還有一層特殊的關係，即他父親去世

第十三章　五代最短命王朝：後漢的興衰成敗

後，母親再嫁給一個吐谷渾人，所以他有一個同母異父的兄弟慕容彥超。慕容是吐谷渾的一個大姓。

白承福家裡非常富有，連餵馬的馬槽都用白銀製作。至開運三年（西元946年）八月，劉知遠貪圖白承福的財富，便在郭威的唆使下，誣陷白承福等五族謀反，率領軍隊殘忍地將其包圍屠殺，共計四百口，抄沒其家財，得良馬數千匹，財貨以百萬計，充作軍用，史稱「由是河東富強冠諸鎮」。

當耶律德光在開封皇宮登極後，劉知遠曾派遣客將王峻向其奉上三道表章：一是祝賀契丹進入開封；二是說因太原是夷夏雜居之地，需要屯聚防守，所以不敢離鎮親自前往祝賀；三是說本該獻上貢品，但因道路不暢，暫時無法獻上，等日後道路暢通再行補上。耶律德光看到劉知遠的表章後，賜詔予以表彰，稱劉知遠為「兒」，並賜予木拐杖一副，按照契丹習俗，只有貴重大臣，才有資格得到賜拐的殊榮。

不過，劉知遠最終還是沒有向契丹稱臣，就在耶律德光在開封登極的半個月之後，即天福十二年（西元947年）二月十五日，劉知遠亦在太原即皇帝位，建立後漢王朝的核心統治班底：他以親弟劉崇為代理太原府尹，堂弟劉信為侍衛馬軍都指揮使，元從史弘肇為侍衛步軍都指揮使，楊邠代理樞密使，郭威代理副樞密使，王章代理三司使。其餘元隨如劉銖、王峻、王進、吳虔裕、李暉、司超、郭進等，以及幕僚張彥成（即張彥威）、蘇逢吉、蘇禹珪、韓祚、閻萬進等，也都是劉知遠太原統

治團隊的重要成員。其後又立夫人李氏為皇后,任命蘇逢吉、蘇禹珪為宰相。當時劉知遠並沒有建國號,也沒有建年號,繼續使用晉高祖的天福年號,將晉出帝開運四年改為天福十二年。

遼太宗耶律德光率眾北歸後,劉知遠便謀劃著出兵南下,當時除河東一地外,其餘地區還都是「遼國」的天下。他先派史弘肇拿下潞州(治今中國山西長治),然後與群臣商量進軍河南的路線。最終,劉知遠採納郭威的意見,從太原出發,一路南下,由陰地關(在今中國山西靈石西南五十里南關鎮)開往晉(治今中國山西臨汾)、絳(治今中國山西新絳)、陝(治今中國河南三門峽)三州。然後向東,經新安(今中國河南新安)、洛陽抵達大梁。劉知遠從太原出發的時間是五月十二日,到達開封的時間是六月十一日,由於先鋒史弘肇的一路開道,幾乎是「兵不血刃」抵達開封,雖然比郭威為他規劃的「不出兩旬,洛、汴定矣」推後了十天,卻也做到了「萬無一失」。

劉知遠進入開封後,從河東一隅之地的皇帝變成了中原的共主,於是進一步完善政權建設。他首先是確定國號,為「漢」,史稱「後漢」。並改名為「暠」,劉知遠(劉暠)也就是後漢高祖。

劉知遠的「漢」,源自劉邦建立的西漢和劉秀建立的東漢,所以其在建立宗廟時,以劉邦為太祖高皇帝,劉秀為世祖光武皇帝,之後才是自己直系的高祖、曾祖、祖、父四座親廟。然而劉知遠建立的漢朝,與劉邦、劉秀建立的兩漢王朝沒有絲毫

第十三章　五代最短命王朝：後漢的興衰成敗

關係，如果硬要扯上一點關係的話，那就是他們都姓劉。

劉知遠以劉邦、劉秀作為自己的先祖，固然是為了攀附高枝，提高家族的社會地位，但卻也反映沙陀人在內遷一百多年後，已經實現對漢族深度的認同。至於年號，則仍稱天福，劉知遠說是自己「未忍忘晉也」。

後漢王朝其實也就是後晉的延續，所以對於在原後晉和遼朝中任職的官員，劉知遠都予以非常寬容的態度。其在洛陽時，就下詔曉諭那些接受契丹官職的人不要有所疑慮，將契丹的委任書通通燒掉；到開封後，又下詔凡是契丹所任命的節度使，下至各級將領官吏，都各自安於職守，不再變更。然而對於後唐明宗李嗣源的後人，卻表現出一種冷酷殘忍的態度。早在洛陽時，他就命令鄭州防禦使郭從義提前進入大梁清理皇宮，祕密下令殺死李嗣源的幼子李從益和夫人王淑妃。李從益只有十七歲，是在契丹撤退時，被強行扶立的一個小皇帝，劉知遠卻沒有饒恕他。王淑妃在臨死前曾哀求道：

「我兒是被契丹人強行立為皇帝的，有什麼罪而至於死？為什麼不能留下他一條性命，讓他在每年的寒食節盛一盂麥飯灑在明宗陵前呢！」聽到的人無不為之落淚。

後漢高祖劉知遠只做了不到一年的皇帝，於乾祐元年（西元948年）正月二十七日去世，廟號高祖，諡號睿文聖武昭肅孝皇帝，安葬於睿陵，在今中國河南禹州西北部萇莊鎮，為重點文物保護單位。

一、從太原到汴梁─劉知遠的「大漢」夢

後世史家對劉知遠的評價都不高,如司馬光就評價其「非仁」、「非信」、「非刑」。

所謂「非仁」,是指當初契丹北撤時,曾留下一千五百名幽州兵守衛大梁。劉知遠進入大梁後,有密報說幽州兵將發動兵變,劉知遠便下令將他們全部殺死在繁臺之下。繁臺在今中國開封東南禹王臺公園內,相傳為春秋時期著名樂師師曠演奏的吹臺,漢梁孝王時增築,後有繁姓居住其側,故名。

而所謂「非信」和「非刑」,是指劉知遠在圍攻契丹任命的鄴都留守杜重威時,有一位名叫張璉的軍將率領二千名幽州兵幫助杜重威據守鄴城。劉知遠曾多次派人勸其投降,許以不死,張璉遂出城投降,結果張璉等數十名將校投降後即被殺;而本該處死、導致後晉滅亡罪大惡極的杜重威則不僅沒有被處死,反而被任命為太子太傅兼中書令,封楚國公。於是司馬光便稱其「非信」、「非刑」。並且司馬光把後漢的國祚短促,也歸結到劉知遠的「三非」上,說:「仁以合眾,信以行令,刑以懲奸,失此三者,何以守國?其祚運之不延也,宜哉!」

不過,劉知遠在民間卻有非常廣泛的影響,這主要得益於宋金時期的一部文藝作品——《劉知遠諸宮調》的流傳。諸宮調是流行於宋、金、元時期的一種大型說唱文學藝術,因為它是集合了若干套不同宮調的曲子輪替歌唱,從而得名「諸宮調」。

《劉知遠諸宮調》講述的是劉知遠與妻子李三娘悲歡離合的故事,大概情節是:劉知遠父親早亡,母親再嫁。他入贅於

第十三章　五代最短命王朝：後漢的興衰成敗

大戶李家，妻子名三娘。三娘父母過世後，兄嫂對劉知遠百般折磨，劉知遠無法繼續在李家存身，便辭別三娘，前往太原投軍。兄嫂逼三娘改嫁，三娘不從，便又開始折磨三娘，叫她剪髮赤足，挑水推磨。三娘磨房產子，怕兄嫂加害，託人送與劉知遠。劉知遠後因軍功升做大官，並另娶妻室。三娘之子十六歲，一日，在井臺偶遇三娘，母子相認。回去後，告訴劉知遠，劉知遠感慨萬千，前去認妻，夫妻母子團圓。

這一故事情節在宋人編著的《新編五代史平話》中已有梗概，《劉知遠諸宮調》將內容進一步充實及擴展，後來又在此基礎上創作了元代四大南戲之一的《白兔記》（又稱《劉知遠白兔記》），增添了「咬臍」的內容，說李氏在磨房產子時，用牙齒咬斷了臍帶，並將李氏所產子名曰「咬臍郎」。時至今日，仍有不少劇種在上演這齣劇目。

而史書對李氏皇后的記載是這樣的。《舊五代史》卷一〇四〈后妃列傳〉：

高祖皇后李氏，晉陽人也。高祖微時，嘗牧馬於晉陽別墅，因夜入其家，劫而取之。及高祖領藩鎮，累封魏國夫人。高祖建義於太原，欲行頒賚於軍士，以公帑不足，議率井邑，助成其事。後聞而諫曰：「自晉高祖建義，及國家興運，雖出於天意，亦土地人民福力同致耳，未能患其眾而欲奪其財，非新天子恤隱之理也。今後宮所積，宜悉以散之，設使不厚，人無怨言。」高祖改容曰：「敬聞命矣。」遂停斂貸之議。後傾內府以

助之,中外聞者,無不感悅。天福十二年,冊為皇后。隱帝即位,尊為皇太后。

這也與後唐莊宗劉皇后小氣斂財、禍到臨頭仍不鬆手的境界和所作所為形成了鮮明的對照。

二、後漢的滅亡與中原沙陀王朝的結束

劉知遠有三個兒子。長子承訓,性情溫厚,儀表俊美,尤為知遠鍾愛,準備立為皇位繼承人。可惜天不遂人願,劉承訓在二十六歲時病逝,劉知遠也因悲痛過度而生病,一個多月後離世。於是,次子劉承祐便繼承了皇位,年紀只有十七歲,是為後漢隱帝。

劉知遠在彌留之際,召蘇逢吉、楊邠、史弘肇、郭威四人入宮接受遺囑,說承祐年紀尚輕,以後的事情就拜託諸位愛卿了。於是,四位顧命大臣便實際掌管了後漢的政權。

隱帝劉承祐在位時間只有三年,然而就在這短短的三年內,卻發生了幾件大事。

隱帝時發生的第一件大事,是平定了河中(治今中國山西永濟)、鳳翔(治今中國陝西鳳翔)以及永興(即晉昌,治今中國西安)三鎮的連兵叛亂。

後漢建國後,晉昌節度使趙匡贊和鳳翔節度使侯益一直反

第十三章　五代最短命王朝：後漢的興衰成敗

覆於後漢與後蜀國之間。乾祐元年（西元 948 年）正月，劉知遠在世時，就令左衛大將軍王景崇、將軍齊藏珍率領禁軍數千人屯守函谷關（在今中國河南靈寶境內）以西，監視二鎮的行動，並命令王景崇：「匡贊、（侯）益之心皆未可知，汝至彼，彼已入朝則勿問，若尚遷延顧望，當以便宜從事。」所謂「便宜從事」，也就是將其除掉。與此同時，將趙匡贊調離晉昌鎮（長安）。

不久，劉知遠去世，侯益入朝，大肆詆毀王景崇，朝廷反而對王景崇產生了猜疑，王景崇內不自安，便煽動牙將趙思綰據長安城反叛。而河中節度使李守貞當初與杜重威一同投降契丹，聽說新皇帝剛即位便殺了杜重威，心中恐懼，亦萌發異志。趙思綰便慫恿李守貞反叛，向其奉表獻御衣，李守貞遂自稱秦王，以趙思綰為晉昌節度使。於是王景崇、趙思綰、李守貞聯盟舉兵造反。

同年四月，後漢朝廷分派郭從義、白文珂、常思等將領率兵討伐三鎮，由於將帥互不相容，從春到秋，久戰無功。八月，朝廷任命郭威為西面軍前招慰安撫使，各軍均受其指揮。三叛鎮則分別向南唐、後蜀、遼朝求救，後蜀出兵予以實質性的援助。郭威等圍攻三鎮前後長達一年多時間，至乾祐二年（西元 949 年）七月，攻破長安，殺趙思綰及其父兄、部曲三百多人；攻破河中，李守貞和妻子及兒子李崇勳等自焚而死；鳳翔鎮則更晚至十二月末方被攻破，王景崇舉族自焚，其部下公孫輦、張思諫等以州投降。至此，三鎮的聯兵叛亂被最後平定。

二、後漢的滅亡與中原沙陀王朝的結束

隱帝時發生的第二件大事,是一日殺了三位重臣,也由此導致後漢王朝的覆滅。

劉承祐即位後,幾位顧命大臣倒是頗為盡職,史稱當時楊邠負責總理朝政,秉公忠心;郭威主持對外征戰,守衛邊疆;史弘肇掌典京城警衛,路不拾遺;王章掌管財政賦稅,在剛剛承受了大亂,官府、百姓財力極其困難拮据的情況下,努力節約開支,補足國庫。所以雖然緊接著遇到李守貞、王景崇、趙思綰三鎮叛亂,卻用兵多年而供應沒有短缺。到事態平息後,除了賞賜之外,尚有積餘,國家於是得到了基本的安定。

然而顧命大臣們卻不把這位小皇帝放在眼裡,又互相傾軋,甚至大打出手,將相如同水火。楊邠歷來不喜歡書生,常說:「國家府廩實,甲兵強,乃為急務。至於文章禮樂,何足介意。」史弘肇更是說:「安定國家,在長槍大劍,安用毛錐(即毛筆)!」王章則反駁道:「無毛錐,則財賦何從可出?」尤其是楊邠後來以樞密使兼任宰相,專權擅政,朝廷大事小情一切都由他說了算。李太后的親弟李業希望得到宣徽使一職,隱帝和李太后私下問楊邠,楊邠認為不可;劉承祐想立自己寵愛的妃子耿夫人為皇后,楊邠又認為不當;耿夫人不久去世,劉承祐要以皇后的禮節安葬,楊邠還是不同意。尤其是有一次,楊邠與三司使王章在隱帝面前論事,隱帝說需要考慮仔細,不要讓人有閒話。楊邠突然說:「陛下只管閉口,不用出聲,有我們在。」以這樣訓斥的口氣與皇帝說話,簡直是目無君主!

第十三章　五代最短命王朝：後漢的興衰成敗

劉承祐感覺自己就是一個傀儡，積怨越來越深，許久不能平靜。身邊的寵臣乘機進讒言挑撥，說楊邠等人專橫跋扈，肆無忌憚，最終定當犯上作亂。劉承祐曾在夜裡聽到手工作坊鍛造打鐵的聲響，懷疑是有人在緊急趕製兵器，直到天亮都不能入睡，簡直到了神經質的地步。

宰相蘇逢吉與侍衛親軍都指揮使史弘肇的衝突尤為突出，史弘肇甚至要持劍殺蘇逢吉。蘇逢吉知道李業等人怨恨楊邠和史弘肇，便火上澆油，屢用言語去激怒他們。劉承祐於是和李業以及樞密承旨聶文進、飛龍使後匡贊、茶酒使郭允明等密謀誅殺楊邠等人。商議已定，入宮稟告李太后，李太后說：「這事斷不可輕舉妄動，應該再與宰相商議。」李業當時正在旁邊，就說：「先帝（即劉知遠）曾說，朝廷大事，不可謀及書生，書生懦怯誤事。」李太后又多說了幾句，劉承祐生氣地說：「國家大事，不是閨中婦人所能知曉的。」拂袖而出。眼見一場災難已經不可避免。

乾祐三年（西元950年）十一月十三日早晨，楊邠等人前來上朝，正行走在東邊走廊上，數十名全副武裝的武士突然從廣政殿殺了出來，刀光劍影之間，楊邠、史弘肇、王章三顆人頭落地。緊接著，聶文進立即召集宰相、朝臣到崇元殿，宣布詔旨說：「楊邠等人謀反，已經服罪處死。」又將各軍將校召集到萬歲殿庭中，由皇帝劉承祐親自向他們宣布此事。劉承祐並且說：「楊邠等人把朕當作小孩來看待，朕今日才真正成為你們的君

主,你們從此可以免除權臣專橫的憂患了。」眾人愕然,拜謝退下。劉承祐又召集在京的前任節度使、刺史等官員上殿,宣布此事,又分頭派遣使者率騎兵逮捕楊邠等人的親屬、黨羽、隨從,全部殺死。

郭威與楊邠、史弘肇都是後漢元老,關係友好,此時以樞密使兼任鄴都留守、天雄軍節度使,駐守魏州(今中國河北大名)。劉承祐又派使者到魏州,命令郭威的部下郭崇威、曹威誅殺主帥郭威及監軍王峻。使者以密詔出示郭威,郭威召集郭崇威、曹威等眾將領,告知朝廷所發生的事變以及下密詔令將他殺掉的情況。然後說:「我與楊邠等人,披荊斬棘,跟隨先帝奪取天下,又受託孤重任,盡心竭力保衛國家。如今他們已死,我還有什麼心思獨自活著!各位就按照詔書上的指令,砍下我的腦袋去稟報天子,或許可以不受到牽連。」這當然是假話,郭威怎麼會甘心無辜受死?

郭崇威等都說是天子年少,這必定是身邊那幫小人所為,倘若讓這幫小人得志,國家豈能得到安寧?表示願意跟從郭威入京城掃除鼠輩,肅清朝廷。郭威於是留養子郭榮(即柴榮)鎮守鄴都,命令郭崇威率騎兵前面開路,自己帶領大部隊隨後出發南下。郭崇威不僅沒有執行皇帝的詔令殺死郭威,反而成為郭威滅漢的急先鋒。

劉承祐聽說郭威率兵渡河,急派開封尹侯益、保大節度使張彥超、客省使閻晉卿等率兵前往抵禦,又派宦官瑽脫去偵察

第十三章　五代最短命王朝：後漢的興衰成敗

郭威的動向。璉脫被郭威軍抓獲，郭威叫他奏請隱帝將李業等人縛送軍中。李業等都說郭威的反狀已明，劉承祐便下令把郭威在京的家屬全部殺死，徹底斷了郭威的後路，也徹底堵死了自己的退路。

二十日，郭威軍與朝廷官軍在開封城北郊的劉子坡相遇。後漢官員一個個吹牛說大話，先是聶文進說：「有臣在，即使一百個郭威也可活捉。」接著是漢高祖的同母異父弟慕容彥超誇海口：「陛下明日若宮中無事，請再次出城觀看臣下如何擊破賊軍。我不必與他們交戰，只需大喝一聲，就可將他們驅散返歸營地。」然而次日一戰，慕容彥超不僅未能將郭威的軍隊喝歸營地，反而初戰即失利，最後帶領十幾名騎士逃回兗州（今中國山東兗州）。其他軍將如侯益、吳虔裕、張彥超、袁嶬、劉重進等，也都權衡得失，祕密去拜見郭威。

當晚，劉承祐與竇貞固、蘇逢吉、蘇禹珪三位宰相及隨從官員數十人在開封城郊的七裡寨村住宿。次日（二十二日）清晨，劉承祐想要回到開封，不料開封尹劉銖據城不納，只好帶眾人向西北方向逃奔。逃到一個叫做趙村的地方，忽見後面塵土飛揚，劉承祐以為是追兵趕來，便倉皇下馬，打算躲入村民屋中。郭允明見形勢危急，想拿皇帝作為進見禮投降追兵，便猛然趕上幾步，狠命一刀，將劉承祐刺死。其實後面趕來的是皇帝的親兵。郭允明見弄巧成拙，也就橫刀自刎而死。蘇逢吉和閻晉卿也都自殺。聶文進脫身逃跑，被軍士追上斬殺。李業

二、後漢的滅亡與中原沙陀王朝的結束

逃奔陝州,後匡贊逃奔兗州。

郭威率大軍進入開封城。從乾祐三年十一月十三日隱帝劉承祐殺楊邠、史弘肇、王章,至二十二日劉承祐本人被殺,前後不到十日,後漢王朝實際上已經覆滅,正如《舊五代史》史官所言:「自古覆宗絕祀之速者,未有如(隱)帝之甚也。」

郭威進入開封後,並沒有立即改朝換代。當時劉知遠之弟劉崇為河東節度使,掌控著山西後院,實力很強。另一弟劉信為忠武節度使(治許州,今中國河南許昌),其養子即劉崇之子劉贇為武寧節度使(治徐州,今中國江蘇徐州)。如果這三鎮勢力聯合反抗,郭威的政變或許就會流產。於是他向李太后奏請立劉贇為帝,這樣便穩住了三鎮。而在新皇帝到來之前,由李太后臨朝聽政。郭威的這一計謀,可謂高明。

郭威派馮道到徐州騙劉贇赴開封即位。此時,鎮州和邢州奏報說契丹國主耶律兀欲率數萬騎兵入侵,李太后敕令郭威率大軍前往抵禦。郭威渡過黃河,下榻在澶州驛館。次日早晨,將士數千人忽然大聲喧譁,說天子必須由郭威侍中來做,我們現在已經與劉氏結仇,不可再立劉姓人為天子。有人撕裂黃旗披在郭威身上,歡呼萬歲,趁勢簇擁著郭威返回開封,於是在宋太祖趙匡胤之前,上演了「黃袍加身」的一幕。郭威遂向李太后上奏箋,請求奉侍漢的宗廟社稷,並像侍奉自己的母親一樣侍奉李太后。

於是郭威以李太后的名義釋出誥令,廢劉贇為湘陰公,不

第十三章　五代最短命王朝：後漢的興衰成敗

久將其殺害。同時派人到許州，逼死劉信。李太后又釋出誥令，任命郭威為監國，代理國政。這樣又維持了幾日，到次年（西元951年）正月初五，郭威正式即皇帝位，是為周太祖。郭威說自己是虢叔的後代，周室的苗裔，遂改國號為「周」，年號廣順。

郭威在代漢後，履行諾言，善待李太后，上尊號德聖皇太后，又以帝王的規格和禮儀，安葬劉承祐於劉知遠睿陵西部，曰「潁陵」。李太后於顯德元年（西元954年）去世，亦安葬在睿陵東部，曰高後陵。這樣，由高祖劉知遠的睿陵、隱帝劉承祐的潁陵、李太后的高後陵組成了後漢帝後陵墓群，坐落在今中國河南禹州西北部山區。

後周的建立，結束了後唐、後晉、後漢沙陀三王朝的歷史，中原王朝的皇帝又從沙陀人的手中轉移到漢人手中。不過，沙陀政權並沒有就此結束，他們在沙陀王朝的起點——太原，繼續著他們的帝王之業。

第十四章
中原沙陀的終點：
北漢的最後光輝

第十四章　中原沙陀的終點：北漢的最後光輝

◇ 一、北漢的建立及其與後周的戰爭

當初，河東節度使劉崇聽說其姪後漢隱帝劉承祐遇害，即準備起兵南下，說：「郭威弒君，此乃大逆不道。我將統帥六軍，南下討賊。我們劉家的天下，怎麼能讓郭雀兒奪去！」

「郭雀兒」是郭威的綽號。郭威少貧賤，在頸部刺了一個飛雀的圖案，人稱之「郭雀兒」。但當他聽說郭威要迎立自己的兒子劉贇繼承皇位時便作罷，說：「吾兒為帝，吾又何求。」

太原少尹李驤，是劉知遠南下時安排的輔佐劉崇守衛太原的重臣之一，便私下勸諫劉崇道：「觀察郭威的心思，終究是要自取帝位的，您不如火速率兵翻過太行山，占據孟津渡口，等徐州相公劉贇即帝位，然後再返回太原，這樣郭威就不敢動手了。不然，將要被人出賣。」劉崇認為李驤是在離間其父子關係，命令將他拉出去斬首。李驤大喊道：「我身懷經世濟民之才，卻在為愚蠢之人謀事，死了本當甘心。但家中還有年老的妻子，希望和她同死。」劉崇便連他的妻子一併殺掉。到後來得到劉贇的死訊，才哭著說：「我不聽忠臣之言，以至於此。」遂為李驤建立祠堂，逢年過節進行祭祀。

後周廣順元年（西元 951 年）正月十六日，劉崇在晉陽即皇帝位，仍沿用後漢國號和乾祐年號，史稱「北漢」，劉崇即北漢世祖。任命鄭珙、趙華為宰相，次子劉承鈞為侍衛親軍都指揮使，李存瓌為代州防禦使，張元徽為馬步軍都指揮使，陳光

一、北漢的建立及其與後周的戰爭

裕為宣徽使,是為北漢政權最初的核心班底。統轄並(即太原府)、汾、忻、代、嵐、憲、隆、蔚、沁、遼、麟、石十二州之地。就領地而言,比之當年晉王李克用統治的地盤還要狹小。所以劉崇對李存瓌和張元徽說:「朕以高祖之業一朝墜地,今日位號,是不得已而稱之。細想一下,我是何天子,你們又是何節度使?」因此不建立宗廟,祭祀祖宗如同普通百姓一樣,宰相每月的俸祿只有一百緡錢,節度使只有三十緡錢,其餘官員也都只有微薄的津貼而已,所以北漢國中很少有廉潔官吏。

不過,北漢國卻比五代任何一個王朝都要長,持續了二十八年(西元 951～979 年),這與遼朝的支持是分不開的。

劉崇即帝位後,便寫信給遼世宗耶律阮(兀欲),說「原本的漢朝已亡,我繼承帝位,希望遵循晉朝的先例,得到北朝的援助」。耶律阮得信大喜。四月,劉崇派使者攜重金使遼,自稱「姪皇帝致書於叔父天授皇帝」,請求遼朝對自己冊封。六月,耶律阮派燕王耶律述軋等至北漢,冊命劉崇為大漢神武皇帝,其妃子為皇后,劉崇也改名「劉旻」。北漢與遼朝的關係,恢復到後晉石敬瑭時代的狀況。之後,遼朝便大力支持北漢與後周以及後來的宋朝對抗。

北漢與後周的戰爭,從世祖劉崇(劉旻)稱帝後不久即已開始。

劉崇不滿足於只做一個擁有十二州的小皇帝,他要擴大統治地盤,甚至想推翻郭威的統治,恢復「大漢」的江山,於是在

第十四章　中原沙陀的終點：北漢的最後光輝

其即位的當月,就發兵屯守陰地關(在今中國山西靈石西南五十里)、黃澤關(在今中國山西左權東南黃澤嶺)、團柏谷(在今中國山西祁縣)等重要關隘。又任命其子劉承鈞為招討使,白從暉為副使、李存瑰為都監,率領步騎兵萬人分五路向後周的晉州(治今中國山西臨汾)發起進攻,被後周節度使王晏擊敗,北漢軍隊死傷千餘人。劉承鈞又轉移目標攻打後周隰州(治今中國山西隰縣),隰州刺史許遷派部將孫繼業在長壽村迎擊北漢軍隊,擒殺北漢將軍程筠等人。不久,北漢軍隊進攻隰州城,多日不能攻克,死傷慘重,於是撤兵離去。

劉崇不甘心,向遼朝求援。同年十月,遼派大將蕭禹厥率領契丹、奚五萬人馬會合北漢軍隊再次攻打晉州,劉崇親自率領兩萬軍隊從陰地關出擊。遼、漢聯軍連續進攻五十餘日,晉州城竟不能攻克。恰逢天降大雪,當地百姓都聚保山寨,遼軍沒有可搶掠的東西,軍隊缺乏食物,便燒毀營帳連夜逃跑,北漢軍隊也跟著撤退。後周騎兵從後面追擊,追到霍邑(今中國山西霍州),山路狹窄,北漢士兵不少墜落山崖深谷摔死。此一戰,遼朝與北漢的士兵馬匹損失十分之三四。兩次失敗之後,劉崇暫時打消南下進取的念頭。

後周顯德元年(西元954年)正月,周太祖郭威病逝,養子柴榮(郭榮)繼位,是為後周世宗。劉崇企圖趁後周新老君主交替、政權不穩之際,一舉消滅後周。便再次派使者到遼朝求援,遼派武定節度使、政事令楊袞率領一萬多名騎兵前往晉

陽。二月,劉崇親自率兵三萬,任命白從暉為行軍總指揮、張元徽為前鋒都指揮使,與契丹合軍從團柏谷南下,並在潞州(治今中國山西長治)西北的梁侯驛打了一個勝仗,然後繞過潞州不攻,直抵澤州高平縣(今中國山西高平)南部的巴公原(今中國高平與澤州交界處的巴公鎮)駐紮。

自比於唐太宗的後周世宗柴榮聽說北漢國主親自率兵入侵,力排異議,決定親征,說:「(劉)崇幸我大喪,輕朕年少新立,有吞天下之心,此必自來,朕不可不往。」於是,一面下詔令符彥卿、郭崇(即郭崇威)率兵出磁州,王彥超、韓通率兵出晉州,樊愛能、何徽、白重贊、史彥超、符彥能等率兵趕赴澤州,向訓為總監軍,從幾面迎擊漢、遼聯軍。同時親率大軍從大梁出發,趕赴前線,三月十八日,抵達澤州城東北安營紮寨。

十九日,兩軍在高平城南巴公原相遇。雙方各自排兵布陣:北漢方面,劉崇率中軍部署在巴公原,張元徽率軍在東,楊袞率軍在西,部眾十分嚴整。後周方面,柴榮命令白重贊與李重進率領左路軍部署在西邊,樊愛能、何徽率領右路軍部署在東邊,向訓、史彥超率領精銳騎兵居中央,殿前都指揮使張永德率禁兵護衛皇帝。

劉崇見周軍人少,覺得穩操勝券,甚至後悔請求遼軍援助。遼將楊袞則望見周軍陣容嚴整,認為不可輕進。時大風驟起,風向飄忽不定,剛開始是東北風,一下子又轉成南風,樞密直

第十四章　中原沙陀的終點：北漢的最後光輝

學士王得中說風向不利於北軍出戰，極力勸阻劉崇。但劉崇不聽勸阻，甚至說：「老書生不要胡言亂語，再說當心你的頭！」執意決戰，令張元徽率騎兵向後周軍右翼猛攻。

雙方交戰不久，樊愛能、何徽帶領騎兵逃跑，後周右路軍潰敗，一千多名步兵脫下盔甲高呼萬歲，向北漢投降。柴榮見勢危急，率領五十餘名侍衛親兵冒著矢石督戰。趙匡胤、張永德、馬仁瑀、馬全乂等將士全力保護周世宗並奮勇殺敵。劉崇為激勵士氣，令張元徽率軍再戰，結果馬倒被殺。張元徽是北漢名將，他的被殺，北漢軍士氣喪失。這時南風越颳越猛，周軍乘勢左右馳突，越戰越勇。北漢兵敗如山倒，劉崇親自高舉紅旗集結軍隊，卻不能制止士卒的潰敗。遼將楊袞既畏懼周軍，又怨恨劉崇輕視自己，首先率軍逃遁。

傍晚時分，後周後軍劉詞部抵達，復與諸軍合擊北漢軍，北漢軍又大敗，伏屍遍野，丟棄的輜重、兵甲器具、各種牲畜不計其數，樞密使王廷嗣也被殺，另有數千名士兵降周。

周軍追擊漢軍至高平，劉崇喬裝打扮，穿上粗布衣服，戴上斗笠，騎著契丹贈送的黃騮馬，率領一百多名騎兵從雕窠嶺（位於高平西北）逃歸。夜晚迷路，俘獲村民做嚮導，卻又走錯方向，誤入晉州。於是殺死嚮導，日夜向北奔走。剛到一地，得到一點食物，尚未舉筷，傳言後周追兵趕來，便立即倉皇離去，狼狽至極。由於衰老疲憊，伏在馬背上，幾乎不能支撐，勉強進入晉陽。這就是歷史上著名的五代「高平之戰」。

一、北漢的建立及其與後周的戰爭

　　高平戰役後，周世宗柴榮整頓軍紀，處死臨陣逃跑的樊愛能、何徽等七十多名中高級將領，乘勝向北漢發起大規模的進攻。三月二十八日，他命令符彥卿、郭崇、向訓、李重進、史彥超、王彥超、韓通以及劉詞、白重贊一干部將分別率軍向太原方向進攻，自率大軍繼後。在後周軍隊的強大壓力下，北漢汾、遼、憲、嵐、沁、石、忻、代等州相繼獻城投降或被周軍攻克。四月，符彥卿軍至晉陽城下；五月初三，柴榮亦率大軍抵達晉陽城下，親自督戰。

　　據史書記載，柴榮最初只是想在晉陽城下炫耀一下兵力，並沒有兼併北漢的意圖。及至進入北漢境內後，百姓爭相送食物迎接周軍，哭訴北漢劉氏政權賦稅徭役的沉重，並表示願意供應軍需物資，幫助周軍進攻晉陽，北漢部分州縣也相繼投降，柴榮於是產生兼併北漢的念頭。但不久，後周各路數十萬大軍聚集太原城下，軍士不免有搶掠行為，北漢百姓大失所望，漸漸退回山谷自守，不再支持周軍。

　　當時後周徵發大量的軍隊民夫，東起懷州、孟州，西至蒲州、陝州，以進攻晉陽。但晉陽城池堅固，軍民堅守，周軍圍城一個月不能攻克。而這時遼朝援兵逼近，並在忻口（今中國山西忻州北忻口鎮）殺了後周大將史彥超。又逢長時間下雨，士兵疲勞生病，於是到六月初三，柴榮下令從晉陽撤軍。

　　「進軍易，退軍難」，北漢乘機派軍追擊，被後周大將藥元福擊敗。但由於倉促撤軍，周軍留在太原城下的數十萬糧草來

第十四章　中原沙陀的終點：北漢的最後光輝

不及運走，全部焚燒丟棄，軍需損失不可勝計。後周所得到的北漢州縣，又重新回到北漢手中。

北漢雖然頂住後周對太原的圍攻，但劉崇也在多次戰爭的辛勞和失敗後，心生愧恨而染重病，便將國事委託其子劉承鈞處理。同年（北漢乾祐四年，西元 954 年）十一月，劉崇病逝，終年六十歲。次年四月，安葬於交城北山，即今中國山西交城縣北二十五里處，上尊號神武帝，廟號世祖。

作為一國之君的北漢世祖劉崇（劉旻）的后妃，《新五代史》、《九國志》、《十國春秋》等史籍均缺乏記載。不過在 2009 年年底，中國太原市晉源區晉祠鎮青陽河村發現了劉崇妃嬪太惠妃王氏的墓葬。據墓誌，王氏世為燕（今中國北京一帶）人，天會十五年（西元 971 年）七月一日去世，葬於晉陽縣晉安鄉，追贈太惠妃。從墓誌看，其在劉崇時並不得寵，「未正於四妃」，亦無有子女。及睿宗劉承均「繼登大寶」，才於天會十二年（西元 968 年）授以齊國太夫人。

二、北宋滅北漢──沙陀政權的終結

北漢乾祐四年（西元 954 年），世祖劉崇（劉旻）去世後，遼朝冊立其子劉承鈞為帝，改名為「鈞」，是為北漢睿宗、孝和帝。劉鈞在服喪期間，繼續使用「乾祐」年號；三年喪期期滿後，改元「天會」。

二、北宋滅北漢—沙陀政權的終結

　　北漢的「皇帝」實在是不好當,國土狹小,地貧民窮,雖然得到遼朝的援助,但這援助並不是無償的,除向契丹皇帝稱臣、稱兒外,每年還要向遼朝上供十萬貫錢。這樣,北漢內要收取養活軍隊和官府的費用,外要向契丹供奉錢物,使得政府不堪重負,因此不得不加大對百姓的剝削,賦稅繁多,徭役沉重,民不聊生。世祖劉崇時,就有不少人逃到後周境內。劉鈞即位後,力圖改變局面,他勤理朝政,愛護百姓,禮賢下士,社會環境得到一定的改善。

　　然而外部環境卻越來越嚴峻。在南邊,後周顯德七年(西元960年)趙匡胤代周建宋後,原後周昭義節度使李筠據潞州(今中國山西長治)起兵反宋,劉鈞認為這是擴展北漢國力的絕好機會,遂與李筠結盟,並親自率兵南下支援。結果宋太祖趙匡胤親自出征,很快將李筠平定,並殺北漢援兵數千人,劉鈞狼狽而歸。之後,宋朝便連年不斷對北漢用兵,以至劉鈞「自潞州之敗,日懼宋師至」。

　　而在北邊,世祖劉崇在位時,凡事都稟命於遼,每年使者不絕於路。劉鈞即位後,禮數減少,由此引起遼朝的不快。天會七年(西元963年),遼帝遣使至北漢,譴責其「擅改元、援李筠、殺段常」三宗罪狀。所謂「擅改元、援李筠」已如上述,而「殺段常」一事,段常為北漢樞密使,天會七年時因涉及一場禁軍謀亂事件而被劉鈞所殺,遂構成其「三罪」之一。劉鈞被責後惶恐不安,急忙派遣姪子劉繼文使遼謝罪。遼扣押劉繼文不

285

第十四章　中原沙陀的終點：北漢的最後光輝

予遣返,也不再派使者來漢,而北漢派往遼朝的使者,往往被扣留不還,北漢群臣都把出使遼朝當成了一件非常恐懼的差事。

劉鈞處在宋、遼兩方的夾縫中生存,壓力越來越大,「自李筠敗,狼狽而歸,又失遼之歡心,勢力窘弱,憂瘁得疾」,遂於天會十二年（西元968年）七月憂憤而死,終年四十三歲,上諡號孝和皇帝,廟號睿宗。

史稱宋太祖趙匡胤曾透過邊界間諜傳話給劉鈞,說:「君家與周氏為世仇,因此不向其屈服,亦在情理之中。而如今我與你無所隔閡,為何要困此一方之民呢?你要是有志於中國,就下太行山來決一勝負。」劉鈞遣間諜回覆道:「河東土地兵甲,不足以當中國十分之一。然而我家世非叛者,之所以固守這一方土地,是因為懼怕漢氏不血食（即祖先得不到祭祀）也。」趙匡胤憐憫其言,笑著對北漢間諜說:「替我傳話給劉鈞,我為他開一條生路。」於是終劉鈞一朝,沒有對北漢加兵。

其實,這不過是在美化趙匡胤的「仁慈」而已,「臥榻之側,豈容他人鼾睡」?趙匡胤雖然在劉鈞在位時沒有對北漢大規模用兵,但小的戰事卻連綿不斷,如宋乾德元年（西元963年）,趙匡胤就曾派安國節度使王全斌等侵入北漢邊地,奪占北漢樂平縣（今中國山西昔陽）,並攻打遼（治今中國山西左權）、石（治今中國山西離石）二州;次年二月,又遣曹彬、李繼勳、康延沼、尹訓等諸將率兵再次攻打遼、石等州,北漢遼州刺史杜延韜及軍將冀進、侯美率部兵三千人舉城降宋等等。這也才有劉

鈞「日懼宋師至」的恐懼。

實際上宋太祖趙匡胤之所以在當時沒有對北漢大規模用兵的真正原因，正如《宋史‧趙普傳》所言：太祖與趙普合計下太原，「普曰：『太原當西、北二面，太原既下，則我獨當之，不如姑俟削平諸國，則彈丸黑子之地，將安逃乎？』帝笑曰：『吾意正如此，特試卿爾。』」所謂「當西、北二面」，即是讓北漢替宋朝阻擋西邊的西夏和北邊的遼朝，說穿了，是為宋朝的國家利益考慮，也是落實王朴早先提出的「先南後北」的策略方針。當宋朝解決南方諸國後，對北漢的全面進攻也就開始了。

孝和帝劉鈞無子，相繼以世祖劉崇的兩個外孫也是他的外甥繼恩、繼元為養子。繼恩與繼元為同母異父兄弟，其母先嫁薛氏，生繼恩；後嫁何氏，生繼元。劉鈞去世後，劉繼恩被擁立為帝，是為北漢景宗。但劉繼恩只做了六十幾日的皇帝，同年九月，被宰相郭無為指使供奉官侯霸榮殺死，郭無為擁立劉繼元繼皇位，改元廣運，遼朝冊封為英武帝。

北宋對北漢的大規模全面進攻，從宋開寶元年（北漢天會十二年，西元 968 年）八月就開始了。時值北漢孝和帝之喪，人心未定，趙匡胤便乘機派客省使盧懷忠以及李繼勳、黨進、曹彬、何繼筠、康延沼、趙贊、司超、李謙溥等二十二名大將率領禁軍，分別自潞、晉（治今中國山西臨汾）二州進攻太原，並一度進軍到太原城下。至十一月，遼軍兵馬總管塔爾（塔喇）率大軍來援北漢，逼近太原。李繼勳等因久攻太原不下，遼軍又

第十四章　中原沙陀的終點：北漢的最後光輝

至,遂引兵南歸。

開寶二年(西元969年)二月,趙匡胤命曹彬、黨進各領兵先赴太原,自率大軍繼後,親征北漢。三月,趙匡胤至太原城下,徵發太原屬縣民工數萬人,修築長牆包圍太原城,並築長堤,引汾水灌城。北漢軍民堅守危城,宋軍多方進攻三個多月,至閏五月,仍無法破城。時天氣酷熱又多雨,宋軍多人患病,又聽到遼軍來援北漢的消息,於是倉皇退兵。遼與北漢聯軍自後追擊,宋軍大敗而逃,丟棄的糧食有三十萬石,還有大量的茶、絹等物,北漢得到這批物資,稍解經濟困境。

開寶九年(西元976年)八月,時南唐已平,宋太祖趙匡胤再興北伐之師。他派侍衛馬軍都指揮使黨進、宣徽北院使潘美等分率五路軍馬,同時向太原及忻、代、汾、沁、遼、石等州發起進攻。宋軍在太原城下與北漢軍和前來救援的遼軍展開激戰。而就在關鍵時刻,十月二十日,趙匡胤在開封駕崩,其弟趙光義繼位,是為宋太宗。因國喪之故,宋軍遂班師,北漢又躲過一劫,得以繼續苟延殘喘數年。

在軍事進攻的同時,宋朝還大量掠奪北漢的人口。如開寶二年,宋太祖趙匡胤親征北漢時,將太原諸縣萬餘家遷徙到宋朝境內的山東、河南之地。開寶九年,趙匡胤再次親征時,又俘獲北漢忻、代及山後諸州四萬八千餘口,「盡驅其民,分布河洛之間」。北漢的人口本來就不多,而這兩次戰爭就被掠走近六萬人。

二、北宋滅北漢──沙陀政權的終結

可悲又可恨的是，北漢雖然危在旦夕，內部的傾軋卻有增無減。劉繼元為人殘忍嗜殺，包括其嫡母——劉承鈞之妻郭皇后及世祖劉崇的幾個兒子劉鎬、劉錯、劉錡、劉錫、劉銑等，都被他殺害。又殺大將張崇訓、鄭進，聽信宦官衛德貴，解除吐渾軍統帥衛儔的軍職。吐渾軍數千人不服，請求收回成命，劉繼元堅持不允。後來聽說衛儔私下發牢騷，就派人將其殺掉。大將李隱為衛儔打抱不平，衛德貴又鼓動劉繼元把李隱送到嵐州管制，後將其殺死。吐渾軍是北漢軍隊的主力，統帥被殺，軍心瓦解，劉繼元實在是自毀長城。

宋太平興國四年（北漢廣運六年，西元 979 年）正月，宋太宗趙光義在解決泉州和吳越的割據勢力後，便御駕親征北漢。他任命潘美為北路都招討制置使，統領崔彥進、李漢瓊、曹翰、劉遇等大將，率領十餘萬大軍，分四路會攻太原。又命郭進扼守石嶺關（今中國山西陽曲東北關城），命孟玄喆鎮守鎮州（治今中國河北正定），以阻擊從北、東兩面救援北漢的遼軍。

劉繼元急忙以兒子劉續為人質，到遼朝乞求援兵。遼景宗耶律賢即命南府宰相耶律沙為都統、冀王耶律敵烈為監軍，與南院大王耶律斜軫率兵馳援。隨後又命左千牛衛大將軍韓侼、大同軍節度使耶律善補率本路兵馬南下增援。

三月，郭進在石嶺關大破遼朝援軍，遼將耶律敵烈敗死，遼兵損失一萬多人，從此不敢南下，北漢孤立無援。四月，趙光義自鎮州進兵，攻破北漢隆州（治今中國山西祁縣東觀鎮），

第十四章　中原沙陀的終點：北漢的最後光輝

二十二日，趙光義抵達太原，親臨太原城下督戰。

在宋軍的猛烈圍攻下，晉陽城西南的羊馬城（為防守禦敵而在城外修築的類似城圈的工事）首先陷落，北漢宣徽使范超、馬軍都指揮使郭萬超等先後出降，劉繼元帳下親信也多逃走。宋太宗趙光義親自起草詔書，勸劉繼元投降，承諾保其富貴。劉繼元在眾叛親離、走投無路的情況下，只好接受投降，北漢滅亡，時在五月初五，沙陀人在中原建立的最後一個政權宣告結束。

作為亡國之君的劉繼元，宋太宗趙光義予以十分優厚的待遇。賜金銀玉器錦緞鞍馬自不待言，親屬百餘人被護送到開封，加官晉爵，賜京師甲第一區，每年厚加優賞。淳化二年（西元991年）死後，又追贈中書令，追封彭城郡王。趙光義曾針對西晉司馬昭戲弄劉禪思蜀一事，對近臣說：「凡亡國之君，都是由於昏暗怯懦所致，如果有遠見卓識，豈至於滅亡？因此值得憐憫。劉繼元為朕所俘虜，待之若賓客，猶恐其不能得到慰藉，怎麼還能再戲弄侮辱他呢？」

然而太原（晉陽）城就沒有那麼幸運了。

太原（晉陽）在唐代被稱作「龍興之地」，在五代又被稱為「王業本根之地」，李存勗、石敬瑭、劉知遠無不是從這裡興起，南下奪取中原王朝的天下，這與晉陽城地形險要，城池堅固，易守難攻，以及百姓習於戎馬，人性勁悍的特點不無關係。朱全忠、柴榮、趙匡胤等都數次攻打太原城，結果都以失

敗告終。趙光義雖然最終拿下了太原,卻也付出沉重的代價。於是,趙光義要拔掉這個禍根,以杜絕李存勗、石敬瑭、劉知遠式的人物再度出現,以晉陽城為基地威脅到宋朝的安全,遂在劉繼元投降後不久,下詔毀滅晉陽城。先是用火燒,接著用水灌,把全部的怨恨都發洩到太原城上,最終將這座千年古城徹底摧毀。並且命人削平晉陽北部的繫舟山,從風水學的角度上,謂之「拔龍脊」。

但是,太原畢竟是一方大郡,古代「九州」之一并州的中心,大宋王朝也不可能將其從版圖上徹底抹掉,於是三年之後,又在古太原城以北的陽曲縣唐明鎮再建一座新城,作為并州(太原府)的治所,也就是現在太原市主城區。新建的太原城是座土城,周長僅十一里,只有四座城門,與從前規模宏偉、城池堅固的晉陽城不可同日而語。元人元好問曾到訪太原古城,寫下〈過晉陽故城書事〉一詩,詠誦這段歷史,其中云:

繫舟山頭龍角禿,白塔一摧城覆沒。

薛王出降民不降,屋瓦亂飛如箭鏃。

汾河決入大夏門,府治移著唐明村。

薛王即北漢英武帝劉繼元,其在即位之前,曾被封為「薛王」。

宋滅北漢戰爭的勝利,結束自唐中期以來武人專權、藩鎮跋扈割據、使中國長期處於動亂局面的歷史,實現中國較大範

第十四章　中原沙陀的終點：北漢的最後光輝

圍內的統一，為宋代高度發展的社會經濟文化創造條件，因此是值得認可的一件大事，是歷史的進步。

最後再說一說北漢一位非常有名而在後世又影響非常大的大將——楊繼業。

楊繼業原名楊重貴，太原人。父楊信，後漢高祖時任麟州（治新秦，今中國陝西神木北）刺史，因此也有說其為麟州人。楊重貴二十歲時在北漢世祖劉崇手下任軍職，以驍勇聞，屢立戰功，人稱「楊無敵」。睿宗劉承鈞即位後，賜劉姓，隨其他養子以「繼」字排序，名「繼業」，待如己子，累官至建雄軍節度使。宋太宗攻太原，英武帝劉繼元命其捍守太原城東南面，殺死殺傷宋兵無數。及劉繼元降宋，繼業仍然據城苦戰。宋太宗素聞其勇猛，讓劉繼元召繼業投降，多方勸解，繼業最後面向北方再拜大哭，放下武器投降。宋太宗復其姓楊氏，單名業，授左領軍衛大將軍，不久，拜代州（治今中國山西代縣）刺史。於是代縣有楊忠武祠、楊七郎墓等遺存。幾年之後，楊業與遼將耶律斜軫戰於陳家谷，敗死。楊業有子六人，分別名延朗（後改名延昭）、延浦、延訓、延瓌、延貴、延彬。後人根據楊業一家的事蹟，演繹出楊家將故事，已經是家喻戶曉、婦孺皆知。

第十五章
沙陀遺風:
民族歷史縮影

第十五章　沙陀遺風：民族歷史縮影

一、融合於中原大地的沙陀人

曾經在唐末五代叱吒風雲近一個世紀的沙陀族，彷彿一夜之間突然從歷史上消失，以至今天的我們已很難尋找到其後人的蹤影。沙陀內遷中原的人數本來不多，只有一萬人左右。後來隨著沙陀三部落的形成，沙陀民族共同體的人數大幅增加，甚至就連本為漢人軍將世家出身的藥彥稠、藥元福家族，也變成了沙陀三部落人，於是在新、舊《五代史》的人物傳中，出現了大量的沙陀人、沙陀三部落人。那麼，這些沙陀人、沙陀三部落人最後都去了哪裡？這是人們頗為感興趣的一個話題。

清人趙翼《廿二史劄記》中有一篇〈五代諸帝皆無後〉的札記，是說沙陀皇族均無後人在中原地區遺留下來。其中提到後唐、後晉、後漢三朝諸帝的後人時略云：

唐武皇李克用有子落落及廷鸞，洹水、晉州二戰，皆為梁所擒殺；長子莊宗存勗為郭從謙所弒。睦王存義以郭崇韜婿，先為莊宗所殺。永王存霸、申王存渥，國變後俱逃太原，為軍士所殺。通王存確、雅王存紀，為霍彥威所殺。唯邕王存美、薛王存禮，薛史（即《舊五代史》）謂皆不知所終。《通鑑》則謂存美以病得免，居於晉陽。是武皇后，僅存一廢疾之子也。

莊宗李存勗之子魏王繼岌聞莊宗之變，自縊死。繼潼、繼嵩、繼蟾、繼嶢，薛史謂並不知所終。唯《清異錄》謂莊宗子有延於蜀（即後蜀國）者。

一、融合於中原大地的沙陀人

明宗李嗣源長子從審，為元行欽所殺；次秦王從榮，為安從益所殺；宋王從厚即愍帝，失國後以鴆死；從璨為安重誨陷死；許王從益，漢祖入洛賜死；愍帝有子重哲，亦不知所終，是明宗後無子孫也。

廢帝李從珂長子重吉，為愍帝所殺；次雍王重美，同廢帝自焚死，是廢帝後無子孫也。

晉高祖石敬瑭子剡王重胤（本高祖弟，養為子）、虢王重英，皆高祖起兵時為唐廢帝所誅；楚王重信、壽王重义，皆為張從賓所殺；齊王重貴嗣位（本高祖兄敬儒子），是為出帝，後降契丹北遷；夔王重進、陳王重杲，早卒；少子重睿，從出帝北遷；重信有二子，及出帝子延寶、延熙，皆隨北遷，不知所終，是晉帝後亦無子孫在中國也。

漢祖劉知遠長子魏王承訓先卒；次承祐嗣位，是為隱帝，為郭允明所殺；次陳王承勳，以廢疾不得立，廣順初卒，是漢祖後無子孫也。

這裡沒有涉及北漢世祖劉崇（劉旻）、睿宗劉承鈞和英武帝劉繼元的後代。劉崇有十個兒子，長子劉贇，被郭威所殺；次子即睿宗劉承鈞。其餘諸子鎬、錯、錡、錫被劉繼元所殺，劉銑裝傻獲免，劉鐃不知所終。劉崇還有兩個孫子：繼文、繼欽。繼文在睿宗時被派往遼朝請兵，後終於遼；繼欽被劉繼元所殺。劉承鈞沒有親子，養子繼恩（即少主）、繼元（即英武帝）及繼恩弟繼忠都有沙陀血統。繼恩被郭無為所殺，未見有子嗣後代；

第十五章　沙陀遺風：民族歷史縮影

繼忠被劉繼元所殺。只有劉繼元在降宋後，有子名三豬，宋帝賜名守節，宋真宗天禧四年（西元1020年），官至右驍衛將軍。

以上沙陀王朝諸帝的子孫當然是不全的，如據〈李克用墓誌〉，李存勗僅「親弟」就有二十三人之多，後來也多不知所終。

「五代諸帝皆無後」的原因，主要是由於統治集團內部的權力鬥爭，相互殘殺，奪權成功者往往要殺掉失敗者的子孫後代，以消除他們捲土重來的隱患；而皇位的覬覦者往往要以本人或親屬的犧牲為代價，不成功，往往也就貼上了身家性命。

不過，沙陀王室的子孫們也並沒有被斬盡殺絕，那些「不知所終」的子弟宗室，有的便以各種方式存活下來，如後唐莊宗李存勗的子孫，除趙翼列舉《清異錄》所載走投蜀地的一例外，李燾《續資治通鑑長編》仁宗天聖四年有如下一條記載：

安德節度推官李佑，唐莊宗曾孫也，上書求便官，以灑掃陵廟。夏四月丁未朔，改授李佑西京留守推官。因謂輔臣曰：「唐莊宗百戰滅梁，始有天下，不務修德，而溺於聲樂，嬖用伶官以及禍，良可嘆也！」

後唐莊宗覆亡是在同光四年（西元926年），距離宋仁宗天聖四年（西元1026年）整整過了一百年，因此李佑為李存勗之「曾孫」是可信的。

此外，李克用之弟克寧一支也有血脈倖存下來。據《資治通鑑》記載，長興三年（西元932年）六月，後唐明宗曾遣供奉

一、融合於中原大地的沙陀人

官李存瓌至西川賜詔於孟知祥。「存瓌,克寧之子,知祥之甥也。」、「李存瓌」,《新五代史‧孟知祥世家》作李瓌,云:「先是,克寧妻孟氏,知祥妹也。莊宗已殺克寧,孟氏歸於知祥,其子瓌,留事唐為供奉官。明宗即遣瓌歸省其母,因賜知祥詔書招慰之。」李存瓌在後漢時曾任北京(太原)副留守,成為輔佐劉崇北漢小朝廷的重要謀臣之一。

另據《續資治通鑑長編》記載,北宋朝廷曾多次錄用「唐李氏」的後人,如僅在仁宗景祐四年(西元1037年)六月,就錄用了兩批。第一批錄用為三班借職、奉職者八人。第二批錄用為三班借職者十一人,為助教者五十三人,免解者五人,免徭役者三十七人。所謂「三班借職、奉職」,是宋代武職分東、西、橫三班,入仕者先為三班借職,積資轉三班奉職。而所謂「免解」,就是舉子不經過地方考試而直接參加禮部試;神宗熙寧四年(西元1071年)三月,又錄唐李氏諸孫李昪為三班借職,李德臣、李養年為州長史。

這裡的「唐李氏」是指李淵的後人?還是李存勗、李嗣源的後人?不明確。不過,後唐王朝既然以李唐王朝的繼任者自居,北宋又與後唐有著千絲萬縷的關聯,因此也不排除「唐李氏」中包括後唐皇室在內的可能。

石晉皇室,除石重貴及其子弟被遷往遼地外,也並非如趙翼所說「無子孫在中國也」。石敬瑭的姪子石曦,北宋時官至霸州防禦使,《宋史》有傳。此外,宋仁宗景祐四年(西元1037年)

第十五章　沙陀遺風：民族歷史縮影

六月錄用的前朝皇室後人中，也包括後晉石氏的後人二人為三班借職、奉職。

除父系外，母系中帶有沙陀皇室血統的，在宋初也能找到一點蹤影，如宋太祖最後一個皇后宋皇后，是後漢高祖劉知遠的外孫女，而她的父親宋偓則是李存勗的外孫。宋偓有九子十一女，他們以及其子孫後代的身上，無疑也都帶有沙陀血統。

除皇族外，沙陀人有據可查的還有楊、郭、瞿、張、白諸姓以及沙陀三部落中的安、康、史、石等姓氏，他們當中亦有不少人在入宋後仍見諸記載。如郭從義，其先沙陀部人，父紹古，奉事李克用，賜姓李氏。郭從義歷仕後晉、後漢、後周以及北宋。其子守忠、守信，孫世隆，曾孫昭祐、承祐，都在《宋史》中有記載，且郭承祐還娶了宋太宗之子舒王（即楚恭惠王）趙元偁的女兒；又如楊承信，沙陀部人，楊光遠之子，歷事後漢、後周及宋。卒後，其孫楊松被錄為奉職；白重贊，其先沙陀部族，歷事後漢、後周、北宋，官至定國軍節度使。

以上幾例都在史書中明確記載其「沙陀」族出身，還有一些沙陀或沙陀三部落的後人，史書中便不再言及其出身種族。如安忠，《宋史》中只是說其為河南洛陽人，祖叔千，父延韜；安守忠，也只是講其為并州晉陽人，父審琦。其實安叔千和安審琦在《舊五代史》中都有傳，安叔千，「沙陀三部落之種也」；安審琦，「其先沙陀部人也」。《宋史》中不載其出身種族，不知是史官的無意疏忽，還是傳者本人有意隱瞞。安忠在宋代官至淮

一、融合於中原大地的沙陀人

南諸州兵馬鈐轄。宋真宗天禧元年，錄其孫唯慶為殿直；安守忠則在宋朝官至宋州知州等職，宋太宗至道三年（西元997年）卒，其子繼昌被錄為供備庫副使。安守忠的堂兄弟安守鏻，北宋時也官至贊善大夫。

除個體外，作為「沙陀三部落」之一的「安慶」部落，在宋代一段時間內仍有保留。宋庠《元憲集》中有兩篇關於「安慶府」的「敕書」，一篇為〈賜石州安慶府都督康興進乾元節馬敕書〉，另一篇為〈賜潞州安慶府都督安美等進上尊號馬敕書〉。即直到宋仁宗時期，安慶府的名稱依然存在，而且都由昭武九姓胡人擔任都督。而潞州安慶府，係由雲、朔地區遷徙而來。

從史籍記載的情況看，沙陀人在內遷後，曾長期保留著一些「夷狄」的傳統習俗，如後唐莊宗李存勗、明宗李嗣源的祭祀天神、祭突厥神，史稱是「夷狄之事也」；李存勗在許多場合也不隱晦自己的「夷狄」出身；李嗣源還喜歡講蕃胡語，在行軍時與契丹用胡語對話，在朝廷上與康福用胡語（或作「蕃語」）交談；晉高祖石敬瑭死後，石重貴派人「押先皇御馬二匹，往相州西山撲祭（即殺馬祭祀）」，這也是一種「夷狄」禮俗；後唐廢帝李從厚於中興殿庭搭建穹廬；劉知遠也曾向後晉朝廷進百頭穹廬；甚至在葬俗上，沙陀人最初也保留著火葬的習俗等等。以至歐陽脩驚呼道：「中國幾何其不夷狄矣！」

在相貌上，沙陀及沙陀三部落中的粟特人與漢人也有明顯的區別，陶岳《五代史補‧敬新磨狎侮條》載：

第十五章　沙陀遺風：民族歷史縮影

　　敬新磨，河東人。為伶官，大為莊宗所寵惜。莊宗出自沙陀部落，既得天下，多用蕃部子弟為左右侍衛，高鼻深目者甚眾，加以恃勢，凌辱衣冠，新磨居常嫉之，往往揚言曰：「此輩雖硬弓長箭，今天下已定，無所施矣。唯有一般勝於人者，鼻孔大、眼睛深耳，他不足數也。」眾皆切齒，相與訴於莊宗，其間亦有言發而泣下者。莊宗不悅，召新磨責之曰：「吾軍出自蕃部，天下孰不知？汝未嘗為我避諱，更辱罵之，使各垂泣告朕，何也？」

　　即「高鼻深目」、「鼻孔大、眼睛深」以及《舊五代史·氏叔琮傳》中所描述的「深目虯鬚（按即蜷曲的鬍鬚）」是沙陀及沙陀三部落人的相貌特徵。

　　但是，從整體上來說，沙陀人從內遷以來，就走上一條漢化的道路，傳統習俗的保留和明顯的相貌特徵，並沒有阻止他們最終的漢化，至於歐陽脩的擔憂，實在是多餘之舉。

　　沙陀人從唐憲宗元和四年（西元 809 年）內遷至代北，在代北地區生活了近八十年。代北地區自古就是多民族的雜居區，「縱有編戶，亦染戎風」。但毫無疑問，以儒家思想為核心的漢文化仍然在這裡占主導地位，如代北漢人蓋寓、郭崇韜之輩，就都具有傳統的儒家思想。沙陀人生活在這樣的環境之中，當然不能不受到薰陶、感染。尤其是中和三年（西元 883 年）李克用擔任河東節度使、沙陀人進入太原地區後，太原是具有悠久漢文化傳統的地區，雖然從晚唐以來，藩鎮的跋扈、民族的交

一、融合於中原大地的沙陀人

融使這裡的社會風氣發生不小的變化,但作為一個蘊含著深厚漢文化根底的地區,傳統文化根深蒂固,絕不是輕易就能徹底改變的。沙陀及代北各族進入河東地區,會受到更加濃厚的漢文化的薰陶,從而也加快其漢化的步伐。這也是沙陀人在中原行使統治的需求。

沙陀人對漢族、漢文化的認同表現在各方面。如他們在做了皇帝之後,在宗廟的建立上,都以中原漢族前世帝王作為自己的始祖。馬端臨《文獻通考・宗廟考》對此評論道:

「按:後唐、晉、漢皆出於夷狄者也,莊宗、明宗既舍其祖而祖唐之祖矣,及敬瑭、知遠崛起而登帝位,俱欲以華胄自詭,故於四親之外,必求所謂始祖者而祖之。……然史所載出自沙陀部之說,固不可掩也,竟何益哉?」其實,沙陀人將漢族帝王視為祖先而供奉,無非是想從血緣上拉近與漢人的距離,以示他們是華夏(漢)正宗的傳人,造成一種「胡漢一家」的表象。所以儘管對掩蓋其出自沙陀部的痕跡無所益處,他們還是那樣去做了,這也是沙陀人在主觀上認同華夏(漢族)文化的具體行動。

在沙陀以及代北諸族對漢族、漢文化的認同中,改用漢姓以及籍貫漢地也是一個重要的方面。從現有資料看,沙陀人固有的姓氏除李克用的祖上曾出現過「朱邪」一姓外,再無其他案例。後唐明宗李嗣源無姓氏,原名邈佶烈;石敬瑭父名臬捩雞,恐怕也無姓氏;楊光遠父名阿噔啜,應該也是沒有姓氏。所以,

第十五章　沙陀遺風：民族歷史縮影

沙陀人的劉、楊、郭、瞿、張、白諸姓，應該都是進入中原後所得之漢姓。至於昭武九姓胡人改姓漢姓、占籍漢地，更是非常普遍的事。改姓漢姓和占籍漢地，從一個方面說明他們對中原漢文化的欽慕和認同，對於他們融入漢人社會，無疑也產生正面作用。

當然，作為沙陀上層的統治者們，也不失時機地培養他們的子弟學習漢文化，並且與漢族新老貴族，尤其是衣冠世族通婚聯姻，密切與他們的關係，所謂君主出身卑微，子嗣文采風流。這些在前面已有所涉及，此處不再贅述。而對於普通沙陀平民，他們在與漢人的來往中，耳濡目染，無疑也在不斷地學習著漢文化。至於與漢人的通婚，當更為普遍。李嗣源和劉知遠所娶的妻妾，有幾位應該是漢人。

總之，無論是沙陀三部落的皇族還是平民，他們都有後人在中原地區繁衍下來，但隨著時光荏苒，他們的傳統習俗在逐漸消失；又隨著沙陀人普遍與漢人通婚，使他們在血統上不復純粹，相貌特徵漸漸黯淡；同時由於改易姓氏和籍貫地望，家族譜牒的丟失，到後來，甚至連他們本人也不知道自己的沙陀族屬了。據《宋史》的記載，宋初的歷史人物，沙陀人雖寥寥無幾，卻也清晰可辨；而到宋中後期以後，便不再見有沙陀人的記載，說明此時沙陀人已完全與漢人融合在一起。

當然，即使是融入漢人之中，仍有個別沙陀人的後裔不忘或認可自己的沙陀身世，元朝中葉著名的政治家李孟（道復），

《元史》本傳記載說他為潞州上黨（今中國山西長治）人。曾祖父李執，金末舉進士；祖父昌祚，元代潞州宣撫使；父親李唐，歷仕秦、蜀，因徙居漢中。但元人劉敏中在為李孟父李唐所撰的神道碑（即〈敕賜推忠保德佐運功臣太傅開府儀同三司上柱國韓國公諡忠獻李公神道碑銘〉）中，明確指出其家為「後唐雁門之裔，世為潞著姓」。姚燧〈李道復曾祖考執贈韓國公制〉亦云：「其家自後唐僅十五傳至今代，實四百載。」所謂「自後唐僅十五傳」，應該是從李克用時算起。李唐有四子，長子即李孟、次子李槃，官興元路洋州知州、三子李森，晉寧路潞州知州、四子李添，年幼。有孫五人，曾孫四人。這是沙陀朱邪李氏留在中原地區後裔中一個比較顯赫的家族。而在邊疆其他民族中，也有一些認為是沙陀李克用後人的傳說。

二、阿剌兀思剔吉忽里與沙陀李雁門

李存勗覆滅後，李克用的子孫除走投西川（後蜀）或繼續隱匿於中原地區外，也有一些逃入遼朝控制的蒙古草原，如當年李國昌、李克用父子北投達靼一樣。到石敬瑭割讓幽雲十六州和北漢國滅亡後，有更多的沙陀人進入遼朝境內。後晉天福六年（西元941年），成德軍節度使安重榮起兵反抗朝廷，就說遼朝境內的「三部落、南北將沙陀、安慶九府等，各領部族老小，並牛羊、車帳、甲馬，七八路慕化歸奔」；宋太宗端拱二年（西

第十五章　沙陀遺風：民族歷史縮影

元989年），大臣宋琪上書言邊事，在講到遼朝的兵力時，也說幽州、雁門以北十餘州的「三部落，吐渾、沙陀」以及漢兵合計有兩萬餘。這些沙陀人在經過一段較長時間的銷聲匿跡後，到金元時期，又有一支在歷史舞臺上開始活躍。

《元史・阿剌兀思剔吉忽里傳》記載：

阿剌兀思剔吉忽里，汪古部人，係出沙陀雁門之後。遠祖卜國，世為部長。金源氏塹山為界，以限南北，阿剌兀思剔吉忽里以一軍守其衝要。

《元史》的這段記載，一般認為是源自元人閻復的〈駙馬高唐忠獻王碑〉和劉敏中的〈駙馬趙王先德碑〉，其中閻碑銘文是元朝大德九年（西元1305年）為已故駙馬、高唐忠獻王闊里吉思封諡而撰寫的，碑文云：「謹按家傳，係出沙陀雁門節度之後。始祖卜國，汪古部人，世為部長。」闊里吉思是阿剌兀思剔吉忽里的曾孫。「駙馬高唐忠獻王」與「駙馬趙王」都指闊里吉思，其先封高唐忠獻王，後改封趙王。元人姚燧所撰〈河內李氏先德碣〉中，還提到闊里吉思自稱是晉王李克用裔孫，並置守塚（即守墳人）數十戶於雁門，禁民樵牧云云。雁門即今中國山西代縣，為李克用及其父李國昌墓葬所在地。由此可見，阿剌兀思剔吉忽里「係出沙陀雁門之後」，並非無稽之談。

阿剌兀思剔吉忽里是汪古部人的首領。汪古部又稱雍古、汪骨、甕古、白達達等，是遼金時期活動於今中國內蒙古陰山東段地區的一個部族，原為遼朝屬部，後附金朝，為金守衛「界

二、阿剌兀思剔吉忽里與沙陀李雁門

壕」(即金長城)。不過,汪古人並沒有為金朝堅守邊防,金泰和六年(西元1206年)成吉思汗封賞功臣時,阿剌兀思剔吉忽里就在被封賞之列。大安二年(西元1210年)前後,蒙古攻金,阿剌兀思剔吉忽里將自己防衛的要衝之地獻給成吉思汗,此後又協助成吉思汗平定乃蠻,從下中原。阿剌兀思剔吉忽里後來在部落內訌中被部下所殺,成吉思汗追封為高唐王,之後,闊里吉思襲爵。

據姚燧〈河內李氏先德碣〉,阿剌兀思剔吉忽里之所以被封為「高唐王」,是由於「分地在高唐」,即現在中國的山東高唐縣。但姚燧又說,闊里吉思世居靜安黑水之陽。「靜安黑水」,「靜安」指靜安路,元大德九年(西元1305年)置,延祐五年(西元1318年)改名德寧路,治所在今中國內蒙古包頭市達爾罕茂明安聯合旗東北二十公里處的敖倫蘇木古城,轄境約當今中國包頭市及所屬達茂旗、固陽縣一帶;「黑水」即艾不蓋河,靜安路即以黑水新城置。

汪古部的族源向來有沙陀突厥、回鶻、韃靼、党項等多種不同說法,南宋孟珙《蒙韃備錄》就說:「韃靼始起,地處契丹之西北,族出於沙陀別種。」又云:「韃國所鄰,前有乣族,左右乃沙陀等諸部。」這裡的「韃靼」,當指「白韃靼」,亦即汪古部。「乣」則是遼、金、元時期對被征服的北方諸部族人的泛稱,猶言「雜胡」、「雜戶」。況且沙陀與回鶻和韃靼的關係都非常密切,形成了你中有我,我中有你的格局。因此,即使汪

第十五章　沙陀遺風：民族歷史縮影

古部的族源的確與沙陀無關，也不能排除阿剌兀思剔吉忽里出自李克用後裔的可能，並非僅僅是為了炫耀自己的祖先而勉強比附。

汪古部世代與蒙元王室聯姻。據《元史·阿剌兀思剔吉忽里傳》，阿剌兀思剔吉忽里有子二人，長子不顏昔班與其父一起為部人所殺。次子名孛要合（又作拜合）。此外還有一個姪子，名叫鎮國，娶成吉思汗之女阿剌海別吉公主，封北平王。鎮國與阿剌海別吉公主育有一子，名聶古臺（安古帶），娶元睿宗拖雷之女獨木干公主。聶古臺後在江淮之戰中戰歿。

鎮國死後，根據當時北方游牧民族收繼婚的習俗，孛要合也就娶了自己堂兄的妻子阿剌海別吉公主。也有一說阿剌海別吉公主首嫁阿剌兀思剔吉忽里或不顏昔班，再嫁鎮國，三嫁孛要合，是蒙古族歷史上一位英雄女性。孛要合死後追封高唐王，後又追封為趙王。阿剌海別吉公主與孛要合無子，孛要合娶妾生三子，長子名君不花，娶元定宗貴由長女葉里迷失公主；次子名愛不花，娶元世祖忽必烈第三女月烈公主；三子名拙里不花。

愛不花之子即闊里吉思，先娶元世祖忽必烈太子真金之女忽答的迷失公主（後封號趙國公主）。可惜天不假年，二十幾歲便去世，其陵墓即位於今中國河北沽源南溝村的元代墓葬「梳妝樓」。忽答的迷失去世後，闊里吉思又娶元成宗之女愛牙失里公主，並被封為高唐王，後追封高唐忠獻王、趙王。據專家推

二、阿剌兀思剔吉忽里與沙陀李雁門

測,「梳妝樓」裡有三具棺木,分別為闊里吉思和兩個妻子忽答的迷失公主、愛牙失里公主。

闊里吉思有子名朮安,年幼,便由其弟朮忽難襲高唐王爵位。元武宗至大二年(西元 1309 年),朮忽難加封趙王。這時朮安也長大成人,於是次年,朮忽難將王位讓予朮安。朮安娶晉王女阿剌的納八剌公主。《元史・阿剌兀思剔吉忽里傳》所記阿剌兀思剔吉忽里世係至此而止。

而據閻復〈駙馬高唐忠獻王碑〉,孛要合的長子君不花有三個兒子,其中次子丘鄰察娶元朝宗王阿只吉之女回鶻公主。孛要合的次子愛不花有四個兒子,長子即闊里吉思,四子朮忽難。孛要合的三子拙里不花有子名火思丹,娶宗王卜羅出(元太宗窩闊臺三子闊出太子之孫)女竹忽真公主。

民國年間,馬定先生在趙王府即敖倫蘇木古城發現了一塊〈王傅德風堂記碑〉。1937 年,陳垣先生根據該碑文,考訂闊里吉思之後的阿剌兀思剔吉忽里家族世系,即朮安(注安)死後,趙王的爵位又從闊里吉思的子系傳到了弟系,朮忽難之子阿剌忽都(阿魯忽都)、孫馬札罕相繼襲封趙王。馬札罕先娶趙國大長公主速哥八剌,繼娶宗王晃兀帖木兒仲女,卒時世子尚幼,其弟懷都繼襲趙王位。懷都死,趙王位又傳至馬札罕次子八都帖木兒,此時已是元朝末年。之後,歷史學家又考訂出汪古部的最後一位趙王──汪古圖,並詳盡地考證汪古部統治家族從阿剌兀思剔吉忽里到汪古圖共十六位成員。

第十五章　沙陀遺風：民族歷史縮影

　　從史書記載及近人的研究成果可以看出，阿剌兀思剔吉忽里家族從元初到元末，一直充當著汪古部的首領，子孫傳承不息，歷代與蒙元皇室通婚，是真正的皇親國戚，顯貴至極，直至明初，才最終覆滅。

　　除阿剌兀思剔吉忽里外，《元史》還記載另外一個自稱是沙陀後人的人，這就是克烈部的速哥，「世傳李唐外族」。

　　「外族」即母系家族。而此處之「李唐」，並非李淵所建立的李唐王朝，而是李存勗建立的後唐。克烈部亦即九姓達靼，李克用所謂「陰山部落，是僕懇親」中的「陰山部落」，或也包括九姓達靼在內。「世傳李唐外族」，說明克烈部族人中具有沙陀人的血統，而不同於一般的蒙古族人。

三、昔李鈐部與「沙陀貴種」

　　除阿剌兀思剔吉忽里家族外，元代自稱為沙陀李氏後人的另一個顯赫家族，是西夏時稱之為「昔李氏」的答加沙家族。所謂「昔李」，也就是「小李」，因為同時期的西夏王亦姓李，為了區別大小尊卑貴賤，於是便將答加沙家族稱為「昔李」。後因官命氏，又稱昔李鈐部。「鈐部」亦云「甘卜」、「敢卜」、「紺孛」等，是吐蕃「贊普」一詞的轉譯，西夏人用以名官。

　　昔李鈐部在西夏時期就開始發跡，「位丞弼（即輔佐大臣）者七世」，從而成為「肅州閥閱之家」。入元以後，分為三支相

傳,一支為世襲肅州路(治肅州,今中國甘肅酒泉)也可達魯花赤的舉立沙系,另一支為大名路(治大名,今中國河北大名東)世襲達魯花赤的益立山(疾利沙)系,第三支為孛蘭奚系,從傳承地位來看似乎不如前二者顯赫。

舉立沙系的世系情況主要反映在甘肅酒泉文化館收藏的〈大元肅州路也可達魯花赤世襲之碑〉中;益立山系的世系情況有多處記載,如元人程鉅夫撰寫的〈魏國公(教化)先世述〉、王惲撰寫的〈大元故大名路宣差李公(益立山)神道碑〉、姚燧撰寫的〈資德大夫雲南行中書省右丞贈秉忠執德威遠功臣開府儀同三司太師上柱國魏國公諡忠節李公(愛魯)神道碑〉,以及明正德《大名府志》收錄的作者不明的〈元大名達魯花赤昔李公(益立山)墓誌銘〉等;孛蘭奚系的世系情況則反映在明正德《大名府志》收錄的歐陽玄〈元禮儀院判昔李公(孛蘭奚)墓誌銘〉中。

關於益立山一系族屬及後世繼襲情況,王惲〈大元故大名路宣差李公神道碑〉記載:

> 鈐部李公其人也……諱益立山,其先係沙陀貴種,唐亡,子孫散落陝隴間。遠祖曰仲者,與其伯避地遁五臺山谷,復以世故,徙酒泉郡之沙州,遂為河西人。顯祖府君,歷夏國(按即西夏國)中省官,兼判樞密院事。皇考府君,用級爵受肅州鈐部,其後因以官稱為號,喪亂譜亡,遂逸名諱。公昆弟四人。獨公少負氣節,通儒釋,洞曉音律,以蔭爆直(按即值班)宮省,積勞調沙州鈐部。……三子,長曰愛魯,襲公世爵,至元

第十五章　沙陀遺風：民族歷史縮影

四年遷金齒等國安撫使，尋升授雲南道宣慰使兼都元帥，今進拜中奉大夫、參知政事、行雲南等路中書省；次羅合，終大名路行軍萬戶；次小鈴部，代兄民職。孫三人：長教化……今階正議大夫，佩金虎符，充大名路總管府達魯花赤，兼新附軍萬戶；（次）曰帖木兒，敦武校尉、固鎮鐵官提舉；（三）曰萬奴，籥（按即排列）中朝侍從官。

此文收錄在王惲的《秋澗先生大全文集》以及後來編印的《全元文》中。

正德《大名府志》所收錄的〈元大名監郡昔李公神道碑〉，在開頭敘及其族屬時，與王惲〈李公神道碑〉完全相同，只是在後來敘述各人的任職時，更為詳細具體一點，如「小鈴部，代兄民職」，為「小鈴部，代長兄大名達魯花赤」；「萬奴，籥中朝侍從官」，以下又有「二十年，授中順大夫、大名府總管府達魯花赤，代兄教化之職」等等。

明確記載昔李鈴部為沙陀後裔的另外一條較早的資料，就是益立山長子李愛魯的墓誌，該墓誌是李愛魯之子教化命大名路儒學教授王彧撰寫的，現收藏於河北大名縣石刻藝術博物館。墓誌云：「公諱愛魯，其先沙陀貴種，唐末之亂，餘裔流寓隴右。遠祖後徙酒泉郡之沙州，遂為河西人。」之後，近人柯劭忞所著《新元史》、屠寄所著《蒙兀兒史記》，都採用了昔李鈴部出自沙陀的說法，《蒙兀兒史記》並對昔李鈴部為沙陀後人的說法作了一點註解，如碑誌中「與其伯避地遁五臺山谷」，注云：「蓋

就其同種雁門節度朱邪赤心族耳」;碑誌中的「復以世故」,注云:「當以後唐為石晉篡滅故」;碑誌中「徙酒泉郡之沙州」,注云:「沙州本唐突厥沙陀部故地」等等。

而對於舉立沙一系的族屬,〈大元肅州路也可達魯花赤世襲之碑〉中記錄了舉立沙一族自西夏亡國至元末一百三十多年、歷六世十三人世系及職官世襲的情況,然而對於其族屬,只是提到「時有唐兀氏舉立沙者,肅州閥閱之家」。「唐兀」是元代泛指包括党項人在內的西夏各族遺民,於是有學者據此認為其為党項人。其實舉立沙與益立山是同胞兄弟,他們的父輩,就是程鉅夫〈魏國公先世述〉中所提到的魏國公教化的「曾大父」(曾祖父)答加沙。答加沙有子四人,其中二人不知姓名,另二人即是舉立沙與益立山。舉立沙又被稱作「昔李都水」,是益立山的長兄,為肅州州將。蒙古軍打來時,欲以城降附,為眾所害。成吉思汗便以舉立沙子阿沙為肅州路世襲也可達魯花赤。之後,阿沙的子孫後代剌麻朵耳只、管固兒加哥、赤斤帖木兒等世襲著肅州路或永昌路(治涼州,今中國甘肅武威)達魯花赤。

既然其親弟益立山「其先係沙陀貴種」,那麼舉立沙的族屬也就不言而喻了。

孛蘭奚一系,據歐陽玄〈元禮儀院判昔李公墓誌銘〉:孛蘭奚,姓昔李氏,其先西夏人。五世祖諱某,生三子,長曰玉里止吉住;次曰答加沙;次曰小李玉黑。玉里止吉住生子名東南玉紺部,也就是孛蘭奚的曾大父(曾祖父);東南玉紺部生小李

第十五章　沙陀遺風：民族歷史縮影

玉，為孛蘭奚的大父（祖父），元太宗窩闊臺命其領兵鎮西土；小李玉生乞答哈，即孛蘭奚之父，任沅州等四路達魯花赤；乞答哈生二子，長子名亦憐真，任新昌州達魯花赤，次子即孛蘭奚。孛蘭奚曾任河南行省理問，後在家閒居三十年，至正三年（西元1343年）卒於淮西懷遠縣（今中國安徽懷遠），歸葬大名古塋。孛蘭奚有子名道安，任饒陽縣達魯花赤；孫觀僧。世系到此結束。

孛蘭奚的先祖玉里止吉住與舉立沙、益立山的父親答加沙是同胞兄弟，即都是「五世祖諱某」之子，那麼孛蘭奚的族屬也不言而喻。至於說「其先西夏人」，與〈大元肅州路也可達魯花赤世襲之碑〉中稱舉立沙為「唐兀氏」一樣，應該是指「五世祖諱某」之後，因為他們在西夏時曾「位丞弼者七世」，也可以說是「西夏」人或「唐兀氏」人了。

那麼，昔李鈐部即答加沙家族是何時進入肅州、沙州地區的？按照益立山及其子愛魯墓誌的說法，是「唐亡，子孫散落陝隴間。遠祖曰仲者，與其伯避地遁五臺山谷，復以世故，徙酒泉郡之沙州」。這裡的「唐亡」，非是李淵所建立的唐王朝滅亡，而是李存勗所建立的後唐王朝的滅亡。

朱全忠滅唐建梁後，李克用、李存勗父子便打起「復唐」的旗號，與朱梁王朝展開鬥爭，沙陀子孫此時並未「散落」。從實際情況看，朱邪李氏所受到的最沉重的一次打擊，是在後唐莊宗李存勗覆亡、明宗李嗣源即位之時。結合下文「遠祖曰仲者，

三、昔李鈐部與「沙陀貴種」

與其伯避地遁五臺山谷」，與史書所記李存勖覆亡後，其子弟削髮、避地河東的背景十分相似。而「復以世故」，有可能是李嗣源繼續搜捕李存勖的兄弟子姪，也有可能如屠寄所解釋的「當以後唐為石晉篡滅故」，總之是遭到世事變故或變亂，於是他們又從五臺山流落到肅州一帶。這種解釋，似乎更合理一點。

昔李氏在西夏時「位丞弼者七世」，成為「肅州閥閱之家」。到了蒙元時期，這一家族的顯赫地位仍然不減當年。從西元1226年昔李鈐部歸降元太祖成吉思汗，到元朝末年，舉立沙系從舉立沙下至赤斤帖木兒，一共六代，子孫世襲肅州路達魯花赤；益立山係從益立山下至玉立沙，一共五代，子孫除世襲大名路達魯花赤外，又在雲南路等地擔任要職。據說今中國雲南玉溪市江川區海門村在元代曾一度叫「沙陀村」，或與益立山的子孫們在雲南路任職有一定的關聯。若從西元1038年西夏建國到西元1368年元朝滅亡，兩朝加起來長達近三個半世紀。

達魯花赤是蒙元時期各級地方政府中掌握行政和軍事實權的最高長官，一般由蒙古人或色目人擔任，蒙元政府把這一要職交與昔李鈐部，當是將其當作色目人對待。舉立沙、益立山的後裔們長期世襲肅州路或大名路達魯花赤，可見他們的確成為當地的「閥閱之家」。

第十五章　沙陀遺風：民族歷史縮影

四、青海李土司與沙陀李克用

後世另外一個自稱為李克用後人的顯赫家族，是青海西寧地區的李土司，這也是在學界爭議最大的一個家族。

關於李土司的世系，明人金幼孜撰寫的〈會寧伯李公墓誌銘〉是較早和較為可信的，誌文云：

公諱南哥，姓李氏。其先世居西夏，後有居西寧者，遂占籍為西寧人。祖諱梅的古，考諱管吉祿，皆追封會寧伯。⋯⋯我太祖高皇帝（指明太祖朱元璋）既定中原，薄海內外皆稱臣奉貢，公（指李南哥）遠處西徼，獨能識察天命，率所部來歸，特授西寧衛管軍土官所鎮撫。

此文收錄在金幼孜所著《金文靖集》中。墓誌還記載李南哥有子男二人，長曰英，次曰雄。孫男三人，長曰文，次曰武，三曰昶。他們都是青海李土司的先祖。遺憾的是，〈李南哥墓誌〉中只是講明「其先世居西夏」，而對於其族屬，並無明確交代。

不過，較金幼孜〈李南哥墓誌〉晚出的《清史稿》，記載李南哥的族屬，該書卷五一七〈土司六〉云：「李南哥，西番人，自云李克用裔，元西寧州同知。明洪武初投誠，授指揮僉事世襲。」、「僉事」是都督、都指揮、按察、宣慰、宣撫等司下設的專管判斷官事的官。此外，清人傅恆主編的《皇清職貢圖》亦載：「碾伯縣土指揮同知李國棟，唐沙陀李克用之後。有李南

314

四、青海李土司與沙陀李克用

哥者，元時授為西寧州同知，世守西土，明初率眾歸附，授指揮同知。」說明李國棟為李南哥的後人。不僅記載了李南哥的族屬，而且說他在元朝時就被授予西寧州同知。「同知」為知州的副職，正五品，往往代知州行事，較「僉事」官職要高。

在一些地方史志如《甘肅新通志》、《西寧府新志》以及青海省的一點有關李土司家譜、李氏宗譜中，也有不少關於李氏祖先出於沙陀李晉王的記載。如清順治十四年（西元 1657 年）李天俞修撰，今中國藏於青海省民和縣檔案館的現存最早的《李氏家譜》，即說李氏之先為李克用後裔。《李氏世系圖》亦云：

「自沙陀初祖朱邪執宜傳至賞哥太祖，歷十四世。太祖，宋封鄯善王。」

有學者結合史志族譜的記載以及民間傳說，對李土司的沙陀世系作出如下的解讀排序：

後唐明宗李嗣源即位前夕，李克用的嫡子嫡孫有的被殺，有的逃入陰山。遼金時期以白達勒達（即白達靼）的名字出現。及至蒙古興起，黑達、白達合而為一。元朝廷以西寧州為駙馬昌吉（長吉）的封地，昌吉為白達靼部人，是李克用的後裔，其妻忙哥臺公主為元世祖忽必烈之子真金的女兒（一說為忽必烈的女兒）。昌吉無後，死後由其弟脫帖木耳襲封。脫帖木耳有二子，長曰鎖南管卜，次名賞哥，賞哥為西寧州都督指揮同知，也就是最高軍事長官。賞哥生子名梅的古，梅的古生子名管吉錄，依次襲父爵。管吉錄生三子，長子叫察罕帖木兒，次子叫南

第十五章　沙陀遺風：民族歷史縮影

哥，三子叫堅贊。元亡明興，李南哥與察罕帖木兒歸降，授都指揮。其後，南哥之子李英因功封會寧伯；察罕帖木兒之孫李文因功封高陽伯。至清順治年間，南哥的七代孫李先之次子李化鰲因功授百戶襲職。此即土族三李土司之由來。

但是，自明代以來，關於李土司的族屬就有沙陀李氏和党項李氏兩種不同說法，尤其是 1995 年，原青海省河湟地區李土司的後人李培業，根據他所保存的從乾隆到民國年間的十部族譜資料，以及後來發現的〈會寧伯李英神道碑〉中「其先出元魏，至唐拓跋思恭，以平黃巢功，賜姓李氏，世長西夏」的記載，論證了李土司是西夏皇室的直系後裔的說法，認為李氏家譜中所謂「晉王」，並非沙陀人李克用，而是西夏晉王察哥（察哥為西夏惠宗之子，崇宗之弟）。並稱居住在今中國河湟地區的西夏李氏皇室後裔達十餘萬。這一說法得到部分西夏史專家的首肯，認為它揭開了西夏皇族失蹤之謎。

而有一些李氏族譜則乾脆將這兩種說法糅合到一起。如民和享堂存〈李土司族譜序〉就說：「李克用為著姓之鼻祖，至宋以繼捧為節度使，元以武功顯白者甚眾，其居西寧者為賞哥公。」〈李氏世系譜序〉說得更加具體詳細，其云：「按李氏初姓朱邪，沙陀人。先世事唐，賜姓李。……後至李思恭，徙居西夏，遞傳於宋。定難後，李繼捧入朝，獻銀、夏、綏、宥四州，宋太祖以繼捧為節度使。及傳至元，世長西夏，以武勳顯白者甚眾。其居西寧者曰賞哥，為西寧州同知都護使。明太祖平定天

下,一世祖諱南哥,率部眾於洪武初內附,授西寧衛世襲指揮使。二世祖諱英⋯⋯」

李繼捧即西夏開國之主李元昊的叔祖父,這裡將其當作了李克用的後人;李思恭即党項首領拓跋思恭,唐末因鎮壓黃巢起義有功而賜姓,與李克用為同時代人,為西夏建立者李元昊的先世,這裡又將其與沙陀李氏糅合在一起,顯然都是笑話,不過這些記載卻也說明了李土司族屬的兩種可能性。青海李土司究竟是後唐皇族沙陀李氏的後裔,還是西夏皇族黨項李氏的後人,尚待進一步的研究。但無論結果如何,他們都是今天中華民族共同體中密不可分的一個部分。

以上昔李鈐部家族和青海李土司家族的族源,都存在著沙陀李氏與黨項(西夏)李氏的爭議,其實這也並不奇怪。甘州、肅州和西寧州一帶,都曾經屬於西夏的統治範圍,西夏從西元1038年正式建國,至西元1227年亡國,統治這一地區近兩個世紀。昔李鈐部和青海李土司家族的先祖或在西夏朝廷任職,或被封為一方土官,因此即使其先世的確源於沙陀,而到一兩百年之後,後人也已「西夏化」了,其自稱或被認為是西夏人也是極其自然的事,這也正是中華民族融合的結果。何況党項李氏作為西夏國的王族,其社會地位當然也不低於沙陀。

第十五章　沙陀遺風：民族歷史縮影

尾聲

　　與許多歷史上的民族一樣，沙陀族最終也從歷史上消失了，走完它內遷以來兩個多世紀的歷程。我們也不必為此感到遺憾和惋惜，其實一部世界歷史，可以說就是一部民族遷徙、民族交流、民族鬥爭、民族融合的歷史，中國歷史也不例外，沙陀族走的正是這樣一條道路。

　　沙陀族雖然從歷史上消失，但其在中國統一的多民族國家形成和中華民族共同體形成過程中所做出的貢獻，將永垂史冊。而且在中華大地上，也留下了沙陀人的烙印和蹤影。

　　中國湖北省丹江口市市府駐地名「沙陀營」。關於這一地名的由來，一說是契丹滅後晉後，原後晉境內的沙陀族平民紛紛南遷逃生，其中一支遷到今中國十堰市鄖陽區（原鄖縣）與丹江口市（原均縣）境內。其中居住在今中國丹江口市一帶的沙陀人，將他們居住的地方易名為沙陀營村。而遷於十堰市鄖陽區的沙陀族人，則以唐賜國姓「李」為姓氏，主要聚居於柳陂鎮山跟前村及茶店鎮李家坡村。

　　而另外一說是，王仙芝率領的農民軍攻占荊州、襄陽一帶後，李國昌曾派部將劉遷帶領五百沙陀騎兵調集襄陽，這支軍隊曾在今中國丹江口市宿營，沙陀營便由此得名。五百沙陀騎

尾聲

兵調集襄陽,史書確有記載。如《舊唐書‧僖宗紀》載,乾符四年(西元877年)十二月,王仙芝率眾陷江陵外城,節度使楊知溫求援於襄陽,「時沙陀軍五百騎在襄陽,軍次荊門,騎軍擊賊,敗之」。無論哪一種說法,都為沙陀人留下了歷史的印記。據說在鄖陽區和丹江口市,有幾個大家族常常出現返祖現象:新出生的孩子天生一頭捲曲的紅色或黃色頭髮,與周圍其他人家的孩子大不相同。

在中國四川省成都市管轄的崇州市雞冠山深處的苟家鄉琉璃村,有一個叫「沙陀國」的地方。關於這個「沙陀國」的由來,當地人傳說在唐朝末年,曾有一支沙陀軍隊進駐雞冠山深處。唐朝滅亡後,沙陀族首領便扯旗稱王,建立了崇州沙陀國。琉璃村一個叫龍橋的地方,橋頭石刻的龍尾依然清晰可見,村民們猜測,這裡便是崇州沙陀國皇宮所在之處。還傳說沙陀國王的皇后叫孫姬,當地還有一座「孫姬墳」。「沙陀國」後被宋兵所滅,城池毀壞,當地文管部門還進行過一些調查研究,現在只留下成片的古墓群和些許斑駁的歷史遺跡。筆者頗懷疑,崇州「沙陀國」的建立者或為後唐進攻前蜀國時留在當地的後唐軍人,或為孟知祥建立後蜀國時帶去的河東沙陀人。

在中國河南省許昌市管轄的禹州市朱閣鎮,有稱作「沙陀村」、「沙陀李」的兩個村名,當地還有一條「沙陀河」和一個「沙陀湖」。這些帶有「沙陀」字樣的地名、河湖名的由來已很難考證,不過聯想到位於禹州市境內的後漢高祖劉知遠的睿陵(在萇

莊鎮柏村西），隱帝劉承祐的潁陵（在花石鎮徐莊村東），以及劉知遠皇后李太后的高後陵（在淺井鎮麻地川村）幾座陵墓群，因此這些帶有「沙陀」字樣的地名、河湖名或許也與沙陀人有關。

至於前面提到的在今中國內蒙古包頭市固陽縣金山鎮也有一個名叫「沙陀國」的村莊，如前所述，這裡或許與達靼人有關，然而它首先為人們所提示的，卻也是對沙陀人的記憶。

總之，這些有關「沙陀」的地名和傳說，與史籍記載一起，為沙陀人在中國歷史上留下了永久的烙印。

尾聲

主要參考文獻

古籍

- （後晉）劉昫等：《舊唐書》，中華書局 1975 年點校本。
- （宋）歐陽脩、宋祁：《新唐書》，中華書局 1975 年點校本。
- （宋）薛居正等：《舊五代史》，中華書局 1976 年點校本。
- （宋）歐陽脩：《新五代史》，中華書局 1974 年點校本。
- （元）脫脫等：《宋史》，中華書局 1985 年點校本。
- （元）脫脫等：《遼史》，中華書局 1974 年點校本。
- （明）宋濂等：《元史》，中華書局 1976 年點校本。
- （宋）司馬光：《資治通鑑》，中華書局 1956 年點校本。
- （宋）李燾：《續資治通鑑長編》，中華書局點校本。
- （宋）孫光憲：《北夢瑣言》，上海古籍出版社 1981 年林艾園點校本。
- （宋）陶岳：《五代史補》，四庫全書本。
- （宋）王溥：《五代會要》，上海古籍出版社 1978 年版。
- （宋）路振：《九國志》，叢書整合初編本。
- （宋）陶谷：《清異錄》，四庫全書本。
- （宋）王欽若等：《冊府元龜》，中華書局影印本。

主要參考文獻

- （宋）李心傳：《建炎以來朝野雜記》，中華書局 2000 年徐規點校本。
- （宋）錢易《南部新書》，中華書局 2002 年黃壽成點校本。
- （元）耶律鑄：《雙溪醉隱集》，遼海叢書本。
- （元）姚燧：《牧庵集》，四庫全書本。
- （元）王惲：《秋澗先生大全文集》，四庫全書本。
- （明）李賢等：《大明一統志》，四庫全書本。
- （清）石麟等：雍正《山西通志》，四庫全書本。
- （清）董誥等編：《全唐文》，上海古籍出版社 1990 年版。
- （清）吳任臣：《十國春秋》，中華書局 1983 年版。
- （清）趙翼：《廿二史劄記》，中華書局 1984 年王樹私校證本。
- （清）朱彝尊：《曝書亭集》，四庫全書本。
- （清）顧祖禹：《讀史方輿紀要》，中華書局 1955 年影印《國學基本叢書》本。
- （清）王夫之：《讀通鑑論》，中華書局 1975 年版。
- 《新編五代史平話》，上海古籍出版社影印本。
- 近人論著
- 譚其驤主編：《中國歷史地圖集》第五冊，中國地圖出版社 1982 年版。
- 岑仲勉：《隋唐史》，中華書局 1982 年版。

- 陶懋炳：《五代史略》，人民出版社 1985 年版。
- 《中國大百科全書·中國歷史·隋唐五代史》，中國大百科全書出版社 1988 年版。
- 陳寅恪：《陳寅恪讀書札記》，上海古籍出版社 1989 年版。
- 鄭學檬：《五代十國史研究》，上海人民出版社 1991 年版。
- 《中國歷史大辭典·隋唐五代史》，上海辭書出版社 1995 年版。
- 李方：《唐西州行政體制考論》，黑龍江教育出版社 2002 年版。
- 杜文玉：《五代十國制度研究》，人民出版社 2006 年版。
- 孫瑜：《唐代代北軍人群體研究》，中國社科文獻出版社 2012 年版。
- 趙榮織、王旭送：《沙陀簡史》，新疆人民出版社 2015 年版。
- 亦鄰真：《中國北方民族與蒙古族族源》，《內蒙古大學學報》1979 年第 3、4 期。
- 陳垣：《馬定先生在內蒙發見之殘碑》，《陳垣學術論文集》，中華書局 1980 年版。
- 周清澍：《汪古部統治家族——汪古部事輯之一》，《文史》第九輯，中華書局 1980 年。
- 湯開建：《〈大元肅州路也可達魯花赤世襲之碑〉補釋》，《中國史研究》1983 年第 4 期。

主要參考文獻

- 寧可、閻守誠：《唐末五代的山西》，載河東兩京歷史考察隊編著《晉秦豫訪古》，山西人民出版社1986年版。
- 魏良弢：《義兒‧兒皇帝》，《歷史研究》1991年第1期。
- （日）堀敏一：《藩鎮親衛軍的權力結構》，載劉俊文主編《日本學者研究中國史論著選譯》第4卷，中華書局1992年。
- 崔有良：《晉王墳清理始末》，載山西省代縣政協文史數據研究委員會編《代縣名勝古蹟專輯》，1993年。
- 梁太濟：《朱全忠勢力發展的四個階段》，載唐史論叢編輯部編《春史卞麟錫教授還曆紀念唐史論叢》，漢城1995年。
- 李培業：《西夏皇族後裔考》，《西北大學學報》1995年第3期。
- 張久和：《陰山達怛史蹟鉤沉》，《內蒙古大學學報》1999年第3期。
- 楊冬生、楊岸青：《李嗣昭為李克用「元子」辨》，《山西教育學院學報》2000年第1期。
- 李克鬱：《土族土司研究——土族李土司家族史》，《青海民族研究》2002年第3期。
- 錢伯泉：《墨離軍及其相關問題》，《敦煌研究》2003年第1期。
- 殷憲：《〈唐石善達墓誌〉考略》，載榮新江主編《唐研究》第十二卷，北京大學出版社2006年版。

- 蘇航：《唐代北方內附蕃部研究》，北京大學博士研究生學位論文，2006年。
- 方馳、唐煒等：《雞冠山曾有一個沙陀王國》，《成都日報》2007年7月4日第9版。
- 瀏海文等：《河北宣化紀年唐墓發掘簡報》，《文物》2008年第7期。
- 仇鹿鳴：《藥元福墓誌考——兼論藥氏的源流與沙陀化》，《敦煌學輯刊》2014年第3期。
- 胡耀飛：《鬥雞臺時間再探討——從〈段文楚墓誌〉論唐末河東政局》，《第三屆中國中古史前沿論壇國際學術研討會論文集》，陝西師範大學，2015年7月。
- 邢方貴：《古沙陀族後裔或存鄖陽》，《十堰日報》2015年3月12日第7版。
- 太原市文物考古研究所：《山西太原青陽河北漢太惠妃墓發掘簡報》，《考古與文物》2018年第6期。
- 羅亮：《再論李克用之義兒》，載《紀念岑仲勉先生誕辰130週年國際學術研討會論文集》，中山大學出版社2019年版。

主要參考文獻

後記

　　我從 2015 年 2 月自魯東大學退休後，2020 年 7 月從煙臺回到呼和浩特定居，又受聘於內蒙古大學創業學院。呼和浩特，是我曾經學習和工作過的地方；內蒙古，是我出生和成長的地方。於是在第二故鄉煙臺工作生活了三十一年之後，又回到故里。一方水土養一方人，或許內蒙古的土地更適合我生活吧！

　　本書寫作的初衷與期望達到的目的，前言中已有所交代，此不再贅述。這裡只是再補充一下，本書的主要內容原本只是打算在網路上發表，與喜好歷史的讀者一起分享。崔人傑先生建議我寫成一部書稿，之後又多次與我溝通、商榷，付出辛勤勞動。所以在此要特別對崔人傑先生表示深深的謝意！

樊文禮

國家圖書館出版品預行編目資料

沙陀流年，遺落在西域的突厥帝國夢：從西域大漠到帝國宮廷，沙陀部族如何在草原與帝國間力爭生機？/ 樊文禮 著. -- 第一版. -- 臺北市：崧燁文化事業有限公司, 2025.03
面；　公分
POD 版
ISBN 978-626-416-328-6(平裝)
1.CST: 突厥 2.CST: 部落 3.CST: 民族史 4.CST: 唐代
639.438　114002148

沙陀流年，遺落在西域的突厥帝國夢：從西域大漠到帝國宮廷，沙陀部族如何在草原與帝國間力爭生機？

作　　者：樊文禮
發 行 人：黃振庭
出 版 者：崧燁文化事業有限公司
發 行 者：崧燁文化事業有限公司
E - m a i l：sonbookservice@gmail.com
粉 絲 頁：https://www.facebook.com/sonbookss/
網　　址：https://sonbook.net/
地　　址：台北市中正區重慶南路一段 61 號 8 樓
8F., No.61, Sec. 1, Chongqing S. Rd., Zhongzheng Dist., Taipei City 100, Taiwan
電　　話：(02) 2370-3310　　傳　　真：(02) 2388-1990
印　　刷：京峯數位服務有限公司
律師顧問：廣華律師事務所 張珮琦律師

-版 權 聲 明-
本書版權為山西人民出版社所有授權崧燁文化事業有限公司獨家發行電子書及繁體書繁體字版。若有其他相關權利及授權需求請與本公司聯繫。
未經書面許可，不可複製、發行。

定　　價：450 元
發行日期：2025 年 03 月第一版
◎本書以 POD 印製